构建人类命运共同体

BUILDING A COMMUNITY WITH A SHARED FUTURE FOR MANKIND

全球治理体系变革的中国方案

China's Program for
the Reform of Global Governance System

张骜 著

社会科学文献出版社
SOCIAL SCIENCES ACADEMIC PRESS (CHINA)

2022 年度国家社会科学基金青年项目
"两种意识形态较量视阈下全人类共同价值的国际认同研究"
（2022CKS042）

序

当前，"世界之变、时代之变、历史之变正以前所未有的方式展开"①。全球治理体系的和平赤字、发展赤字、安全赤字、治理赤字持续加重，世界处于一个充满挑战的时代。面对层出不穷的全球性挑战，单打独斗是行不通的，必须诉诸全球行动、全球合作。70多年风雨兼程，中国始终坚持胸怀天下，致力于为人类谋进步、为世界谋大同。新时代以来，以习近平同志为核心的党中央提出推动构建人类命运共同体，践行共商共建共享的全球治理观，为全球治理体系变革提供了中国智慧、中国方案。面对乱云飞渡，中国越发从容自信，始终同国际社会一道共同推动构建人类命运共同体，推动全球治理体系朝着更加公正合理的方向发展，共创人类更加美好的未来。构建人类命运共同体作为新时代中国特色大国外交的崇高目标，其建设不断取得新突破、书写恢弘新篇章，不仅持续"引领和平发展、合作共赢的时代潮流"②，也有力推动"命运与共、同球共济的历史潮流"③，成为世界各国人民的前途命运所在。因此，深入探讨人类命运共同体关于全球治理体系变革的中国方案，不仅具有重要的理论价值和学术价值，同时也具有重要的现实

---

① 习近平：《高举中国特色社会主义伟大旗帜 为全面建设社会主义现代化国家而团结奋斗——在中国共产党第二十次全国代表大会上的报告》，人民出版社，2022，第60页。
② 王毅：《勇立时代潮头，展现责任担当——在2024年国际形势与中国外交研讨会上的演讲》，外交部网站，https://www.mfa.gov.cn/wjbzhd/202412/t20241218_11496987.shtml。
③ 王毅：《勇立时代潮头，展现责任担当——在2024年国际形势与中国外交研讨会上的演讲》，外交部网站，https://www.mfa.gov.cn/wjbzhd/202412/t20241218_11496987.shtml。

意义。

张鸾的学术专著《构建人类命运共同体：全球治理体系变革的中国方案》，全面、深入、系统地探讨了全球治理体系变革的中国方案，其中包含着一些独到的学术见解，并在下述三个问题上做出了可贵的尝试与努力。

首先，对人类命运共同体理念本身做出了全面、系统探讨。该书立足于习近平总书记关于人类命运共同体的系列重要论述，从提出与内涵、内在逻辑、现实指向等多个方面对这一重大理念做出了系统化、学理化的分析，不仅阐明了人类命运共同体理念推动全球治理体系变革的核心价值目标，也高度彰显了这一重大价值理念的科学性、包容性以及前瞻性，进而充分展现了人类命运共同体理念所描绘的和平、安全、繁荣、进步的光明前景。

其次，对全球治理体系变革的价值支撑进行了深度分析。这一价值支撑也就是"和平、发展、公平、正义、民主、自由"的全人类共同价值。该书深入探讨了弘扬全人类共同价值面临的挑战，为学术界关于该问题的研究提供了具有建设性的观点。特别是书中关于如何凝聚多元主体价值共识并增进其国际认同的分析，包含着一系列富有创新性和独到性的学术见解，使人眼前一亮，充分表明了作者在该问题研究中的长期积累和深入思考。

最后，系统分析了推动全球经济治理体系、安全治理体系变革所面临的挑战与中国方案及推动构建人类命运共同体的重大意义。在国际格局总体上呈现"西强东弱"的态势下，作者从宏观与微观、理念与实践等层面对全球治理体系变革面临的挑战展开了跨学科分析，同时深入探讨了如何将推动构建人类命运共同体内含的中国方案等智识资源有效嵌入既有治理方案之中的问题，深刻分析了推动构建人类命运共同体内含的中国方案与既有西方治理方案之间的关系，从而进一步丰富了我国全球治理学的相关研究。

张鸾是我指导的博士后。相识以来，他勤奋好学，善于思考、肯于钻研。这本专著是他在已有研究的基础上，结合其主持的国家社会科学基金项目"两种意识形态较量视阈下全人类共同价值的国际认同研究"，依据构建人类命运共同体的新进展和全球治理体系的发展现状撰写而成的。他对人类命运共同体与全球治理的研究是十分深入、全面和系统的，无论是在读期间还是参加工作之后，他都致力于这方面的研究，并发表了多篇研究成果。现在，张骘博士关于该问题研究的第一本学术专著就要公开出版了，作为合作导师，我感到十分欣慰，也为他的成长与进步感到由衷的高兴。

当然，学术研究是无止境的，对于人类命运共同体与全球治理的研究，还远远没有结束，在理论上和实践上都还有许多新问题需要深入研究，不可能一蹴而就。我希望张骘博士能够再接再厉，把这一问题的研究继续深入进行下去，争取取得更大的进展。同时，也希望这部专著的出版，能引发人们对人类命运共同体和全球治理问题的普遍关注和深入研究，进而持续推动中国全球治理学学术研究的进步。

颜晓峰

2024 年 12 月

目　录

前　言

当前"国际局势变乱交织，地缘冲突延宕升级"[①]，全球安全形势持续紧张，"脱钩断链"愈演愈烈，全球治理体系遭遇极大困境，推动构建人类命运共同体已经成为世界各国共同开创人类美好未来的希望所在。在这一时代背景下撰写此书并公开出版，既是对时代重大问题的深入思考，也是以学术回应现实进而解答当前全球治理体系变革相关问题的一种努力尝试，更是为增进国际社会对人类命运共同体等中国原创价值理念认同所做出的积极行动。

基于此，本书旨在根据当前全球治理体系面临的空前挑战而深入挖掘人类命运共同体理念内含的中国方案，在研究内容的设定上并不追求面面俱到，而是在对全球治理体系展开宏观分析的基础上，重点探讨人类命运共同体理念内含的关于全球经济治理体系、全球安全治理体系的中国方案，以使研究有所突破。这主要是因为全球经济治理体系、全球安全治理体系涵盖领域广，涉及国际秩序、制度机制、发展、技术、安全、生态等诸多议题，加之当前全球经济治理体系、全球安全治理体系的治理赤字持续加重，所产生的诸多问题亟待学术界予以回应。因而，围绕全球经济、安全两方面治理体系展开重点分析，既是对当前全球发展赤字、安全赤字的及时回应，也是本书研究的新意和亮点所在。

---

① 王毅：《勇立时代潮头，展现责任担当——在 2024 年国际形势与中国外交研讨会上的演讲》，外交部网站，https://www.mfa.gov.cn/wjbzhd/202412/t20241218_11496987.shtml。

　　不同的国情、社会制度、价值观念，使推动全球治理体系变革充满挑战和艰辛，但在世界何去何从的十字路口，世界各国需以史为鉴、深化合作，相伴而行。只有共同朝着推动构建人类命运共同体的方向前行，才能在推动全球治理体系变革中实现持久和平、普遍安全、共同繁荣、开放包容、清洁美丽的美好世界愿景。

导　论

　　全球治理是多元国家和跨国政府组织以及非政府组织共同管理国际事务的一种治理形式。它是一个持续的过程，其中，冲突或多元利益能够相互调适，各方可基于制度安排采取合作行动，这些制度安排既包括正式的制度安排也包括非正式的制度安排。从其诞生的历史来看，全球治理在一定程度上是一个老问题，但从当前复杂多变的国际形势下全球治理体系的困境、人类面临的层出不穷的严峻挑战以及全球治理体系所关涉的一系列尚未解决的重大现实理论问题等方面来看，全球治理体系的变革又是一个亟待深入研究和探讨的新问题、新领域。

　　一方面，从国际大背景来看，伴随世界百年未有之大变局的加速演进，"世界进入新的动荡变革期"①。新的动荡变革期下，全球性挑战层出不穷、严峻复杂，和平赤字、发展赤字、安全赤字、治理赤字日益加剧，人类正处于"一个充满挑战的时代"②。具体而言，在政治上，伴随国际力量的对比消长变化，美西方霸权相对衰落，国际政治经济旧秩序加速瓦解，新秩序尚未形成，在新旧国际政治经济秩序的交替期，大国战略竞争与对抗加剧，地缘政治分歧愈益加深，全球的政治风险显著上升。在经济上，自2008年国际金融危机爆发以来，全球经济持续低迷，特别是西方发达经济体经济下行

---

① 习近平：《高举中国特色社会主义伟大旗帜 为全面建设社会主义现代化国家而团结奋斗——在中国共产党第二十次全国代表大会上的报告》，人民出版社，2022，第26页。
② 习近平：《高举中国特色社会主义伟大旗帜 为全面建设社会主义现代化国家而团结奋斗——在中国共产党第二十次全国代表大会上的报告》，人民出版社，2022，第63页。

压力持续增大，以致西方部分行为体奉行单边主义和贸易保护主义，大搞脱钩断链和围圈筑墙，严重阻碍了全球经济发展进程。在安全上，部分国家为维持世界霸权，一边持续推动北约东扩，一边持续以政治、贸易、军事、金融等混合手段打压制裁反对力量，导致地区冲突不断，冲突外溢所带来的一系列次生问题又衍生了诸多全球安全危机。同时，在传统安全威胁的基础上，网络、生态、卫生等领域的非传统安全问题层出不穷，进一步加剧了全球安全稳定的压力和治理负担。在军事上，国际既有相关军控条约或是濒临失效或是约束力严重下降，以致全球军备竞赛和核扩散的风险不断上升，全球仍然面临着严峻的核威胁。面对各个领域全球性挑战加剧，而现行全球治理体系又无能为力的情况，以及各个行为之间价值共识的深刻分歧，推动构建人类命运共同体和全球治理体系变革成为增进世界人民福祉，进而实现更高水平可持续发展的必然选择。此外，面对以美国为首的西方发达国家单方主宰下的现行全球治理体系，"全球南方"国家的强势崛起，有力冲击了现行全球治理体系下发展中国家从属于发达国家的权力格局，新兴发展中国家要求推动全球治理体系变革，即谋求从"利益攸关方"的被治理者地位向与自身实力和贡献相匹配的治理者地位转变，因而推动全球治理体系变革的呼声日益高涨。所以，无论是从全球性挑战的应对来看，还是从国际权力格局的深刻变化来看，被国际社会所反复论说的一个重大需求就是推动全球治理体系变革。

另一方面，从国内背景来看，党的十八大以来，中国积极参与全球治理体系改革和建设，不仅积极为全球治理贡献大量优质公共产品，而且以实际行动为全球性问题的解决贡献中国智慧、中国方案和中国力量。同时，基于新时代中国特色大国外交的战略目标和广大发展中国家的利益诉求，中国也以自身的发展和进步积极推动全球治理体系变革，这构成了本书研究的国内背景，主要表现为以下三个方面。

其一，全球治理体系变革关乎国家利益。习近平指出，中国参与全球治理变革的根本目的就是"服从服务于实现'两个一百年'奋斗目标、实现中华民族伟大复兴的中国梦"①。可以说，这一根本目的的实现，不仅需要亿万人民群众的共同努力，同时也离不开一个良好且稳定的外部环境。当前，由美西方单方主宰的现行全球治理体系对我国来说并不合身，而且美西方利益集团凭借自身优势地位极力打压遏制我国发展，严重制约了以中国式现代化全面推进中华民族伟大复兴这一战略目标的实现。因此，我国既要积极参与全球治理体系改革和建设，更要努力推动全球治理体系变革，推动国际政治经济秩序朝着公正合理的方向发展，努力创造和平稳定的国际环境，进而为实现"两个一百年"奋斗目标和中华民族伟大复兴的中国梦创造最佳的外部环境条件。

其二，推动全球治理体系变革是中国作为负责任大国坚持胸怀天下的重要体现。当前，全人类面临着气候变暖、生态恶化、恐怖主义、核威胁、重大传染性疾病等一系列全球性问题的威胁，中国着眼于全人类的前途命运和更高水平的永续发展，提出了推动构建人类命运共同体的价值理念。人类命运共同体理念内含的合作共赢观、平等互利观、共同发展观、共同安全观、共同利益观、共同价值观，不仅为全球性问题的解决贡献了不同于西方治理理念的全新治理理念，同时也为全球治理体系的变革提供了独具中国特色的智识资源，从而使在全球治理体系变革中实现各方利益的最大公约数成为可能。

其三，增强中国的国际影响力、塑造力和感召力，客观上要求推动全球治理体系变革。当前，中国已经成为世界第二大经济体和全球经济增长的重要引擎，但我国的国际影响力、塑造力和感召力，并未随着国家实力的增长而得到相应的提升，原因部分是由于我国国际话语权还不足，同时也是因为我国在全球治理体系中的影响力和塑造力还不够。所以，伴随中国国家实力的快速提升，在全球治理体系中谋求与自身实力、贡献相匹配的地位和利益，既是增强我国国际话语权的必由之路，也是提升中国国际影响力、塑造

---

① 《习近平在中共中央政治局第二十七次集体学习时强调 推动全球治理体制更加公正合理 为我国发展和世界和平创造有利条件》，《人民日报》2015 年 10 月 14 日。

力和感召力的必然选择。

从国内外背景来看，它们无疑都表明了当前研究人类命运共同体理念内含的全球治理体系变革的中国方案具有重要性、紧迫性以及重大的学术价值和现实价值。在对这一学术前沿问题进行深入探讨之前，本书对国内外学术界关于该问题的研究进行一个简短的学术史梳理。

一 国内研究现状

自习近平主席于 2013 年首次在外交场合提出"人类命运共同体"理念以来，国内学术界围绕人类命运共同体理念的内涵、理论依据、当代价值及其内含的价值观等方面展开了多学科、多维度的研究。学术界在对人类命运共同体理念内涵的研究中，有学者认为其内涵包含了全球治理观，更有学者认为全球治理的核心理念就是推动构建人类命运共同体[①]。习近平总书记提出关于"推动全球治理体系变革"[②] 的系列重要论述后，人类命运共同体与全球治理体系变革研究共同成为学术界研究的热点问题，并产生了较为丰硕的研究成果。总体来看，研究主要围绕以下几个方面展开。

（一）关于人类命运共同体的研究

自人类命运共同体理念提出以来，学术界围绕人类命运共同体的内涵展开了系列探讨，如汤德森等认为人类命运共同体理念"包含政治领域互通、经济领域互融、文化领域互往、安全领域互助、生态领域互建等方面，回答了'世界向何处去、如何建设这个世界'的重大时代命题"[③]。宋建丽认为："人类命运共同体思想是马克思共同体思想的逻辑延续和当代新发展，既是对资本侵略扩张逻辑主导下的全球现代性的超越，同时也是对

---

① 蓝蔚青：《全球治理核心理念：打造人类命运共同体》，《学习时报》2016 年 1 月 18 日。
② 习近平：《论坚持推动构建人类命运共同体》，中央文献出版社，2018，第 384 页。
③ 汤德森、杨邦、张晨：《习近平人类命运共同体理念的丰富内涵与时代价值》，《社会主义研究》2023 年第 2 期。

仍陷于现代性思维框架的西方全球正义话语的超越，体现出以共商共建共享为核心、在塑造新型人类文明的视野下共同应对全球治理危机的全球治理新内涵。"① 刘传春认为："人类命运共同体是中国基于人类因相互依存所孕育的共同发展和共享安全的利益需求，致力于推动世界各国通过合作建立共赢关系的结构状态。"② 此外，关于人类命运共同体理念的理论依据问题，学者普遍认为人类命运共同体理念是以马克思恩格斯的"真正的共同体"概念为基础，但与"真正的共同体"存在差异，如陈曙光认为"'人类命运共同体'与'真正的共同体'这对范畴，其内涵既有联系和一致的方面，也存在较大的差异"③。李秀敏认为人类命运共同体与真正的共同体二者之间虽都属于共同体，但并不完全等同④。随着学术界对人类命运共同体研究的深入，部分学者也对人类命运共同体理念的当代价值等问题进行了探讨。全人类共同价值提出后，由于全人类共同价值与人类命运共同体均属于中国原创的全球性价值理念，学界部分学者重点讨论了两者之间的内在关联及其对全球治理的影响，主要形成两种认识：一是两者均属于共同体意识论；二是两者均属于全球性价值理念。如刘同舫认为，人类命运共同体"提出的人类共同价值符合全人类的核心利益关切，理应成为全球治理体系的价值基础"⑤。林伯海指出，"全人类共同价值是人类命运共同体的价值观基础，而人类命运共同体又是其实践场域"⑥，二者相辅相成。

---

① 宋建丽：《全球治理视域下人类命运共同体思想的超越性内涵》，《国外社会科学》2020 年第 6 期。

② 刘传春：《人类命运共同体内涵的质疑、争鸣与科学认识》，《毛泽东邓小平理论研究》2015 年第 11 期。

③ 陈曙光：《人类命运共同体与"真正的共同体"关系再辨》，《马克思主义与现实》2022 年第 1 期。

④ 李秀敏：《"真正的共同体"与"人类命运共同体"关系之辨》，《马克思主义研究》2018 年第 11 期。

⑤ 刘同舫：《人类命运共同体对全球治理体系的历史性重构》，《四川大学学报》（哲学社会科学版）2020 年第 5 期。

⑥ 林伯海：《论全人类共同价值与人类命运共同体的辩证关系》，《马克思主义研究》2021 年第 11 期。

（二）关于全球治理体系变革的研究

全球治理学在国内兴起后，国内学术界从政治学、马克思主义理论、哲学、法学等多学科的角度对全球治理进行了大量的研究，产生了较为丰硕的成果。首先，关于全球治理的内涵和价值目标，蔡拓认为全球治理是通过关注人类整体面临的挑战与问题，塑造维护人类整体利益与秩序的规则、机制，其以促进人类整体进步与发展为价值目标[①]。随着时代背景和国际权力格局的深刻变化，学术界重点探讨了全球治理以及全球治理体系变革的挑战，在这一问题的研究上，部分学者从宏观上来审视全球治理的挑战，如吴志成等认为"美国固守本国利益至上原则、任性'退群'毁约、频繁发起贸易战、推卸国际责任、排斥外来移民、遏制中国发展、阻碍欧洲一体化进程"[②] 等表现严重阻碍了全球治理的发展。还有一部分学者是从微观视角来探讨全球治理体系在经济治理、数字治理、网络治理、生态治理、卫生治理、核治理等具体治理领域面临的挑战[③]。此外，更多学者是将全球治理体系变革面临的挑战与时代背景结合起来加以探讨，如苏长和认为世界百年未有之大变局下的全球治理体系变革面临着"对抗式制度体系的消极影响、全球治理中的承诺和执行问题、全球治理多方力量的分化"[④] 等多方面的挑战，以致全球治理体系变革十分艰难；刘波认为百年未有之大变局下的全球治理体系变革面临"体系松动、赤字扩大、多边合作机制弱化、技术能力建设滞后等危机风险"[⑤]。在对全球治理体系变革挑战展开研究的过程中，部分学者也初步探讨了中国参与或推动全球治理体系变革的具体实践路径与方案。在这个问题上，多数学者从宏观角度展开探讨，也有少数学者针对各个具体领

---

① 蔡拓：《全球治理的中国视角与实践》，《中国社会科学》2004 年第 1 期。
② 吴志成、王慧婷：《全球治理体系面临的挑战与中国的应对》，《天津社会科学》2020 年第 3 期。
③ 参见卢静等《全球治理：困境与改革》，社会科学文献出版社，2016。
④ 苏长和：《大变局下的全球治理变革：挑战与前景》，《当代世界》2021 年第 7 期。
⑤ 刘波：《百年未有之大变局下全球治理面临的挑战及中国的参与路径》，《教学与研究》2020 年第 12 期。

域治理体系的变革提出了中国的参与路径或解决方案。总体上来看，目前学术界所提出的参与路径或治理方案大多是以人类命运共同体理念为基础，围绕机制、价值、公共产品等几个方面展开的①，这为学术界进一步深化对该问题的研究奠定了基础。

二　国外研究现状

人类命运共同体作为一种全球性价值理念，其的提出受到了国际社会的高度关注，西方学术界围绕人类命运共同体理念的探讨主要集中在中国推动构建人类命运共同体的动机与影响等方面。此外，全球治理研究兴起于西方，而且是西方学术界的重点研究领域，取得了较为丰硕的成果，本书也对其进行简要概述。

（一）关于人类命运共同体的研究

总体来看，国外学术界关于人类命运共同体理念主要形成两种认识或坚持两种态度：一种是持肯定态度；另一种是持否定态度，抵制意识较强。

其一，国外学术界对人类命运共同体持肯定态度的学者和政要认为，人类命运共同体的提出对于解决当前的全球性挑战，凝聚各方价值共识具有重要意义，如英国学者马丁·阿尔布劳（Martin Albrow）认为"人类命运共同体"理念涉及两个方面，"一方面是中国在全球问题上发挥领导作用，另一方面是中国在如何实现自身目标方面为世界树立了典范，这样其他国家可以效仿中国"②。英国社会科学院院士及理事会成员托尼·麦克内里（Tony

① 关于该问题研究比较有代表性的成果有：俞正樑等《全球治理体系变革和建设的研究重点与路径建议》，《国际观察》2021 年第 3 期；刘宏松《人类命运共同体与全球治理体系改革》，《上海交通大学学报》（哲学社会科学版）2023 年第 1 期；刘同舫《人类命运共同体对全球治理体系的历史性重构》，《四川大学学报》（哲学社会科学版）2020 年第 5 期；王帆、凌胜利主编《人类命运共同体——全球治理的中国方案》，湖南人民出版社，2017。
② 参见《英国学者马丁·阿尔布劳新书发布　人类命运共同体理念获广泛认同》，央视网，https://tv.cctv.com/2022/04/07/VIDEyOdUDpyIBQImf2RUUvVd220407. shtml。

McEnery）认为，人类命运共同体理念比以往任何时候都更有意义，因为人类有着共同的未来，不承认这一点是愚蠢的。如果朝着人类命运共同体的方向前进，人类就会更好①。土耳其马尔马拉战略与社会研究基金会主席阿肯·苏威尔（Akkan Suver）强调，当今世界没有哪个国家能够独自生存，各国必须为建设一个更加美好、没有冲突的未来而共同努力，"一带一路"倡议是我们"希望的灯塔"，目前的世界局势表明中国致力于倡导人类命运共同体理念是多么正确②。

其二，国外学术界部分学者基于两种意识形态的差异对人类命运共同体持否定态度，他们认为推动构建人类命运共同体是对西方价值体系的挑战和替代，因而极力歪曲和抹黑人类命运共同体理念。如美国哈佛大学教授罗伯特·布莱克威尔（Robert Blackwill）和卡内基国际和平基金会研究员阿什利·特利斯（Ashley J. Tellis）在一份联合报告中将中国视为竞争者而非合作伙伴，并认为中国的发展损害了美国的长远战略利益和全球优势地位③。在这一错误认识的影响下，美国斯坦福大学胡佛研究所高级研究员伊丽莎白·伊科诺米（Elizabeth Economy）也认为，中国"通过其大规模的'一带一路'倡议，深化其全球政治、经济和安全影响力，并利用其在联合国和其他机构中的领导作用，使国际规范和价值观……与其规范和价值观保持一致"。为此，她呼吁美国及其盟友"充分了解"其中的"巨大风险和潜在机遇"并做好"应对"④。可以看出，对人类命运共同体理念持否定态度的西方学者重点探讨的是如何推广西方价值理念，进而消解人类命运共同体理念的国际影响力和感召力。

---

① 参见《英国学者马丁·阿尔布劳新书发布 人类命运共同体理念获广泛认同》，央视网，https://tv.cctv.com/2022/04/07/VIDEyOdUDpyIBQImf2RUUvVd220407.shtml。
② 转引自王雪冬《西方国家歪曲抹黑人类命运共同体理念的几种论调及辨析》，《世界社会主义研究》2022年第11期。
③ 转引自刘建飞、谢剑南《全球治理体系变革与中美新型大国关系建构》，《太平洋学报》2018年第1期。
④ 转引自王雪冬《西方国家歪曲抹黑人类命运共同体理念的几种论调及辨析》，《世界社会主义研究》2022年第11期。

（二）关于全球治理的研究

国外学术界关于全球治理的研究虽然比较丰富，但鲜有专门探讨全球治理的成果，大多是将全球治理与国际机制、价值理念、国际合作与冲突、全球秩序等问题结合起来加以探讨。如英国牛津大学政治与国际关系学者安德鲁·赫里尔（Andrew Hurrell）在探讨"全球化时代实现全球秩序的可能性"[①] 问题时，提出全球治理和世界秩序发展面临着"人人共享的共同利益、调节不平等实力以及文化多样性和价值冲突"[②] 等挑战，并从制度、正义、道德等方面提出了解决方案；英国学者亚当·罗伯茨（Adam Roberts）和新西兰学者本尼迪克特·金斯伯里（Benedict Kingsbury）则从机制方面对全球治理展开了研究，即在对联合国进行全方位探讨的过程中阐述了联合国在全球治理中的作用、角色和局限[③]；美国加利福尼亚大学圣巴巴拉分校教授奥兰·扬（Oran Young）从治理复合系统的视角分析了全球治理面临的挑战和治理的新思路，并认为随着新的全球秩序的出现，"基于目标的治理而不是通过规则制定的治理将得到更多的关注"[④]。总体来看，国外学术界关于全球治理问题研究的视野较为宽泛，议题也较为多元化，这就为我们继续深化对全球治理问题的研究奠定了一定基础。

综上所述，国内外学术界从多学科的角度围绕人类命运共同体与全球治理展开了探讨，取得了较为丰硕的成果，为本研究的开展奠定了坚实的基础。但从既有研究成果来看，更多的研究或是围绕人类命运共同体理念展开，或是围绕全球治理和全球治理体系展开，而将人类命运共同体与全球治

---

① 〔英〕安德鲁·赫里尔：《全球秩序与全球治理》，林曦译，中国人民大学出版社，2018，第1页。

② 〔英〕安德鲁·赫里尔：《全球秩序与全球治理》，林曦译，中国人民大学出版社，2018，第2页。

③ 参见〔英〕亚当·罗伯茨、〔新西兰〕本尼迪克特·金斯伯里《全球治理——分裂世界中的联合国》，吴志成、张蒂、刘丰、刘兴华等译，中央编译出版社，2010。

④ 〔美〕奥兰·扬：《复合系统：人类世的全球治理》，杨剑、孙凯译，上海人民出版社，2019，第Ⅲ页。

理体系结合起来的研究还不足，特别是对人类命运共同体理念内蕴的全球治理体系变革的中国方案的挖掘还不够。同时，国外学术界关于人类命运共同体的研究还存在一些错误认知，还需要我们以更为翔实和严密的论证对这些错误观点予以驳斥。此外，关于这一前沿问题的研究，学术界还有一些重大现实理论问题尚未解决，诸如：中国如何推动构建人类命运共同体？中国如何参与全球治理体系变革？全球治理体系变革的中国方案是什么？面对"西方之治"的治理困境，中国如何将自身的治理理念、治理方式、治理力量和治理方案嵌入其中并落实，进而实现有效治理？学术界如何搭建具有中国特色的全球治理学学术框架等？这些问题还有待我们持续深入研究，进而为实现第二个百年奋斗目标和中华民族伟大复兴提供理论支撑。基于此，本书主要围绕下述三个方面展开探索。

第一，本书在学术界既有研究的基础上，进一步深化了对人类命运共同体理念的研究。由于既有研究大多是将人类命运共同体理念作为分析视域，或是围绕人类命运共同体理念的某一方面展开，研究还比较零散。本书围绕习近平总书记关于构建人类命运共同体的重要论述，对人类命运共同体理念的科学内涵、现实指向、内在逻辑、时代价值等方面进行了全面探讨，力求在客观、完整和深刻的分析中彰显人类命运共同体理念的科学性和价值性。这不仅可以在一定程度上实现对人类命运共同体理念的整体性分析，也可以强有力驳斥西方部分学者关于人类命运共同体理念的错误认知，从而为增进人类命运共同体理念的国际认同、增强人类命运共同体理念引领全球治理体系变革的权威性和合法性提供成果支撑。

第二，本书在对人类命运共同体理念进行深度挖掘的基础上，从大国关系、多边国际治理组织、治理规则和治理机制、话语权、利益分配以及价值理念等方面入手，力求全面、准确总结全球治理体系变革面临的挑战，阐明全球治理体系变革的必要性、紧迫性、长期性和复杂性，并根据挑战从多重视角分析全球治理体系变革的方向和光明前景。这不仅可以为我们深入挖掘人类命运共同体理念内蕴的全球治理体系变革的中国方案提供依据，也可以为我们探寻以人类命运共同体理念推动全球治理体系变革指明方向。

第三，本书在全面总结全球治理体系变革所面临挑战的基础上，从新型大国关系的构建、全球治理机制的改革与完善、价值共识的凝聚以及全球治理体系权威性与合法性的塑造等方面，深入挖掘和阐释人类命运共同体理念在政治层面、经济层面、安全层面、文明层面、价值层面内蕴的中国方案，并阐明全球治理体系变革的重大意义。这不仅有助于搭建具有中国特色的全球治理学学术框架，而且有助于为国际社会提供一种完全不同于西方治理方案的中国方案选择，更有助于进一步提升人类命运共同体理念的国际影响力、感召力和塑造力。

当前，"世界进入新的动荡变革期"，国际政治经济秩序加速调整，大国战略竞争加剧，权力政治强势回归，全球性挑战日益增多，而现行全球治理体系却愈发呆滞和低效，从而越来越不适应国际社会发展的需要，以致全人类正处于"一个充满挑战的时代"①。因此，"推动全球治理体系变革是大势所趋"②。就中国而言，我国目前正处于深入推进中国式现代化和全面建设社会主义现代化国家的关键时期，不仅日益走近世界舞台的中央，而且国际社会对于我国在全球治理体系中的角色和作为也充满期待，这对于增进国家利益和提升我国国际影响力而言可谓战略机遇。就世界而言，当前，"世界之变、时代之变、历史之变正以前所未有的方式展开……恃强凌弱、巧取豪夺、零和博弈等霸权霸道霸凌行径危害深重，和平赤字、发展赤字、安全赤字、治理赤字加重，人类社会面临前所未有的挑战。世界又一次站在历史的十字路口"③。可以说，无论是维护国家利益，还是增进世界人民福祉，都要求我国要在积极参与全球治理中推动全球治理体系变革。基于此，以习近平同志为核心的党中央不断深化对全球治理的认识，围绕全球治理体系变革做出了一系列重要论述，如我国要"积极参与推动全球治理体系变革，构建新

---

① 习近平：《高举中国特色社会主义伟大旗帜 为全面建设社会主义现代化国家而团结奋斗——在中国共产党第二十次全国代表大会上的报告》，人民出版社，2022，第63页。
② 《习近平谈治国理政》第2卷，外文出版社，2017，第448页。
③ 习近平：《高举中国特色社会主义伟大旗帜 为全面建设社会主义现代化国家而团结奋斗——在中国共产党第二十次全国代表大会上的报告》，人民出版社，2022，第60页。

型国际关系，推动构建人类命运共同体"①；中国倡导"践行共商共建共享的全球治理观，坚持真正的多边主义，推进国际关系民主化，推动全球治理朝着更加公正合理的方向发展"②。这些重要论述为我们在当前深化对人类命运共同体理念与全球治理体系变革问题的研究提供了科学指导。因此，从各方面来看，在当前，加强对人类命运共同体理念的研究，深入挖掘、系统探讨人类命运共同体理念内蕴的全球治理体系变革的中国方案，具有重大的理论与现实意义。

---

① 习近平：《论坚持全面深化改革》，中央文献出版社，2018，第460页。
② 习近平：《高举中国特色社会主义伟大旗帜 为全面建设社会主义现代化国家而团结奋斗——在中国共产党第二十次全国代表大会上的报告》，人民出版社，2022，第62页。

第一章　推动构建人类命运
共同体的相关概述

推动构建人类命运共同体，是习近平新时代中国特色社会主义思想中关乎全球治理体系变革的具有战略高度和天下情怀的重大时代课题。当今世界面临着世界百年未有之大变局，世界政治经济秩序日益复杂多变，传统与非传统的全球性问题层出不穷，对重塑国际秩序和推动全球治理体系变革都构成了严峻挑战。人类命运共同体既是在深刻透视和把握当今世界全球治理现实的基础上提出的关于全球治理未来发展的中国判断，又是对西方发达国家在以资本逻辑主导经济全球化进程中所建构的单向性国际经济政治旧秩序的扬弃与重构。人类命运共同体的出场，表征着全球治理体系将从以西方为中心的单向度化的治理向共商共建共享的全球治理转变、从"独奏"向"合奏"转变，这为全球治理体系朝着更加公正合理的方向发展贡献了中国智慧、中国方案和中国力量。

第一节　人类命运共同体的提出与内涵

推动构建人类命运共同体作为关乎人类前途命运的重大时代课题，并不是凭空产生的，而是有着深刻的内在缘由。面对"世界怎么了、我们怎么办"①

---

① 《习近平主席在出席世界经济论坛 2017 年年会和访问联合国日内瓦总部时的演讲》，人民出版社，2017，第 20 页。

这个全世界都在深入思考的重大问题，在现行西方治理方案又无能为力的情况下，以习近平同志为核心的党中央不断深化对人类社会发展规律和人类所面临严峻挑战的认识，提出了推动构建人类命运共同体的中国方案，从而科学回答了"世界何去何从"这一世界之问和时代之问。

一　人类命运共同体的提出缘由

自人类命运共同体理念提出以来，习近平多次在国内外重要场合阐述了推动构建人类命运共同体的科学内涵和必要性。人类命运共同体的提出有着深刻的历史背景和时代背景，当今世界面临着百年未有之大变局，政治多极化、经济全球化、文化多样化以及信息多样化对国际秩序和全球治理体系变革构成了挑战。人类命运共同体正是为满足应对全人类共同挑战的需求而提出的国际社会发展新理念，获得了国际社会的普遍认可，向世界发出了推动全球治理体系变革的中国声音。

全球治理概念最早由国际发展委员会主席勃兰特（Willy Brand）于1990年提出，其核心要素主要包括全球治理的主体、规则、价值、客体以及效果五个方面。尽管现行全球治理体系相对于最初的全球治理体系而言，已经在很大程度上得到完善，但是，不可否认，现行全球治理体系规则的制定者、话语权和决策权的掌握者、代表的利益范围、维护的核心利益始终没变，即全球治理始终处于美西方发达国家的掌控之下，代表的是少数西方发达国家的利益，维护的是少数西方发达国家的霸权主义地位和强权主义政治话语权。由此，也就形成了以西方发达国家为中心的单向度化的全球治理体系。

单向度化的全球治理体系，即由西方发达国家单方面主导、控制以及支配广大发展中国家和地区的全球治理体系，其形成有着深层的经济根源，贯穿全球治理几个发展阶段的一条主线便是资本逻辑的排他性和逐利性。马克思主义认为，经济基础决定上层建筑。资本逻辑在全球扩张中取得了物质力量的统治地位后，必然要以经济权力建构自己的哲学、道德、法律，取得精神上的统治地位，在全球范围内建构自己的政治制度、意识形态和文化样态，即"按照自己的面貌为自己创造出一个世界"①。资本逻辑主导下的经济全球化开拓了世界市场，使"一切国家的生产和消费都成为世界性的了"②，整个世界日益呈现出同质性和单向性。同时，由于以西方发达国家为中心的全球治理是以高度逐利性的资本为载体，加之资本输出本身固化的排他性和等级性，"使生产资料集中起来，使财产聚集在少数人的手里。由此必然产生的结果就是政治的集中"③。换言之，西方发达国家经济全球化的主导地位决定了其在全球治理中权力的集中。贯穿全球治理几个发展阶段的另一条主线便是资本逻辑固化的殖民性。它深刻地表现为资本在全球范围内的扩张和以战争为手段的国际霸权主义。以实现自身增殖为唯一目的的资本推动了新航路的开辟，东印度公司是其殖民性在全球范围扩张的典型表现，资本扩张极大地巩固了西方发达国家在国际秩序中的主体地位。两次世界大战是资本逻辑以战争手段强制推行国际霸权主义和强权政治的典型殖民表现。两次世界大战均根源于帝国主义固化的殖民性，一战后确立的华盛顿-凡尔赛体系和二战后确立的雅尔塔体系均是以维护少数战胜国的核心利益为出发点，其确立的不公正、不合理的国际秩序更是剥夺了其他国家的国际话语权。国际话语权完全由少数战胜国所掌握，形成以西方为中心的单向度化的全球治理模式。当前，资本逻辑主导下的以西方发达国家为中心的全球治理体系日益呈现出不平衡、不合理的矛盾状态，"正像它使农村从属于城市一样，它使未开化和半开化的国家从属于文明的国家，使农民的民族从属于资产阶级的民族，使东方从属于西方"④。可以说，当今国际社会发生的各种对抗与不公的根源均在于以西方发达国家为中心的单向度化的全球治理模式，这是人类命运共同体提出的深刻历史背景和时代背景。

随着两极格局的解体，国际力量对比格局发生深刻变化，一批新兴国家快速崛起，国际秩序不再由少数西方大国主宰。诚如习近平所说："数百年

① 《马克思恩格斯文集》第2卷，人民出版社，2009，第36页。
② 《马克思恩格斯文集》第2卷，人民出版社，2009，第35页。
③ 《马克思恩格斯文集》第2卷，人民出版社，2009，第36页。
④ 《马克思恩格斯文集》第2卷，人民出版社，2009，第36页。

来列强通过战争、殖民、划分势力范围等方式争夺利益和霸权逐步向各国以制度规则协调关系和利益的方式演进。"① 这种深刻变化使国际秩序超越以西方为中心的单向度化的全球治理体系，建立公平、公正、合理的国际政治新秩序，弘扬共商共建共享的全球治理理念，建立权利平等、机会平等、话语平等、规则平等的全球治理体系，成为可能。构建人类命运共同体正是顺应时代发展潮流，在资本逻辑失灵、步入自相矛盾的死胡同的情况下，为全球治理的未来走向提供的中国方案。这是一个以实现双赢、共赢为目标，以平等磋商、对话为途径，以增进各国福祉为归宿的全球治理方案。

二　人类命运共同体的内涵

自人类命运共同体理念提出以来，学术界虽然从不同学科、不同视角对人类命运共同体进行了一定研究，但既有研究对这一重大价值理念科学内涵的挖掘还不足，还需要学术界对这一理念的内涵进一步加以提炼和总结。对此，本书认为人类命运共同体的内涵主要包含以下内容。

其一，人类命运共同体是对世界各国休戚相关、命运与共存在状态的客观描述。尽管世界各国存在文明、制度、民族、价值观、发展道路以及意识形态的差异，但差异的存在无法改变世界各国同处一个地球家园、利益高度相依和彼此命运紧密相连的客观现实。"人类发展进步的大方向不会改变，世界历史曲折前进的大逻辑不会改变，国际社会命运与共的大趋势不会改变。"② 所以，面对层出不穷的全球性挑战，世界上不存在"绝对安全的孤岛，普遍安全才是真正的安全"③，人类是"一荣俱荣、一损俱损的命运共同体"④、利益共同体和安全共同体之中。基于严峻挑战下全人类共同命运的全球现实，

① 习近平：《论坚持推动构建人类命运共同体》，中央文献出版社，2018，第259页。
② 习近平：《在会见出席中国国际友好大会暨中国人民对外友好协会成立70周年纪念活动外方嘉宾时的讲话》，《人民日报》2024年10月12日。
③ 习近平：《命运与共　共建家园——在中国—东盟建立对话关系30周年纪念峰会上的讲话》，人民出版社，2021，第5~6页。
④ 习近平：《携手同行现代化之路——在中国共产党与世界政党高层对话会上的主旨讲话》，人民出版社，2023，第4页。

人类命运共同体理念内蕴的"同球共济"① 精神，倡导各方在全球性问题的治理中秉持人类命运共同体意识，承担"共同但有区别的责任"②，以凝聚各方推动构建人类命运共同体的广泛共识，进而在以团结合作应对变乱交织的国际形势和层出不穷的全球性挑战中增进世界各国人民福祉。也正是基于对全人类共生共荣的深刻认识，人类命运共同体本身就是对促进人类共同发展进步美好愿景的客观表达和深刻昭示。正是在这个意义上，推动"构建人类命运共同体是世界各国人民前途所在"③。

其二，基于全人类共生共荣的客观现实，人类命运共同体理念指明了世界各国应对共同挑战应秉持的价值理念与实践路径。面对日益严峻的全球性挑战，部分国家只顾自保，逃避应尽的责任和义务，以致全球"和平赤字、发展赤字、安全赤字、治理赤字"加重，全人类的可持续发展面临威胁。基于此，中国从全人类的前途命运出发，秉持亲诚惠容和开放包容的友善交往观、权责一致和利益共享的主体平等观、合作共赢和共同繁荣的共同发展观、共同综合和可持续的共同安全观，倡导"和平、发展、公平、正义、民主、自由"的全人类共同价值，坚决抵制部分主体以国家利益优先为名行单边主义之实，坚决反对部分主体以牺牲他国利益来换取自身利益的狭隘行径。所以，中国坚决主张"以对话协商消弭矛盾分歧，达成政治互信；以共建共享消弭安全困境，构筑安全屏障；以合作共赢消弭分裂对抗，推进全球发展；以交流互鉴消弭隔阂偏见，塑造包容精神；以绿色低碳消弭环境破坏，倡导生态优先的必然选择"④，进而引领国际社会共同建设"持久和平、普遍安全、共同繁荣、开放包容、清洁美丽的世界"⑤。可以

---

① 习近平：《在会见出席中国国际友好大会暨中国人民对外友好协会成立 70 周年纪念活动外方嘉宾时的讲话》，《人民日报》2024 年 10 月 12 日。
② 《习近平外交演讲集》第 2 卷，中央文献出版社，2022，第 340 页。
③ 习近平：《高举中国特色社会主义伟大旗帜 为全面建设社会主义现代化国家而团结奋斗——在中国共产党第二十次全国代表大会上的报告》，人民出版社，2022，第 62 页。
④ 刘艳房：《人类命运共同体话语体系科学内涵、建构价值与实践路径》，《思想理论教育导刊》2024 年第 7 期。
⑤ 习近平：《论坚持推动构建人类命运共同体》，中央文献出版社，2018，第 491 页。

说，人类命运共同体理念内含的交往观、合作观、共赢观、安全观、生态观，不仅深刻彰显了对人类前途命运的现实观照，而且深刻批判了部分行为体各行其是、自私自利的短视行径，更是为世界各国共创人类更加美好的未来提供了科学的价值指引和推进方案，从而使构建人类命运共同体宏伟愿景的实现成为可能。

其三，基于世界各国的高度互联互通和命运不可分割，人类命运共同体着眼于实现各方利益的最大公约数。世界各国的高度互联互通和命运不可分割，客观上要求各国在应对全球性挑战中必须通力合作，唯有如此，才能增进各自的国家利益。然而，部分美西方国家过度强调发展和利益的单一性，以致人类前途命运因多方的利益分歧而面临严峻挑战。与部分美西方国家截然相反，中国始终坚持胸怀天下，"深刻洞察人类发展进步潮流，积极回应各国人民普遍关切"①，始终强调世界各国共同发展、共同进步、共同繁荣。从经济层面来看，随着科技的飞速发展和国际分工的不断深化，世界各国在全球产业链和供应链中相互依存日益紧密。在这种情况下，中国倡导加强国际经济合作，推动贸易自由化和投资便利化。通过降低贸易壁垒，各国可以更好地发挥自身的比较优势，实现资源的优化配置，从而提高整个世界经济的效率和效益。同时，中国倡导建立公平、公正、包容的国际经济秩序，为广大发展中国家提供更多的发展机会和空间。这样，不仅发达国家可以继续保持经济繁荣，发展中国家也能够实现经济崛起，从而实现各方经济利益的最大化。从政治层面来看，和平与稳定是各国共同的追求，也是实现各方利益最大公约数的基础。世界各国的高度互联互通使得战争和冲突的影响不再局限于某个地区或国家，而是会波及全球。例如，一场地区性的冲突或战争可能导致全球能源价格波动、难民危机、恐怖主义蔓延等一系列问题。因此，中国强调持久和平，主张通过和平方式解决国际争端，反对霸权主义和强权政治，主张各国应相互尊重主权和领土完整，平等相待，共同构建公

---

① 习近平：《高举中国特色社会主义伟大旗帜 为全面建设社会主义现代化国家而团结奋斗——在中国共产党第二十次全国代表大会上的报告》，人民出版社，2022，第21页。

平、公正的国际政治新秩序。此外，中国倡导加强多边合作，通过联合国等国际组织，各国可以在平等的基础上共同参与国际事务的决策和管理，共同应对全球性挑战。这种多边合作机制可以确保各国的利益得到充分尊重和体现，实现政治利益的平衡和协调。从文化层面来看，世界各国文化丰富多彩，各具特色。中国倡导多元文化交流与文明互鉴，尊重文化多样性。不同文化之间的交流与融合，不仅可以丰富人们的精神世界，还可以促进各国之间的相互理解和信任。例如，中国传统文化中的儒家思想、中医药、武术等在世界范围内得到广泛传播和认可，同时，西方的文化艺术、科学技术等也对中国产生了深远影响。通过文化交流互鉴，各国可以相互学习、取长补短，共同推动人类文明的进步。在这个过程中，各国文化都能够得到传承和发展，从而实现文化利益的最大公约数。

其四，人类命运共同体趋向于"真正的共同体"①，构成了"虚幻的共同体"② 与"真正的共同体"之间的逻辑中介。在现行全球治理体系普遍利益的外观下，部分美西方发达国家以治理之名行攫取特殊利益之实，由此便形成了普遍利益与特殊利益相对立的"虚幻的共同体"，以致国家之间的矛盾、人与人之间的矛盾、人与自然之间的矛盾不仅并未得到有效解决，而且还有进一步加剧的趋势。马克思和恩格斯关于"真正的共同体"的分析，不仅阐明了"虚幻的共同体"存在的阶段性及其被"真正的共同体"所取代的历史必然性，更指明了全人类从"虚幻的共同体"普遍利益虚假外观下解放出来进而真正实现共同利益的现实道路。正是在这样的意义上，人类命运共同体理念对"虚幻的共同体"的深刻批判，以及其在寻求各方共同利益过程中对国与国之间、人与人之间、人与自然之间矛盾解决路径的探索，不仅在价值诉求和终极目标上与"真正的共同体"具有深刻的内在一致性，更是对"人类社会向何处去"③ 的重大时代课题做出了科学解答。

---

① 《马克思恩格斯文集》第 1 卷，人民出版社，2009，第 571 页。
② 《马克思恩格斯文集》第 1 卷，人民出版社，2009，第 571 页。
③ 习近平：《论坚持推动构建人类命运共同体》，中央文献出版社，2018，第 521 页。

"万物并育而不相害，道并行而不相悖。"① 人类命运共同体作为中国原创的全球性价值理念，并不寻求同化或消灭其他价值理念，也不是以一种普遍性的话语取代另一种话语，而是通过深刻回答全人类是一种什么样的命运共同体、为什么是命运共同体以及怎样构建人类命运共同体的重大理论与现实问题，为变乱交织的世界以及人类前途命运的走向贡献中国智慧和中国方案，推动世界各国在全球化浪潮中携手共进，共同书写人类发展的新篇章。

第二节　推动构建人类命运共同体的国际背景

当前，世界政治经济秩序加速调整，国际权力格局发生深刻变化，全球性挑战层出不穷，传统安全威胁与非传统安全威胁相互交织，全球治理赤字加剧，世界局势不稳定性与不确定性因素增多，"世界正经历百年未有之大变局"②。伴随"世界百年未有之大变局加速演进，新一轮科技革命和产业变革深入发展，国际力量对比深刻调整，我国发展面临新的战略机遇"，"同时，世纪疫情影响深远，逆全球化思潮抬头，单边主义、保护主义明显上升，世界经济复苏乏力，局部冲突和动荡频发，全球性问题加剧，世界进入新的动荡变革期"③。

究竟何为世界百年未有之大变局？学术界关于其学术内涵尚未达成共识。有学者认为"百年"是"既虚又实，虚实结合，既表明当下我们正在经历数百年未有之变局，也暗合中华民族正经历'百年屈辱'后的伟大复兴"④；也有学者认为世界百年未有之大变局主要表现为"世界地缘经济与政治格局'东升西降'、主要大国力量对比'南升北降'"⑤。综合而言，世

① 《习近平谈治国理政》第 3 卷，外文出版社，2020，第 434 页。
② 《习近平关于中国特色大国外交论述摘编》，中央文献出版社，2020，第 192 页。
③ 习近平：《高举中国特色社会主义伟大旗帜 为全面建设社会主义现代化国家而团结奋斗——在中国共产党第二十次全国代表大会上的报告》，人民出版社，2022，第 26 页。
④ 袁鹏：《世界"百年未有之大变局"之我见》，《现代国际关系》2020 年第 1 期。
⑤ 中国现代国际关系研究院课题组：《世界"百年未有之大变局"全面展开》，《现代国际关系》2020 年第 1 期。

界百年未有之大变局的核心意涵就在于强调百年来世界前所未有的巨变，尽管巨变表现在多个领域，但最为根本的表现是世界格局和国际秩序的深刻调整与变革，具体表现为以下几个方面。

首先，国际权力"西强东弱"总体格局下的"东升西降"。自资产阶级登上历史舞台以来，西方世界的部分国家始终是国际秩序的主宰者、全球治理体系的掌控者，特别是随着苏联的解体和冷战的结束，国际权力格局整体上呈现出"一超多强"的态势。然而，伴随着国际权力格局的深刻演进，美西方国家由于自身社会矛盾的激化和长期推行霸权主义，整体实力相对衰落。相比之下，以中国、巴西等国为代表的一批新兴市场国家的群体性崛起，尤其是金砖扩员成为"国际格局演变的标志性事件"[①]，全球迎来一个国际政治经济秩序深刻调整、全球治理体系力量重新布局、权力重新分配的大变革大调整时代，在一定程度上改变了数百年来西方大国"如狼似虎、小国如蝼蚁似的强权政治逻辑"[②]。同时，新兴力量的崛起使百年来非西方国家第一次拥有了影响和改变世界权力格局走向的强大力量，特别是社会主义中国快速发展壮大，不仅在积极融入世界中与美西方国家所期待的路径大不相同，而且在两种制度的较量中高度彰显了社会主义制度的优越性，更深刻改变了"资强社弱"的斗争态势，从而成为维护国际社会公平正义和推动全球治理体系变革最为关键的稳定性力量之一。可以说，尽管国际权力格局总体仍然是"西强东弱"，但新兴力量崛起使国际权力格局呈现出"东升西降"态势，这可以说是世界百年未有之大变局最深刻的变动所在。

其次，中美双边关系的剧烈变动。中美关系作为当今世界最为重要的双边关系之一，正经历前所未有的剧烈变动，这一变动不仅对两国自身发展产生深远影响，也对全球政治、经济和安全格局的稳定产生重大影响。从政治层面来看，过去几十年间，中美两国通过协调合作在诸多国际问题的治理上发挥了重要作用，然而随着双方力量对比的显著变化，美国在一些政治议题

---

① 习近平：《登高望远，穿云破雾 推动"大金砖合作"高质量发展——在金砖国家领导人第十六次会晤上的讲话》，《人民日报》2024年10月24日。
② 严文斌主编《百年大变局》，红旗出版社，2019，第2页。

上无端指责中国，肆意干涉中国内政，给双边关系带来严重冲击。尽管双方的外交对话仍在持续，但政治互信明显降低。从经济层面来看，中美双方作为世界上最大的两个经济体，双方贸易的良性互动有力推动了经济全球化的良性发展。然而，特朗普第一次执政后，大肆推行单边主义，在《美国对中华人民共和国的战略方针》（U. S. Strategic Approach to the People's Republic of China）的报告中，"将中国视为第一战略竞争对手，决定采取公开施压的方法，以遏制中国在经济、军事、政治等多领域的扩张"，并寻求在经贸、科技、人文等领域与中国全面脱钩。拜登执政后沿用特朗普政府对华政策，并进一步强化在经贸领域对中国的遏制。特朗普第二次当选总统后，对华政策依旧以"美国优先"为核心，延续贸易保护主义。从科技层面看，中美在科技交流与合作上有过积极探索与实践，推动了全球科技的进步与创新。然而，近年来美国政府将科技泛安全化、地缘政治化，对中国科技发展和科技企业进行技术封锁、极限施压，以致双边关系持续紧张。从军事层面来看，美国在亚太地区加强军事部署，频繁开展军事演习，其军事行动的针对性和威慑性明显增强，不仅使双方在南海等地区的军事互动变得更加敏感和复杂，也给双方军事关系带来新的挑战和不稳定因素，更是加剧了双方关系的变动性。可以说，中美作为全球最重要的两个经济体和政治力量，这一对双边关系的剧烈变动成为影响世界大格局走向的最大因素之一。

再次，国际政治经济秩序的重塑。现行国际经济秩序就其本质而言，是二战后在美国主导下所建立的霸权主义秩序。长期以来，在这一秩序主宰下，霸权主义和强权政治危害深重，南北发展鸿沟加深，多元文明交流互鉴受到严重阻碍，全球气候变化的威胁日益严峻，局部冲突和战乱此起彼伏……以致这一秩序越来越不符合国际社会发展的需要。伴随国际力量对比的深刻调整，新兴市场国家对于重塑或变革国际政治经济旧秩序的呼声愈发高涨，并主张建立一个真正平等公正、合作共赢的多边主义国际政治经济秩序。

最后，新一轮科技革命和产业革命深刻重塑国家间的力量对比格局。新一轮科技革命和产业革命既是世界百年未有之大变局加速演进的内在动力，也是重塑世界各国力量对比格局的强大引擎。在过去的一个多世纪里，人类经历了多次重大科技革命，从以电力、内燃机为代表的第二次工业革命到以信息技术、生物技术、新能源技术等为核心的第三次科技革命以及当前方兴未艾的人工智能、量子计算、区块链等新兴技术引领的新一轮科技浪潮。每一次科技革命及其所带来的新兴产业都不同程度推动人类生产方式和生活方式发生变革，也"深刻改变以往不同国家的比较优势和竞争优势"①。当前，以人工智能、大数据等战略性、颠覆性技术为代表的新一轮科技革命和产业革命，相比于以往的技术革命，更能从根本上重塑国家间的比较优势，进而推动"未开化和半开化的国家从属于文明的国家，使农民的民族从属于资产阶级的民族，使东方从属于西方"② 这种力量对比格局发生深刻改变。

在世界百年未有之大变局的时代背景下，全球经济格局、权力格局发生前所未有的深刻变化，层叠交错的"黑天鹅"与"灰犀牛"事件对全球秩序的调整和全球治理体系的变革产生了极大影响，这些"鲜明现象概括起来就是新冷战趋势"③ 与新世界秩序。而全球治理体系变革不仅与当前时代背景和世界秩序密切相关，而且要在后一个框架中实现，因此要缜密分析世界百年未有之大变局怎么变、往哪里变，变的动力是什么。这是我们在新的时代背景下研究人类命运共同体与全球治理体系变革必须弄清楚的问题。

在学术界已有研究的基础上，本书认为可以从时代的变迁与空间的变化两条主线来理解世界百年未有之大变局的"变"及其表现。第一，从时代的变迁来看，在第三次科技革命的基础上，第四次科技革命和产业革命以量子信息通信技术、网络空间虚拟技术、生物技术等新兴技术集群优势，实现了数字空间、物理空间和生物空间的深度融合，使人类进入数字智能化时代，不仅正在极大改变国家间的"比较优势与竞争优势"④，同时也在深刻改变

---

① 柴尚金：《世界大变局与资本主义、社会主义两种制度关系重构》，《马克思主义研究》2019 年第 10 期。
② 《马克思恩格斯文集》第 2 卷，人民出版社，2009，第 36 页。
③ 俞正樑等：《全球治理体系变革和建设的研究重点与路径建议》，《国际观察》2021 年第 3 期。
④ 柴尚金：《世界大变局与资本主义、社会主义两种制度关系重构》，《马克思主义研究》2019 年第 10 期。

全球的经济格局、贸易格局、科学技术格局、工业格局，进而推动世界格局发生前所未有的重大变革。第二，从空间的变化来看，其关键是国际力量对比变化所导致的国际权力格局的调整。世界迎来一个前所未有的力量重新布局、权力重新分配的时代。一批新兴力量的崛起，从根本上改变了数百年来大国如狼似虎、小国如蝼蚁的强权政治逻辑①。其中，中国综合国力的显著提升与包括美国在内的西方世界的相对衰落形成了鲜明反差，整个西方世界的危机感骤升②。可以说，这两大变量是引发世界百年未有之大变局各种现象的根本原因，而且最终都表现为国际力量对比的变化。这样一来，我们就抓住了影响世界百年未有之大变局发展趋势的最主要变量。基于此，本书认为世界百年未有之大变局将沿着以下两条主线演进。

一方面，从北约东扩对俄罗斯的战略压制这条主线来看，世界百年未有之大变局将随着双方的博弈而出现更多的不稳定因素。北约作为冷战时期的产物，并没有随着苏联的解体而消亡，反而从未间断与俄罗斯之间的对抗。冷战结束后，北约为确保俄罗斯沿着其设定的欧洲安全路线发展，对俄罗斯采取了"合作与对抗兼容、协商与遏制并举的复合式"③方针，既强调与俄罗斯的对话与合作，又强力推进北约东扩，以形成对俄罗斯的威慑和压制态势。北约的持续东扩，尤其是北约重申乌克兰加入北约的既定方针后，地缘政治空间被极度挤压的俄罗斯不安全感骤升，最终导致乌克兰危机爆发。危机爆发后，北约将俄罗斯视为欧洲—大西洋安全框架的最大威胁，并通过政治隔离、外交孤立、经济封锁、金融制裁、资产冻结、能源替代等一系列手段削弱俄罗斯的力量。对此，俄罗斯也采取了一系列反制措施。双方"你来我往"的对抗行动及其所衍生的诸如能源问题、安全问题、粮食问题等，不仅进一步加剧了世界百年未有之大变局下国际社会的动荡，而且将随着欧洲

---

① 严文斌主编《百年大变局》，红旗出版社，2019，第 1 页。
② 张鷟、李桂花：《"人类命运共同体"视域下全球治理的挑战与中国方案选择》，《社会主义研究》2020 年第 1 期。
③ 王秋怡、许海云：《乌克兰危机后北约对俄罗斯安全战略及其转型分析》，《现代国际关系》2019 年第 8 期。

地缘政治风险的上升，美西方国家主导的国际旧秩序的崩坏和新秩序的形成，使世界百年未有之大变局面临更多的不稳定性和不确定性。

另一方面，从中国实力的壮大和美国对中国的防范与遏制这条主线来看，大国博弈加剧将成为世界百年未有之大变局的常态。自小布什政府提出新保守主义对华政策以来，加强对中国的防范与遏制便成为美国一贯的政治原则。奥巴马政府提出的"重返亚洲"战略标志着美国战略重点向中国转移，实质上是以"小步走"的方式遏制中国。特朗普政府更是宣布放弃长期对华接触政策，对中国采取了政治隔离、贸易制裁、金融脱钩、投资审查、技术封锁、外交抵制等一系列打压手段，导致双方关系经受严峻考验。

基于以上分析，世界百年未有之大变局的发展趋势与两条主线的未来走向紧密相关。无论是从北约东扩对俄罗斯的战略压制这条主线来看，还是从中国实力的壮大和美国对中国的防范与遏制这条主线来看，美西方国家主导的自由国际秩序都正在迅速瓦解。在新旧国际秩序的转型期，大国关于国际新秩序的图景往往彼此冲突，会在核心关切上产生明显分歧，使对抗加剧。在这种情况下，伴随而来的是权力政治的强势回归以及地缘政治风险的上升。所以，无论是从短期来看，还是从长期来看，以美国为首的西方发达国家"趋向于采取更为保守主义的立场和政策"[1]，防范、压制、削弱俄罗斯和中国的既定方针都不会发生实质性改变，不仅将继续沿着地缘政治的方向及其安全逻辑牵制俄罗斯和中国，而且所涉及的议题、领域及其采用的方式还会更加多样化。因此，世界百年未有之大变局将长期处于对立冲突的国际秩序中，这将严重弱化全球治理体系参与主体的合作共识并大大降低其治理效能。当前，国际社会面临着共同的安全威胁，尤其是此起彼伏的区域冲突及其外溢影响，已经成为全人类面临的最重大挑战之一，因而迫切需要全球强化"合作型安全文化共识"[2]，从而以集体性行动提升全球治理的有效性。

---

[1]　刘建飞、谢剑南：《全球治理体系变革与中美新型大国关系建构》，《太平洋学报》2018年第1期。

[2]　秦亚青：《美国大选与世界格局的走向》，《现代国际关系》2020年第12期。

第三节　人类命运共同体理念的内在逻辑

习近平总书记关于人类命运共同体的重要论述，是习近平新时代中国特色社会主义思想的重要组成部分。这一科学价值理念不仅是对人类历史发展经验的总结，更是对未来世界发展趋势的深刻洞察。因此，深入探讨这一理念的内在逻辑，对于我们更好地理解这一理念的价值和意义，以及在实践中推动其发展和认同，具有至关重要的意义。

一　人类命运共同体理念的生成逻辑

从历史唯物主义来看，人类命运共同体理念的生成实现了历史逻辑、现实逻辑和理论逻辑的辩证统一，是马克思主义理论与人类文明发展实践紧密结合的产物。这一理念不仅为解决当代全球性问题提供了新思路，也为推动人类社会向更高阶段发展指明了方向。

1. 人类命运共同体理念生成的历史逻辑

"人类命运共同体"不是凭空想来的，它是中国领导人深刻考察世界发展大势和中国文明史而对全球发展给出的中国智慧和中国方案，其生成的历史逻辑体现了历史眼光与世界视野的辩证统一与深度融合。

一方面，人类命运共同体理念的提出有着深刻的世界历史背景。在《德意志意识形态》中，马克思和恩格斯首次阐述了资本逻辑推动下各个民族史、地域史发展为世界历史的过程。在《政治经济学批判（1857—1858年手稿）》中，马克思又对资本主义生产以前的各种所有制形式进行了深入的历史考察，指明了"共同体"是人的基本存在形式，"共同体"中的人有着共同的语言、文化和财产。但是，资本主义生产关系形成后，资本"到处落户，到处开发，到处建立联系"[①]，原始狭隘的生产和交换发展为世界性的生产和交换，依附于共同体的个人也发展为世界历史性的个人，各共同体间的

---

① 《马克思恩格斯文集》第2卷，人民出版社，2009，第35页。

联系也就日益具有"世界历史意义"①。从人类历史发展来看，世界历史始终是在共同体的冲突与对抗中前进的，当"共同体"面临重大威胁时，其往往基于零和排他思维，采取转嫁危机、以邻为壑的方式，甚至不惜诉诸武力。自自然共同体形成以来，不同的"共同体"之间、不同国家集团之间为争夺利益发生了数不清的战争与冲突，导致了人类文明的裂变，这是"资本逻辑"建构世界历史进程中固化的霸权主义、强权政治及殖民主义对外扩张的必然结果。社会存在决定社会意识，资本逻辑在全球范围内取得统治权的同时，必然谋求政治上的统治地位，为资本在全球范围内再生产自身扫清障碍，即在全球范围内建构政治、道德、法律等虚假的意识形态和文化。资本的无限增殖、扩张，不断将整个世界纳入资本主义的资本循环圈，资本的全球扩张促成了资本的全球化，但在"资本逻辑"建构世界历史的过程中形成的诸种"共同体"并没有超出马克思语境中的"共同体"概念，因而还是一种"虚幻的共同体"或"虚假的共同体"。

经济全球化的迅速发展，加速了作为"总体"的"世界历史"进程。世界各国的联系更加紧密，在发展目标、发展环境、发展诉求等方面处于彼此相依、休戚与共的相互依存状态，在相互依存中形成了一个高度相融的利益纽带，各国均为共同利益链条上的关键一环。在经济全球化的背景下，每一次地域性的经济危机都可能逐渐演变为波及全球的全球性危机，危机波及的范围之广和破坏力之强使各"共同体"之间成为休戚相关的"利益共同体"和"命运共同体"，"一荣俱荣，一损俱损"。所以，一国的经济目标乃至战略目标的达成，离不开与各国利益的对接与合作。面对复杂的国际形势和严峻的全球问题，任何国家都不能独善其身，日益处于一个你中有我、我中有你的"命运共同体"之中，正像习近平所说，"共同的历史遭遇、共同的发展任务、共同的战略利益把我们紧紧联系在一起"②。经济层面的全球化在塑造"总体"的世界历史进程的同时，文化层面的全球化也在空前地促进

① 《马克思恩格斯文集》第1卷，人民出版社，2009，第93页。
② 习近平：《论坚持推动构建人类命运共同体》，中央文献出版社，2018，第16页。

世界历史的"融合"，即资本主义以所谓"文明化"的逻辑不断地将各个封闭的地域史、民族史"融入"单向度的"西方化"的世界历史过程。因而就人类历史发展而言，世界历史的生成与民族史、地域史转变为世界历史的过程是统一的。这样一来，人类命运共同体作为人类社会发展的新理念，就始终蕴含着对人类生存境遇的价值关切与利益关切。"不是意识决定生活，而是生活决定意识。"①

另一方面，人类命运共同体理念有着深厚的中国历史文化基因。从"和而不同，周而不比"的坦诚公正之心到"己所不欲，勿施于人"的为人处世之道；从"四海之内皆兄弟"的亲邻友善到"以和为贵""协和万邦"的天下观，再到"穷则独善其身，达则兼善天下"、"计利当计天下利"和"一荣俱荣，一损俱损"的共生价值观……这些同其他行为体和谐共生的基本价值判断为人类命运共同体理念的形成和提出提供了丰富的文化基因和价值借鉴。

近代中国积贫积弱，中国人民深受帝国主义列强侵略战争的荼毒，丧失了对实际生命的体验以及对自身生命力、想象力的控制，只有"被压迫生灵"②的无尽叹息。长达14年的抗日战争成为中国人民"不能承受的生命之重"，无数中华儿女失去了生命与家园。战争的巨大毁灭性从根本上触及了人类生存的底线，中国人民深刻认识到和平的重要性。新中国成立以来，中国政府坚定不移地奉行独立自主的和平外交政策，始终致力于促进全球的和平发展，并为化解国际和地区的冲突、危机持续贡献中国力量和中国智慧。但与此同时，在美西方国家单方主宰的国际秩序下，中国作为主权国家曾长期处于被排挤、被孤立的边缘地位，处于失语、失声、失势的状态，国家主权频频受到挑战。党的十八大以来，以习近平同志为核心的党中央提出实现中华民族伟大复兴的中国梦，这是一个追求和平、追求幸福，在追求本国利益时兼顾他国合理关切，奉献世界的梦。中国梦的实现带给世界的将是

---

① 《马克思恩格斯文集》第 1 卷，人民出版社，2009，第 525 页。
② 《马克思恩格斯文集》第 1 卷，人民出版社，2009，第 4 页。

机遇与和平，不仅是中国人民的福祉，更是世界各国人民的福祉。正是中国近代以来百年屈辱史的沉重体验，捍卫世界正义、和平的坚定信念，以及对人类共同利益和共同价值的寻求与渴望，使以习近平同志为核心的党中央站在世界历史的高度审视全球发展现实，并在党的十九大报告中明确提出，中国将始终"坚持和平发展道路，推动构建人类命运共同体"①。

综上所述，可以说，构建人类命运共同体的构想是世界历史和中国历史发展合乎逻辑的产物，是破解中国乃至世界发展难题的一剂良方。

2. 人类命运共同体理念生成的现实逻辑

"哲学家们只是用不同的方式解释世界，而问题在于改变世界。"② 构建人类命运共同体恰恰是中国领导人在深刻认识当今世界的复杂形势和当代中国面临的复杂环境的基础上，为破解世界发展难题和应对面临挑战给出的方案。

首先，发展的可持续性挑战。自第一次工业革命以来，人类改造自然、驾驭自然的能力显著增强，取得了"自然力的征服，机器的采用，化学在工业和农业中的应用，轮船的行驶，铁路的通行，电报的使用，整个大陆的开垦，河川的通航"③ 等节节胜利的果实，这仿佛用魔法呼唤出来的生产力在加速自然人化的同时也伴生了生态环境的污染与恶化。1972 年，"罗马俱乐部"发表了《增长的极限》报告，该报告指出"如果世界继续按照目前的人口增长速度和资源消耗速度，那么地球迟早将达到极限而彻底崩溃"④，从此关乎全人类当代生存和未来发展境遇的问题引发了全球的普遍关注。1987年，联合国世界环境与发展委员会发表《我们共同的未来》报告，正式将可持续发展定义为"既能满足当代人需要，又不对后代人满足其需要的能力构

---

① 《中国共产党第十九次全国代表大会文件汇编》，人民出版社，2017，第 46 页。
② 《马克思恩格斯文集》第 1 卷，人民出版社，2009，第 506 页。
③ 《马克思恩格斯文集》第 2 卷，人民出版社，2009，第 36 页。
④ 〔美〕德内拉·梅多斯、乔根·兰德斯、丹尼斯·梅多斯：《增长的极限》，李涛、王智勇译，机械工业出版社，2006，第 5~7 页。

成危害的发展"①。从此，可持续发展逐渐成为国际社会的普遍共识。1996年，可持续发展被正式确定为我们国家的基本发展战略，纳入《中华人民共和国国民经济和社会发展"九五"计划和2010远景目标纲要》，中国用实际行动为各国承担和履行可持续发展的责任与义务做出了大国表率。可持续发展不仅符合各国人民的共同利益，更是多姿多彩的人类文明得以传承的必要前提。直至今天，粮食短缺、能源危机、气候变暖、恐怖威胁、核威胁、毒品贸易等仍然是困扰世界各国可持续发展的难题。世界性难题的解决需要依靠民族国家和非政府组织的同舟共济、共同合作。

历史和现实表明，面对关乎全人类生存发展和前途命运的共同挑战，任何国家都不能独善其身、置身事外，世界"何去何从取决于各国人民的抉择"②。作为对人类命运何去何从的中国判断、作为应对严峻的全球性问题的中国方案，人类命运共同体理念展现出中国领导人面向未来的战略眼光和关怀人类未来生存境遇的博大胸襟与责任担当。

其次，国家安全的挑战。国家安全不仅是世界各国的核心利益，也是各国对外战略的出发点。在传统社会，国家安全以单一的军事安全为主。在现代社会，全球联系日趋紧密，经济、政治、文化、生态、数据、社会等领域安全的重要性日益凸显，安全由单一领域的国防安全转向多领域的综合安全。在高度互联互通的全球化时代，安全日益呈现出安全全球化特征，安全问题的综合性、复杂性、多变性、突发性、联动性日益增强，没有哪一个国家能独守安全的孤岛，也没有哪一个国家能独自应对安全威胁，各国处于"安全共同体""命运共同体"之中。在经济安全上，一方面，物质利益的争夺造成了文明的冲突与对抗，受2008年国际金融危机的影响，全球经济增长依然乏力；另一方面，美国作为世界上最大的经济体，逆全球化、反全球化的贸易保护主义倾向日渐突出，频频以武力支持下的单边经济制裁等方

---

① 世界环境与发展委员会：《我们共同的未来》，王之佳、柯金良等译，吉林人民出版社，1997，第52页。

② 习近平：《高举中国特色社会主义伟大旗帜 为全面建设社会主义现代化国家而团结奋斗——在中国共产党第二十次全国代表大会上的报告》，人民出版社，2022，第60页。

式压制其他经济体，引发了全球贸易保护主义的复苏和石油危机，并加剧了全球贸易市场秩序的混乱。在政治安全上，以美国为首的西方政治集团强制推行霸权主义和强权政治，大搞"集团政治"，"划分势力范围"，以致总体稳定的全球政治局势下潜藏了诸多危机。在军事安全上，部分西方国家肆意侵犯他国领土、干涉他国主权。在社会和生态安全上，气候异常、环境污染导致恶性传染病频发并跨境流行，对全球人民的生命安全造成了严重威胁。人类对自然界长期的过度开发与榨取以及化石燃料的过度消耗，造成了难以管控的生态危机，气候变暖的潜在威胁更是难以预测，不仅导致自然界极端天气频发，而且导致海平面不断上升，以致全人类面临前所未有的安全威胁。

安全是共同的、平等的，他国安全，自己才能安全，自己发展也要允许他国发展，世界各国同处于一个"安全共同体"之中。从根本上消除各国的安全威胁，实现综合安全，是全球的共同责任，这正是人类命运共同体理念科学内涵和价值追求的高度彰显。诚如习近平所说："中国坚持共同、综合、合作、可持续的新安全观，愿以更加开放的姿态与各国同心协力，以合作促发展、以合作促安全，推动构建人类命运共同体。"①

最后，构建公正合理的国际新秩序、实现平等有序和互利合作的全球治理面临的挑战。随着经济全球化、世界政治格局多极化向纵深推进，国际事务的解决逐渐由过去"一国独霸"或"几方共治"向多元政治主体的共同治理转变，全球治理成为国际秩序发展不可逆转的趋势。全球治理，应为各主权国家、非政府组织在遵循《联合国宪章》的宗旨和原则的基础上，平等磋商、展开对话，形成一个具有机制约束力和道德规范力的公正合理的国际政治经济新秩序，使经济全球化朝着普惠、平衡、共赢的方向发展。但是，从全球治理的现状来看，美西方发达国家仍然是国际规则的主要制定者、领导者、受益者、操纵者，广大发展中国家和落后地区处于被领导、被排挤、被治理的边缘地位。在资本逻辑主导的全球化世界市场机制下，发展中国家

---

① 《习近平书信选集》第1卷，中央文献出版社，2022，第204页。

与发达国家之间的不平等得以不断再生产并固化，因而真正实现全球治理仍任重而道远。为此，中国主张在国际事务的磋商、解决中，奉行"大家商量着办"的原则，始终支持增加广大发展中国家以及非政府组织的代表数，增强其话语权，充分发挥广大发展中国家和非政府组织参与国际事务的积极作用。同时，中国政府积极促进全球治理体系变革，弘扬共商共建共享的全球治理理念，致力于构建新型的国际经济政治秩序，推动全球朝着公正合理、开放共享的方向发展，在全球治理中增进中国人民与世界人民的福祉。诚如习近平所说："我们积极推动建设开放型世界经济、构建人类命运共同体，促进全球治理体系变革，旗帜鲜明反对霸权主义和强权政治，为世界和平与发展不断贡献中国智慧、中国方案、中国力量。"[①] 这构成了人类命运共同体的基本价值诉求。

构建人类命运共同体是中国政府反对霸权主义和强权政治、扬弃国际经济政治旧秩序、促进全球治理体系变革给出的中国方案。它科学地回答了什么是新型的国际关系、怎样建设新型国际关系的问题，为构建国际政治经济新秩序勾画了理想的蓝图。

3. 人类命运共同体理念生成的理论逻辑

人类命运共同体理念基于历史唯物主义的宏大视野，以增进世界人民福祉、实现人类解放为价值归宿。它是马克思和恩格斯的世界历史理论、"人类社会或社会化的人类"[②] 的根本哲学立场、"自由人联合体"[③] 理论在当代合乎逻辑的运用与创造性发展。

马克思和恩格斯一生致力于全人类的解放工作，可以说，马克思和恩格斯的全部哲学始终流露出对人类现实命运、未来生存境遇的关注和实现人类解放、增进世界人民福祉的终极关怀。这为人类命运共同体的构建提供了直接的理论来源。

首先，人类命运共同体理念孕育于马克思和恩格斯以"社会总体"为轴

---

① 习近平：《在庆祝改革开放 40 周年大会上的讲话》，人民出版社，2018，第 17~18 页。
② 《马克思恩格斯文集》第 1 卷，人民出版社，2009，第 506 页。
③ 《马克思恩格斯文集》第 5 卷，人民出版社，2009，第 96 页。

心的世界历史理论。马克思的世界历史理论贯穿于《德意志意识形态》、《共产党宣言》和《资本论》中。在《德意志意识形态》中，马克思和恩格斯首次阐述了世界历史的形成过程，指明了全部历史的第一个经常性前提是生产满足人们生命需要的物质资料，即"生产物质生活本身"①，进而说明历史向世界历史的转变是一个完全物质的经验性事实。接着，马克思和恩格斯充分肯定了分工在普遍交往形成中扮演的重要角色。伴随着分工的进一步发展，生产力普遍提高，交往由传统封闭的地域性交往发展为世界性的普遍交往。普遍交往加速了地域性的个人向世界历史性的个人的转变，正是由于普遍交往的形成，"各民族的原始封闭状态由于日益完善的生产方式、交往以及因交往而自然形成的不同民族之间的分工消灭得越是彻底，历史也就越是成为世界历史"②。在《共产党宣言》中，马克思和恩格斯进一步阐发了该观点，认为总体性的世界历史是资本逻辑全球扩张的产物。资本的逐利性驱使资产阶级在全球范围内"到处落户，到处开发，到处建立联系……使一切国家的生产和消费都成为世界性的了"③。对这一思想，马克思在《资本论》中进行了进一步的分析与论述。在《资本论》中，马克思认为总体性的世界历史是资本逻辑全球扩张的伴生物。劳动的二重性指明了生产劳动既是物化的过程又是外化的过程，所以，总体性的世界历史不过是资本逻辑宰制下的工人生产劳动的产物，即资本的"产品"。资本的增殖欲绝不会满足于有限地域内的剥削，必然以"脱域"的方式在全球范围内实现新一轮的扩张，导致各个地域性的存在不断被卷入资本的循环体系，进而加速总体性世界历史的形成。这恰好印证了《共产党宣言》中所说的："资产阶级，由于一切生产工具的迅速改进，由于交通的极其便利，把一切民族甚至最野蛮的民族都卷到文明中来了。"④ 按照马克思的世界历史理论进路，总体性的世界历史进程发展趋势非人的强力意志所能干涉，资本主义作为总体性的世界历

---

① 《马克思恩格斯文集》第1卷，人民出版社，2009，第531页。
② 《马克思恩格斯文集》第1卷，人民出版社，2009，第540~541页。
③ 《马克思恩格斯文集》第2卷，人民出版社，2009，第35页。
④ 《马克思恩格斯文集》第2卷，人民出版社，2009，第35页。

史进程的某一阶段必然要被更高级的世界历史发展阶段——共产主义所替代。"随着现存社会制度被共产主义革命所推翻……每一个单个人的解放的程度是与历史完全转变为世界历史的程度一致的。"①

在全球化时代背景下，马克思和恩格斯的世界历史理论的科学性日益彰显，人类交往的普遍性、世界性从来没有像当代这样深入、广泛，各国的交往和相互依存也从来没有像当代这样频繁、紧密。人类命运共同体理念正是在世界历史理论的"母体"中经历阵痛脱胎而出的。

其次，人类命运共同体理念立足于"人类社会或社会化的人类"的根本哲学立场。在《关于费尔巴哈的提纲》中，马克思认为"旧唯物主义的立脚点是'市民'社会；新唯物主义的立脚点则是人类社会或社会化的人类"②。所以，以市民社会为立脚点的资本主义与以"人类社会或社会化的人类"为立脚点的人类命运共同体显示出截然不同的哲学立场。

黑格尔认为，市民社会是社会成员为维护他们的特殊利益和公共利益而在一个形式的普遍性中的联合。马克思则毫不留情地指出了黑格尔关于市民社会观点的虚伪性，并强调"整个市民社会就是这种由于各自的个性而从此相互隔绝的所有个人之间相互反对的战争，就是摆脱了特权桎梏的自然生命力的不可遏止的普遍运动"③，因而，在这场逐利的"普遍运动"内部必然衍生出等级秩序和等级差别。经济基础决定上层建筑，物质利益上的不平等必然衍生出精神上的不平等，这些不平等、不公正的理念深刻地表现在资本逻辑主导下的社会现实中。在政治上，市民社会内部的等级性突出地表现为当下的国际霸权主义和强权政治，马克思和恩格斯在《共产党宣言》中对此已有过深刻的分析，认为市民社会下生产资料和财产的日益集中，"由此必然产生的结果就是政治的集中"④。当前，在经济上，这种固化的等级性表现为经济全球化是以美国为首的西方发达国家主导的全球化，它们会强制以

---

① 《马克思恩格斯文集》第 1 卷，人民出版社，2009，第 541 页。
② 《马克思恩格斯选集》第 1 卷，人民出版社，2012，第 140 页。
③ 《马克思恩格斯文集》第 1 卷，人民出版社，2009，第 316 页。
④ 《马克思恩格斯文集》第 2 卷，人民出版社，2009，第 36 页。

"贸易战""经济制裁"等经济冷战的方式压制其他经济体。在文化上，则集中表现为文化优劣论，即资本主义的"文明"和社会主义的"野蛮"。总而言之，以市民社会为立脚点的资本逻辑发展模式，打破了一切固定僵化的关系以及素被尊崇的观念，也消解了"一切向来受人尊崇和令人敬畏的职业的神圣光环"①，一切都淹没在利己主义打算的冰水之中。

在市民社会虚假的外观下，我们仿佛陷入了"剧场的假象"，因为舞台上的流行戏剧只不过是资本逻辑主导世界进程这部"戏剧"里所流露出的感情、思想、价值观念等等，以一种虚假的布景方式粉饰资本主义市民社会下的诸种不平等，以致市民社会下的种种不平等成为"合法的偏见"。立足于"人类社会或社会化的人类"的人类命运共同体，恰恰是对资本主义市民社会下诸种不平等、不公正的批判与超越。但必须强调的是，人类命运共同体并不是作为与资本逻辑主导下的经济全球化相对立的形态而存在的，而是在顺应全球化的时代潮流、着眼于世界人民的福祉的基础上，对资本主义以资本逻辑主导全球历史进程中所建构的诸种等级差别的揭露。它在资本逻辑失灵、步入自相矛盾的死胡同情况下，为人类未来发展勾画了一个理想轮廓和蓝图。

最后，人类命运共同体趋向于实现每个人自由而全面发展的"自由人联合体"。共同体是人类存在的基本形式，共同体的历史演进与人类发展"三形态"——在"人的依赖关系"②形态下形成的自然共同体、在"以物的依赖性为基础的人的独立性"③形态下形成的"虚幻的共同体"、在"建立在个人全面发展和他们共同的、社会的生产能力成为从属于他们的社会财富这一基础上的自由个性"④形态下形成的"自由人联合体"——辩证统一于人的解放之中。

在自然共同体中，人不具有独立性，完全依附于群体或共同体而存在，

①　《马克思恩格斯文集》第2卷，人民出版社，2009，第34页。
②　《马克思恩格斯文集》第8卷，人民出版社，2009，第52页。
③　《马克思恩格斯文集》第8卷，人民出版社，2009，第52页。
④　《马克思恩格斯文集》第8卷，人民出版社，2009，第52页。

发展呈现出极端的片面性和孤立性。在"虚幻的共同体"阶段，虽然挺立了个人的主体性，但仅仅是处于普遍物化状态下的某种相对"独立性"，因为人从神圣形象的自我异化解放出来又深陷于非神圣形象的自我异化，迷失在"商品拜物教"与"货币拜物教"之中，在这一阶段，资产阶级作为新兴的利益代表登上世界舞台。资产阶级一开始便以全体社会成员解放者的身份出现，赋予本阶级的特殊利益以普遍性的外观。资产阶级取得革命胜利后，这种共同利益便仅仅作为一种"普遍的东西"存在于观念之中，"正是由于特殊利益和共同利益之间的这种矛盾，共同利益才采取国家这种与实际的单个利益和全体利益相脱离的独立形式，同时采取虚幻的共同体的形式"①。在"虚幻的共同体"的迷惑下，人们天真地分享了资本主义共同利益的理念，却没有分享共同利益的现实，在高度的物化、异化状态中"再度丧失了自己"，依旧戴着沉重的"锁链"，人与人的关系变成了物与物的关系。"虚幻的共同体"不但装饰了"锁链"上那些虚幻的花朵，更进一步加剧了物化、异化状态，所以，终将被更高级的共同体发展形式所替代。在"自由人联合体"中，人类才能抛开幻想的共同利益，获得现实的共同利益，才能从普遍的物化、异化状态下解放出来，真正获得完全的自由个性，这正是人类命运共同体所趋向的终极目标。

人类命运共同体的构想正是基于当今世界处于"以物的依赖性为基础的人的独立性"的第二大发展阶段的现实，在"虚幻的共同体"和"自由人联合体"之间寻求的人类解放道路。马克思认为，"一个社会即使探索到了本身运动的自然规律……它还是既不能跳过也不能用法令取消自然的发展阶段。但是它能缩短和减轻分娩的痛苦"②。人类命运共同体的构建正是按照马克思关于人类解放的阶段性理论进路，遵循从推动建设亚洲命运共同体到推动建设人类命运共同体的基本理路。它最大限度地缩小"虚幻的共同体"与"自由人联合体"之间的现实差距，最大限度地缓解从"虚幻的共同体"到

---

① 《马克思恩格斯文集》第1卷，人民出版社，2009，第536页。
② 《马克思恩格斯文集》第5卷，人民出版社，2009，第9~10页。

"自由人联合体"的"阵痛",最大限度地使人从资本逻辑的物化和异化的奴役状态中恢复独立性、主体性,最大限度地增进世界人民的福祉,进而真正实现从"此岸世界"向"彼岸世界"的跨越,实现从"以物的依赖性为基础的人的独立性"的第二阶段向"建立在个人全面发展和他们共同的、社会的生产能力成为从属于他们的社会财富这一基础上的自由个性"高级阶段的历史性飞跃。

二 人类命运共同体理念对资本逻辑的批判和超越及其内蕴的人本逻辑

人类命运共同体理念作为对人类生命实存这种普遍性、倾向性思考的自我意识的理论升华,以理论的方式表征着资本逻辑现代性的危机,其现实意指是对资本逻辑固有的政治霸权逻辑、社会分化逻辑、文明冲突逻辑等逻辑悖论的批判与超越,深刻揭露了资本逻辑"吃人"的非人性,构成了资本逻辑与人的逻辑之间可通达的现实中介,更深刻地回答了追求和构建的是"以什么人为中心"和"以人的什么为中心"的人的逻辑的基础理论问题,从而为实现人的自由全面发展铺筑了一条康庄大道。

1. 人类命运共同体理念对资本逻辑的批判和超越

所谓资本逻辑,即资本主义生产关系自我生成、自我演化、自我发展的内在机理与运动规律。现代社会发展不过是资本逻辑自我增殖本性驱动下不断展开、不断扩张的产物,资本逻辑在自我建构的动态过程中蕴含着一系列深层次的逻辑悖论,集中表现在政治、经济、文化等层面的发展悖论。人类命运共同体对资本逻辑建构现代社会发展进程中诸种逻辑悖论展开了深刻批判。

从政治层面来说,资本逻辑的悖论表现为政治民主化与政治霸权化的矛盾冲突。资本逻辑在自我建构的过程中催生了自由、民主的资产阶级政治文明,同时又由于自身的内在矛盾不可避免地造成了政治文明的逆转,突出地表现为西方中心主义式的政治霸权逻辑。一方面,如前文所述,在当前的国际政治秩序下,以美国为首的西方发达国家是国际秩序、规则的主要制定者、领导者、受益者，广大发展中国家、落后地区及非政府组织处于被排挤、被治理的边缘化地位，处于失声、失语、失势的状态。同时，在资本逻辑的全球扩张下，跨国垄断资本的形成构建了一整套复杂的资本权力规训体系，不仅在全球范围内进一步巩固了西方发达国家的霸权地位，也进一步强化了其霸权逻辑意识。另一方面，部分国家背离《联合国宪章》的宗旨和原则，在全球强制推行双重法律标准，无视国际法和国际秩序的权威性和严肃性。在全球大肆鼓吹自由、民主、平等、博爱等虚幻的"普世价值"，将自己的意志强加于他国，并以"法治"之名肆意干涉他国内政，侵犯他国领土，用"公开的、无耻的、直接的、露骨的剥削"① 和压迫取代了政治幻想掩盖的压迫，加剧了全球政治秩序的"混沌"和"失序"。可见，基于资本逻辑的所谓政治文明并没有建成其鼓吹的"普世价值"下所宣扬的美丽新世界，在其霸权逻辑下"世界处处充满了火与血"。

人类命运共同体理念与资本逻辑操纵下的西方中心主义式的政治霸权逻辑有着本质的区别。人类命运共同体理念旨在重塑全球价值观，旗帜鲜明地反对霸权主义和强权政治，致力于打破西方中心主义式的霸权逻辑一统天下的局面。中国主张在遵循和平共处五项原则的基础上建立以《联合国宪章》的宗旨和原则为核心的公正合理、互利共赢的国际新秩序、新体系，积极促进全球治理体系变革，弘扬共商共建共享的全球治理理念，坚持国际事务大家商量着办的原则；坚决支持广大发展中国家和落后地区维护自身的主权和发展利益，敢于摆脱西方霸权的压迫，勇于探索适合本国国情的发展方式、发展道路；始终坚持以亲、诚、惠、容的和谐理念同全球各国深化合作，坚决反对各种形式的国际霸权，倡导各国共同维护国际法和国际秩序的权威性和严肃性，为反对西方霸权主义和强权政治持续贡献智慧和方案。

从经济层面来说，资本逻辑的悖论表现为形塑物质文明与价值增殖的矛盾冲突。资本逻辑在不断社会化的过程中创造了空前的社会生产力与物质文

---

① 《马克思恩格斯文集》第 2 卷，人民出版社，2009，第 34 页。

明，又由于其"世俗基础的自我分裂和自我矛盾"① 造成了物质文明的分化，突出地表现为经济全球化背景下全球财富分配不均和全球化等级结构差别的社会分化逻辑。一方面，资本逻辑的价值增殖本性深深植根于其世俗基础——市民社会之中，而市民社会不过是利己主义和普遍性外观下的特殊利益的集合体，其自我分裂与自我矛盾表现为特殊利益与普遍利益的对立。在当前资本逻辑主导的经济全球化机制下，资本逻辑表现为跨国垄断资本的全球扩张，其自我增殖、维护特殊利益的利己主义本性表现得更为"精致"化与半公开化。脱胎于市民社会的资本逻辑以全球化为媒介，不断将各国纳入处于普遍的经济联系和利益依存的世界市场。这样一来，市民社会的自我分裂性与自我矛盾性不断地嵌入全球化世界市场体系，造成了西方发达国家财富日益积聚与广大发展中国家和地区相对赤贫的两极分化，世界上不到1%的人口却占据着全球99%的财富。同时，两者在非实物性物质财富即自由时间的支配上也存在着严重的失衡。另一方面，市民社会的自我分裂与自我矛盾的利己性必然衍生出等级差别，因而脱胎于市民社会的资本逻辑在形塑经济全球化的动态过程中也必然呈现出国家间的等级结构差别，具体表现为经济全球化的同构性与差异性的结构分殊。资本逻辑又以经济全球化为媒介在全球范围内不断地再生产出中心与边缘、宗主国与卫星国的等级性结构。恰如马克思所说："它使未开化和半开化的国家从属于文明的国家，使农民的民族从属于资产阶级的民族，使东方从属于西方。"② 总之，全球财富分配不均和全球化等级结构差别的社会分化逻辑是维持资本逻辑价值增殖的必然结果。

人类命运共同体理念内蕴的普惠共赢价值追求与资本逻辑追求利己、导致失衡的发展现实形成了鲜明的对照。求平等、谋合作、促发展、图共赢是经济全球化时代潮流下各国追求的共同目标与共同利益。中国顺应经济全球化的发展潮流，坚持平等、开放、包容、普惠、共赢的合作理念，主张消解

---

① 《马克思恩格斯文集》第1卷，人民出版社，2009，第504页。
② 《马克思恩格斯文集》第2卷，人民出版社，2009，第36页。

资本逻辑利己本性、剥削本性，充分利用人类几千年来发展起来的生产力和物质文明来缩小南北差距，实现全球共同富裕；同时，积极构建开放型世界市场体系，积极促进全球经济治理体系变革，坚持各国不论大小、强弱、贫富均有参与制定、书写国际贸易规则和共享全球化发展成果的权利，并呼吁西方发达国家充分尊重广大发展中国家和落后地区的发展基础、发展条件、发展道路。只有建立在相互尊重、合作共赢基础上的经济全球化才是可持续的，由此各国才能实现共同繁荣，从而在超越资本逻辑的逐利性、片面性、利己性的基础上实现开放、共享、全面的发展，最大限度地寻求各方利益的最大公约数，真正做大共同利益的蛋糕。

从文化层面来说，资本逻辑的悖论表现为促进文明交融与加剧文明对抗的矛盾冲突。一方面，资本逻辑在不断展开的过程中形塑了资本主义文明并推动了人类文明的交流与融合，将"一切民族甚至最野蛮的民族"[1] 都纳入了资本主义的文明体系；另一方面，资本无止境的自我增殖欲望不断地造成人类文明的对抗，突出地表现为理性的无理性与无理性的理性张力下的文明冲突逻辑。从资本原始积累来看，资本原始积累的过程也就是资本逻辑形塑现代文明并推动各个文明交融的过程，是通过令人发指的暴力与残酷剥夺的非理性手段实现的，而非资产阶级意识形态家所描绘的那样温情脉脉。资本逻辑以野蛮的方式迫使一切民族推行资本主义所谓的文明体系，不断改造其他文明或取而代之，诚如马克思所说："在真正的历史上，征服、奴役、劫掠、杀戮，总之，暴力起着巨大的作用。"[2] 在当代，部分美西方发达国家根深蒂固的文化殖民主义没有变，始终认为资本主义文明全球通用并优于其他文明，无视各国文明的差异，不遗余力地改造、同化甚至取代其他文明，始终沉迷于文明与野蛮二元叙事的旧文明观。尽管200多年来，西方世界自认为资本主义文明是最具国际化的文明，但事实并非如此，无视文明差异性的表现及固有的文明优劣偏见，不仅恰恰证明了资本主义文明的狭隘短浅，也

---

① 《马克思恩格斯文集》第2卷，人民出版社，2009，第35页。
② 《马克思恩格斯文集》第5卷，人民出版社，2009，第821页。

深刻凸显了资本逻辑疯狂追求自我增殖的利己本性，更表明了资本逻辑文明格局的狭隘性。正是资本逻辑狂妄的、非理性的增殖理性与理性的疏离，催生了资本逻辑文明与野蛮的逻辑悖论。

中国倡导以文明交流互鉴化解文明的冲突与对抗，从根本上否定了资本逻辑的文化殖民主义，深刻地回答了人类文明未来何去何从的时代之问和世界之问。人类文明是多彩的、平等的、兼容的，不同的文明积淀着不同民族最为深层的精神追求，也是不同民族独特的精神标识。几千年来，各国文明始终是在不断地交流互鉴中得以进步和传承的，也正是在交流互鉴中共同绘就了多姿多彩的人类文明美好画卷。中国主张各国不论大小、强弱，其文明均有被尊重和认可的权利，均是人类文明宝库不可缺少的重要组成部分。人类文明发展史告诉我们，只要尊重文明的多样性、差异性，促进不同文明的交流互鉴，在交流互鉴中取长补短、兼收并蓄，就可以避免文明的冲突，这从根本上驳斥了西方国家所谓文明冲突的逻辑悖论。"文明只有姹紫嫣红之别，但绝无高低优劣之分。认为自己的人种和文明高人一等，执意改造甚至取代其他文明，在认识上是愚蠢的，在做法上是灾难性的！"① "企图建立单一文明的一统天下，只是一种不切实际的幻想"②。

总之，资本逻辑固有的自我增殖的基因缺陷使其在不断社会化的过程中表现出政治霸权、社会分化、文明冲突等悖论，种种逻辑悖论归根结底表现为非人的逻辑。中国提出的人类命运共同体理念正是在对资本逻辑诸种逻辑悖论批判与超越的辩证剖析中构建人的逻辑，从根本上驳斥了资本主义文明以自我为中心的傲慢与文明优劣论的偏见，向世界昭示了人类文明必将在交流互鉴中实现"各美其美，美人之美，美美与共，天下大同"③。

2. 人类命运共同体理念内蕴的人本逻辑

资本逻辑精心建构的以关涉自我增殖为核心的体系处处体现着"吃人"的非人的逻辑，人作为"被遗忘的存在"从属于资本逻辑的增殖理性；而人

---

① 《习近平外交演讲集》第2卷，中央文献出版社，2022，第196页。
② 习近平：《论坚持推动构建人类命运共同体》，中央文献出版社，2018，第133页。
③ 《习近平外交演讲集》第1卷，中央文献出版社，2022，第154~155页。

类命运共同体理念关涉的是生命的实存，不仅仅是对资本逻辑异己性、非人性的揭露，更致力于把人从一切被压迫、奴役、宰制的关系下解放出来，追求和构建以人为中心的人的逻辑。

资本逻辑的自我增殖本性始终蕴含着解放人与奴役人的"二律背反"，本质上表现为非人的逻辑。资本逻辑在某种程度上挺立了个人的主体性，将人从神圣形象的自我异化中解放出来，却又将人紧紧地束缚于一整套资本逻辑的权力宰制体系中，使人在资本逻辑"物的依赖性"中再度丧失了自己，依旧戴着没有蕴藉的沉重的"锁链"。在传统资本主义生产条件下，人的生命实存表现为如下的事实——资本逻辑作为一种异己的、非人性的力量压制、摧残、剥削着工人，使人的发展日益畸形化、片面化、残缺化。在资本逻辑自我增殖的异己力量的全面宰制下，人从属于以使用价值为基础的交换价值体系，人与人的关系变成了物与物的关系，无生命的物成为支配、奴役人的主体，窃取了人的主体性力量，作为主体的人完全丧失了独立性和自由个性。在抽象物的统治下，人深陷于"商品拜物教"与"货币拜物教"之中，为维持畸形的生存不得不沦为资本逻辑攫取剩余价值的奴隶和工具，丧失了对实际生命的体验与对自身生命力、想象力的控制。总的来说，资本逻辑这种非人性的异己力量"渗透、宰制、摧残着每一个人的身体、需要、意志，从微观层面到宏观层面形成了一整套环环相扣、全面彻底的总体性异化机制"①。从当代资本主义发展现实来看，高度自动化生产技术的使用，福利制度的广泛推行，八小时工作制甚至更短、更自由的工作时间，人权制度的确立，闲暇时间的增多以及消费文化的兴起，似乎均表明在当代资本逻辑不再奴役人，人的生存状态得到根本扭转。但是，这仅仅是视觉的假象，只不过是在法治时代下资本逻辑通过理性计算不得不支付的少量成本。在当代，资本逻辑的权力规训体系嵌入社会生活的方方面面，资本逻辑的自我增殖本性表现得更为复杂化、隐蔽化，其固化的攫取剩余价值的"吃人"本性不仅

---

① 郗戈：《超越资本主义现代性——马克思现代性思想与当代社会发展》，中国人民大学出版社，2014，第 203 页。

没变而且呈现出了新的形式和特点①。因此，"揭露具有非神圣形象的自我异化"②，即批判资本逻辑的种种非人性，构建以人为中心的属人逻辑成为当代的重大现实问题，为人类命运共同体的出场提供了宏大的世界性场景。

人类命运共同体理念正是基于当今世界正处于并将长期处于"以物的依赖性为基础的人的独立性"发展阶段的现实，顺应资本逻辑自我发展伴生自我克服的自我扬弃的发展趋势，追求和构建人的逻辑。人类命运共同体作为通往"自由人联合体"的现实中介致力于打破资本逻辑下人对物的依附性，趋向于"人是人的最高本质"③ 这样一个绝对命令，最大限度地解决人的问题。在全球化的世界历史进程中各国要发展、进步不得不依赖于资本逻辑，面对资本逻辑的种种非人性表现，我们既不能消灭资本逻辑更不能持续被其宰制，但是，却可以通过驯服、利用资本逻辑的方式缩短阵痛，使之为人所统治并服务于人。

一方面，在如何驯服、利用资本逻辑促进人全面发展的重大现实问题上，人类命运共同体理念为全球各国提供了中国方案与中国借鉴。中国坚持积极利用资本与限制资本的发展辩证法解决人的生存境遇和发展命运问题。在经济上，倡导各国在全球化发展机制下摒弃传统唯经济增长的发展理念，坚持以人为中心的发展导向，坚持以创新驱动发展，坚持发展的自主性、独立性，积极利用资本的巨大优势，使其与本国发展需求、发展条件、发展国情相对接，始终将资本逻辑视为最大限度地为人民谋求利益的工具，避免资本逻辑的全面渗透和全面宰制。积极参与经济全球化、利用资本逻辑并不是

---

① 当前，西方学术界在关于资本主义剥削和压迫本性新表现的研究中提出了"技术封建主义"，主要代表人物有日内瓦大学历史、经济和社会系的政治经济学教授塞德里克·迪朗（Cédric Durand），希腊学者亚尼斯·瓦鲁法基斯（Yanis Varoufakis）。技术封建主义是一种对当前数字技术和智能算法统治下的资本主义现象的批判性思潮，该思潮认为数字技术和算法统治下的资本主义已经不再是传统的资本主义，而是一种类似于封建主义的形式。技术封建主义现象的出现，是数智时代资本主义经济垄断、技术霸权、社会分化进一步加剧的结果，反映了资本主义发展模式的内在痼疾与弊端。具体可参见〔法〕塞德里克·迪朗《技术封建主义》，陈荣钢译，中国人民大学出版社，2024。

② 《马克思恩格斯文集》第1卷，人民出版社，2009，第4页。

③ 《马克思恩格斯文集》第1卷，人民出版社，2009，第11页。

在依附资本逻辑、牺牲本国自主性的基础上实现发展，反而是要防止跨国垄断资本控制本国的经济命脉而使自身沦为资本逻辑的增殖工具甚至最终损害最广大人民根本利益的现象出现。中国人民的幸福生活既是中国在经济全球化背景下驯服、利用资本逻辑的成果，也是在利用资本逻辑的基础上与国际接轨并始终坚持独立自主发展的结果。这为世界上那些既希望加快发展又希望保持自身独立性的国家和民族实现从站起来到富起来的飞跃，实现人民对美好生活的向往和追求、摆脱对资本逻辑的依附提供了现实参照。正是在这个意义上，中国将毫不动摇地继续扩大对外开放，持续推动构建人类命运共同体。在政治上，中国倡导各国坚持独立自主，防止资本逻辑与权力的交换、耦合。从单一的民族国家来看，资本逻辑不断"围猎"权力，形成了"权力的资本化"与"资本的权力化"，资本逻辑在权力的外观下嵌入社会生活的方方面面，权力又以资本为工具服务于自身，二者的耦合形成了一整套剥削、奴役、宰制人的资本规训体系。当资本逻辑与权力耦合拓展到世界范围内，资本逻辑便以跨国垄断资本的方式操纵、左右民族国家的对内、对外政策，使民族国家在政策制定过程中不得不顺从资本逻辑而牺牲世界人民的利益。当前，局部地区的动乱、战争均是资本逻辑与权力交换、耦合的恶果。因而，各国在利用资本逻辑的同时更要严格限制资本逻辑，避免落入资本逻辑的政治陷阱。总的来说，只有始终坚持以人为中心的发展导向，才能在驯服、利用资本逻辑的过程中避免迷失方向。

另一方面，人类命运共同体理念追求和构建以人为中心的人的逻辑，由此我们必须搞清楚具体是"以什么人为中心"和"以人的什么为中心"。在"以什么人为中心"这一层面，中国致力于最大限度地增进世界人民福祉。在国际形势复杂多变、全球性挑战层出不穷的发展现实下，以美国为首的部分西方发达国家无视全人类面临的共同困境、危机，继续在全球范围内奉行狭隘的民族主义、利己主义、单边主义，秉承零和博弈的对立思维，少数特权者的特殊利益被披上普遍人民性的外衣，其所谓的人民性相当狭隘且是非兼容的。中国始终坚持以无差别的世界人民为中心的人民方位，致力于为世界人民谋幸福、谋进步、"谋大同"①，探索世界人民共同命运的可靠未来，使全球化的发展成果真正惠及全世界人民，实现其从"被遗忘的存在"到掌控自身生命力与想象力的主体性状态的转变，促进世界人民的自由解放与全面发展，以真正解决世界人民的当代生存境遇和未来发展命运问题。这既是构建人类命运共同体的初心和使命，更是其趋向的终极目标。

在"以人的什么为中心"层面，人类命运共同体理念坚持以全人类的可持续生存为中心。可持续生存是全人类的根本利益与发展前提。从当前人类的生存现实来看，局部战争、动乱、核威胁、恐怖主义、能源危机、全球变暖、重大疫情等传统与非传统全球性问题层出不穷，成为全人类实现更高质量的可持续生存的最大威胁。正是基于对人类生存威胁的深刻认识，中国着眼于各国人民当前生存和子孙后代未来生存的共同需要，在政治上，积极构建以和平稳定、合作共赢为核心的新型国际关系，积极促进全球治理体系变革，维护世界和平，努力为全人类生存发展做出更大贡献。在核恐怖主义的威胁上，中国积极推进全球核安全治理体系建设，致力于消除核恐怖主义的根源，倡导对国际反核恐怖主义形势形成常态化审议机制，同各国共同构建核安全命运共同体。同时，"中国将坚定不移支持核安全国际合作，愿意为此分享技术和经验，贡献资源和平台"②，为消除核恐怖主义威胁持续贡献中国力量。在生态上，中国积极推动构建公平公正、合作共赢的全球气候治理体系，倡导各国坚持尊崇自然、绿色低碳的发展理念、发展方式，并呼吁西方发达国家为发展中国家和地区提供相应的生态治理基金与生态友好型技术，同各国一道共同构建人与自然的生命共同体。在重大传染性疾病防治上，中国积极推动各国在相关技术领域的合作，共享相关技术成果，降低重大传染性疾病对世界人民生命健康的威胁。可以说，中国在各个层面的种种努力均旨在实现全人类更高质量的可持续生存。在可持续生存的基础上，人类命运共同体理念又以世界人民对美好生活的需要为中心。对美好

---

① 习近平：《高举中国特色社会主义伟大旗帜 为全面建设社会主义现代化国家而团结奋斗——在中国共产党第二十次全国代表大会上的报告》，人民出版社，2022，第21页。
② 《习近平关于总体国家安全观论述摘编》，中央文献出版社，2018，第209页。

生活的需要是世界各国人民的共同向往与追求，中国积极构建开放型经济，维护多边贸易体制，并以"一带一路"倡议为纽带同各国共同构建一个开放、包容、普惠、平衡、共赢的经济全球化格局，最大限度地缩小南北差距，不断满足世界人民对美好生活的需要与期待。但需要明确的是，人类命运共同体理念并不止于满足世界人民对美好生活的需要，更是趋向于塑造以个人全面发展为基础的自由个性，这是其追求和构建人的逻辑的价值归宿与终极目标。

总之，人类命运共同体理念作为与资本逻辑截然不同的全球价值观和文明形态，超越了国家、种族、意识形态的界限，不仅以理论的方式表征了资本逻辑"吃人"的种种非人性、利己性，揭示了从资本逻辑到人的逻辑转变的历史必然性与价值正当性，更以实践的方式历史地充当了资本逻辑与人的逻辑之间可供触摸的现实中介，为追求和构建人的逻辑开创了现实道路，贡献了中国智慧、中国方案、中国力量。人类命运共同体理念对人的逻辑的追求和构建尽管仍面临来自多方面的重重阻力，但必将随着世界历史的发展对人类生存和发展持续做出更大的贡献。

第四节　人类命运共同体理念的现实指向

当前国际社会普遍认为，全球治理体系变革是时代发展的大势。在经济全球化的作用下，资本逻辑固化的逐利性、殖民性和等级性造成的不平等、不合理的矛盾日益凸显，困扰世界各国的全球性问题不断涌现。在全球性问题面前，以西方为中心的单向度化的全球治理模式越发失灵，全球性问题不再是仅凭一国或几国之力所能解决，"世界各国利益和命运更加紧密地联系在一起，形成了你中有我、我中有你的利益共同体"[①]。中国倡导在全球治理变革中坚持求同存异、实现各方利益最大公约数的理念，突出了构建人类命运共同体的强烈现实指向。

---

①　《习近平关于总体国家安全观论述摘编》，中央文献出版社，2018，第241页。

　　究竟何谓全球治理变革的共同利益？中国着眼于世界各国的当前利益与长远利益，从政治、经济、安全以及生态等方面对全球治理变革的共同利益做出了深刻的诠释，即建立以《联合国宪章》宗旨和原则为核心的新型国际政治秩序和体系；建立以合作共赢为核心的新型国际经济秩序；倡导共同、综合、合作、可持续的全球安全观；建立合作共赢、公正合理的全球生态治理体系，实现更高水平的可持续发展。

　　从政治上来说，建立以《联合国宪章》宗旨和原则为核心的新型国际政治秩序和体系，实现从"被全球治理"到真正参与全球治理转变。自资本逻辑主导世界历史进程以来，以西方为中心的单向度化的全球治理一直在世界范围内强制推行霸权主义和强权政治，大搞"集团政治"①和划分"势力范围"②，肆意侵犯他国主权，在全球范围内造成了诸多冲突与对抗。同时，以零和排他的博弈思维和冷战思维作为处理国际关系的基本思维方式，始终维护普遍利益外观下的特殊利益，广大发展中国家和地区在国际上始终处于被排挤、被压迫的边缘地位。

　　中国作为现行国际秩序和体系的参与者，深知现行国际秩序和体系的诸多弊端，所以，基于各国参与全球治理的共同利益，中国倡导在互相尊重主权和领土完整、互不侵犯、互不干涉内政、平等互利、和平共处五项原则的基础上，建立以《联合国宪章》宗旨和原则为核心的公正、合理的新型国际秩序和体系。中国倡导在新型国际秩序和体系下，秉承"共商共建共享的全球治理理念"③，坚持国际事务的解决大家商量着办的原则，不仅原来处于边缘地位的国家要参与国际事务的进程，而且原来没有参加、被排斥的国家和非政府组织也要参与进来，这可以极大地增加广大发展中国家和落后地区以及非政府组织在国际事务中的代表性和话语权。在新型国际秩序和体系中，

①　习近平：《弘扬和平共处五项原则　携手构建人类命运共同体——在和平共处五项原则发表70周年纪念大会上的讲话》，人民出版社，2024，第4页。
②　习近平：《弘扬和平共处五项原则　携手构建人类命运共同体——在和平共处五项原则发表70周年纪念大会上的讲话》，人民出版社，2024，第4页。
③　习近平：《论坚持推动构建人类命运共同体》，中央文献出版社，2018，第261页。

各国不分大小、强弱、贫富，一律平等，都有平等参与国际事务的权利，都有根据本国国情选择社会制度、探索自身发展道路的权利。这个新的世界秩序和体系，"不再是西方中心主义式的'一国独霸'或'几方共治'，不再是为霸权主义国家利益服务的资本体系，而是奉行双赢、多赢和共赢的新理念，力求打造出由各国共同书写国际规则、共同治理全球事务、共同掌握世界命运的人类共同体，从而在共同发展中最大限度地实现各方利益的最大公约数"①，唤醒各国在全球治理中的主体意识，真正实现从"被全球治理"到真正参与全球治理转变。

从经济上来说，世界各国在全球治理变革中的共同利益是建立以合作共赢为核心的新型国际经济秩序，缩小南北贫富差距，实现共同繁荣。二战结束以来，美国一直是国际货币制度和国际贸易规则的制定者、领导者，经济秩序领导者的角色使其可以约束和限制其他国家，在其主导的经济全球化的作用下，约束和限制作用进一步加强。经济上的压迫状态，使广大发展中国家和地区分享了国际经济旧秩序下实现普遍利益的理念，却没有充分共享或根本没有共享这种秩序主导下的经济全球化的发展成果，始终处于普遍交往基础上的普遍利益与特殊利益的对立结构之中。诚如马克思所说："像所谓立宪德国这样，天真地分享了立宪国家制度的一切幻想，而未分享它的现实呢？"② 2008 年国际金融危机爆发以来，世界经济增长陷入低谷，美西方发达国家逆全球化、反全球化倾向突出，形形色色的贸易保护主义开始复苏，单边挑起的"经济冷战"引发了世界经济形势的动荡，严重损害了世界各国的经济利益。

在新型国际经济秩序下，世界各国有着共同的战略利益，即促进经济可持续增长、实现共同繁荣。中国倡导维护和发展开放型世界经济，构建多边贸易体制，打造互利共赢的利益共同体，无论国家大小、强弱均有平等参与经济全球化的机会，均可分享经济全球化的发展成果。这为各国在全球贸易

① 刘同舫：《构建人类命运共同体对历史唯物主义的原创性贡献》，《中国社会科学》2018 年第 7 期。
② 《马克思恩格斯文集》第 1 卷，人民出版社，2009，第 13 页。

中完善自身产业布局，充分发挥本国经济潜力，实现与各国的战略对接与耦合，实现优势互补，统筹国内国际两个市场、两种资源提供了平台；为各国在全球贸易中清除贸易壁垒，释放内需潜力、市场活力，实现投资自由化，促进资本在全球范围内的良性互动提供了可能；为各国经济持续健康发展提供了外在动力和制度保障；同时，也为解决各国政府债务增加、国内产能过剩等问题，为缩小广大发展中国家和落后地区与西方发达国家的贫富差距、实现共同繁荣提供了机遇。

从安全上来说，世界各国在全球治理变革中的共同利益是顺应和平发展、合作共赢的时代潮流，实现综合安全。从人类发展史来看，在资本逻辑的逐利性、殖民性的催动下，世界经历了无数次大大小小的战争。直至今天，以美国为首的北约集团在利益的驱动下，仍肆意干涉他国主权，发动颜色革命，搞军备竞赛，世界和平的形势依然很严峻，局部战争仍然存在。以联动性和跨国性为特征的核威胁、恐怖主义、毒品贸易、重大传染性疾病、气候变暖以及网络信息犯罪等传统安全威胁和非传统安全威胁仍是困扰各国的安全难题。世界的整体安全离不开局部的安全，局部的动荡影响世界的整体安全，可以说，整个世界共处于一个安全共同体。

人类命运共同体理念顺应和平、发展、合作、共赢的时代潮流，倡导"共同、综合、合作、可持续"[1] 的全球安全观，为世界各国铺筑一条共建、共享、共赢的安全之路。在传统安全威胁和非传统安全威胁面前，没有哪个国家能够独自应对，也没有哪个国家能够独守安全的孤岛，所以，国家安全不仅是各国的特殊利益，更是所有国家的共同利益，因为各国人民有着共同的生存目标和发展需求。世界各国无论大小、强弱均面临着共同的安全威胁，即共同面临着核打击和恐怖主义的军事威胁、毒品贸易和重大传染性疾病的生存威胁、气候变暖与环境恶化的可持续发展威胁、网络信息犯罪的技术威胁等。安全是共同的、综合的、全球的，一国要发展也要允许他国发展，一国要安全也要允许他国安全。在全球安全观下，各国只有抛开戒心、

---

[1]　《习近平关于总体国家安全观论述摘编》，中央文献出版社，2018，第223页。

求同存异、增进战略互信，才能在安全和平的国际环境下持续为人民谋求幸福和实现民族振兴，才能在安全和谐的国际环境下共享人类文明发展的成果，才能在安全稳定的国际环境下实现双赢、多赢、共赢。

从生态上来说，世界各国在全球治理变革中的共同利益是建立合作共赢、公正合理的全球生态治理体系，实现更高水平的可持续发展。自 1972 年联合国通过《人类环境会议宣言》以来，全球生态环境治理取得了长足的进步，但全球生态环境仍面临着严峻的挑战。部分美西方发达国家在实践中并未切实履行《人类环境会议宣言》中的相关条约，始终坚持零和博弈的排他思维和环境殖民思维，不仅并未向发展中国家提供相应的生态治理基金和相关技术，而且始终坚持高污染、高能耗、高排放的经济增长模式。发展中国家和发达国家在全球生态治理中的矛盾由于长期没有得到合理解决，导致全球生态形势依然严峻。

生态变化关乎各国人民福祉，关乎全人类的未来。着眼于各国人民当前生存和子孙后代未来生存的共同需要，中国倡导建立合作共赢、公正合理的全球生态治理体系。全球生态治理体系为各国人民实现可持续生存和发展探索了一个公平、合理、有效的全球生态治理方案。可持续生存和发展是各国人民的共同利益，诚如马克思所说，"人们为了能够'创造历史'，必须能够生活"①，人的第一个活动是满足生存的需要。如果自然人化的链条中断，那么人类历史也就到此为止了。所以，世界各国携手共同应对全球生态问题，发展生态适应性经济、减少化石能源消耗、减少温室气体排放、维护绿水青山、建设美丽地球家园是各国的根本利益所在。同时，全球生态治理体系，在全球生态治理的责任和资金上抛弃传统"一刀切"的做法，充分尊重发展中国家的发展阶段、发展政策、经济能力和经济结构的差异，在不损害广大发展中国家实现国家富强和提高人民生活水平的国家利益的前提下，保证其最大限度地参与全球生态治理，并为其提供相应生态治理资金和生态友好型技术。只有在这个利益汇合点上，各国才能共建美丽地球家园，才能共

① 《马克思恩格斯文集》第 1 卷，人民出版社，2009，第 531 页。

享绿水青山、蓝天白云，才能消除生存的威胁，实现更高水平的可持续发展。

人类命运共同体理念在全球治理中寻求各国共同利益、增进各国人民福祉的强烈现实指向性，超越了国家、种族和意识形态的界限，为各国实现共赢、多赢深化了合作共识、利益共识。事实证明，在关乎人类生存发展的命运关头，一切因特殊利益而产生的冲突与对抗都显得微不足道，人类的全球利益、整体利益和未来利益高于一切。

第五节　人类命运共同体与人类文明新形态的创造

习近平在庆祝中国共产党成立 100 周年大会上的讲话中指出："我们坚持和发展中国特色社会主义，推动物质文明、政治文明、精神文明、社会文明、生态文明协调发展，创造了中国式现代化新道路，创造了人类文明新形态。"[①] 回望人类文明的历史长河，人类文明版图在分合交融中持续演进。伴随着数次科技革命以及由此催生的普遍交往和世界市场的日益扩大，"各民族的原始封闭状态"[②] 被打破，人越来越成为"世界历史性的存在"[③]，多元共生的人类文明也在交融互塑中逐步承载起人类的共同使命。当前，层出不穷的全球性问题是各国的共同挑战，地区间、国家间的交流互鉴与合作已经成为国家利益的重要组成部分，也是实现共同安全与和合共生的必然选择。回应挑战和选择，中国提出了推动构建人类命运共同体的主张。这一理念既为中国走向世界、融入世界现代文明体系、吸收世界先进文明成果指明了前进方向，又为世界和平与发展，全球共同繁荣和人类文明共同进步贡献了中国智慧、中国方案。

---

① 习近平：《在庆祝中国共产党成立 100 周年大会上的讲话》，人民出版社，2021，第 13~14 页。
② 《马克思恩格斯文集》第 1 卷，人民出版社，2009，第 540~541 页。
③ 《马克思恩格斯文集》第 1 卷，人民出版社，2009，第 539 页。

一　构建人类命运共同体是人类文明新形态发展的大趋势

从人类文明的历史演进过程来看，到目前为止，人类大体上经历了奴隶制文明、封建文明和现代文明三个大的历史发展阶段，每一个历史阶段的文明都呈现出不同的样态，而且每一个历史阶段的文明都在融合与冲突中不断形成新的文明样态。中国人民走中国式现代化道路开创的"人类文明新形态"① 充分体现了人类文明发展演进的特点和趋势。"人类文明新形态"不仅是中国深化改革开放、坚持走中国特色社会主义道路的必然结果，而且是中国站在人类文明发展新的历史起点上，为其他文明发展提供的新选择。

第一，差异性与多样性是人类文明的基本属性和魅力所在。"和羹之美，在于合异。"② "人类文明多样性是世界的基本特征，也是人类进步的源泉"③，同时也是多元文明交流互鉴的前提。世界上有 200 多个国家和地区、2500 多个民族，每一个国家和地区都有不同的历史文化、政治制度、社会风俗，因而必然孕育各种独具特色的文明。伴随科学技术的进步与社会生产力的高速发展，各个封闭的地域性存在转变为脱域性的存在，不同的语言文字、历史风俗、思想观念、社会制度在普遍交往的基础上相互碰撞和融合，多种思想和生活状态相互冲击，多样性的人类文明应运而生。

事实上，有多少种制度，就有多少种文明，人类文明始终是多元共存的，不存在只有单一文明的时代。每一种文明都有其独特的诞生条件，都有其独特的存在价值和意义，都是人类文明宝库中的重要组成部分，所以世界上每一种文明都是平等的，不存在高低优劣之分，也不存在先进与落后之别，更没有凌驾于一切文明之上的某种文明。正如习近平总书记所言，"世界上没有两片完全相同的树叶，也没有完全相同的历史文化和社会制度"④；

---

① 习近平：《在庆祝中国共产党成立 100 周年大会上的讲话》，人民出版社，2021，第 14 页。
② 《习近平谈治国理政》第 2 卷，外文出版社，2017，第 543 页。
③ 《习近平谈治国理政》第 2 卷，外文出版社，2017，第 543 页。
④ 习近平：《让多边主义的火炬照亮人类前行之路——在世界经济论坛"达沃斯议程"对话会上的特别致辞》，人民出版社，2021，第 3 页。

"多样性是世界的基本特征，也是人类文明的魅力所在"①。但在资本逻辑经济理性的策动下，西方发达国家从文明冲突论出发，打破文明格局的相对平等状态，妄图建立文明与制度"同质化"的世界，从而使"东方从属于西方②"。

随着经济全球化的高度发展，国家间、地区间的交往，无论是在深度上还是在广度上相比过去都大大增加了，多元文明的融合程度也不断加深，全球俨然已经成为一个"你中有我、我中有你"③ 的利益共同体、命运共同体。人类命运共同体内含的文明观认为，任何一种文明出现问题或被取代、消亡，都可能引发人类文明出现更大的问题，"没有任何一种文明能够凭借一己之力谋求自身的绝对繁荣"④，独守文明"安全的孤岛"只会给人类文明带来难以估量的灾难。

第二，构建人类命运共同体是多元人类文明存续的前提。"共同体"是社会学的重要概念之一。自原始社会末期私有制出现后，共同体始终是人类存在的基本形式。德国社会学家斐迪南·滕尼斯（Ferdinand Tönnies）将"共同体"视为一种以血缘、感情以及伦理为纽带建构的社会组织形式。这就意味着生活在共同体中的每个成员，无论是民族国家还是单个公民都应遵守共同的规范，都有责任与义务维持共同体的秩序以促进共同体持续发展。然而，在资本逻辑增殖理性的策动下，多元人类文明的存续愈发面临两大挑战。

一方面，日益严峻的全球性生态危机破坏了人类文明存续的根基。自第一次工业革命以来，机械性的劳动资料在生产中被大量应用，人类征服和改造自然的能力大大提升，在资本逐利性的驱使下，自然界被当作无生命之物遭到大肆开发和掠夺，不仅导致自然界受到严重毁损，出现了气候变暖、土地荒漠化、极端自然灾害频发等惨重恶果，而且也严重弱化了全人类的可持

---

① 习近平：《同舟共济克时艰，命运与共创未来——在博鳌亚洲论坛 2021 年年会开幕式上的视频主旨演讲》，人民出版社，2021，第 5 页。

② 《马克思恩格斯文集》第 2 卷，人民出版社，2009，第 36 页。

③ 《习近平谈治国理政》第 3 卷，外文出版社，2020，第 210 页。

④ 刘弘：《人类命运共同体是人类文明形态发展的大趋势》，《人民论坛》2021 年第 34 期。

续发展能力，使人类文明的存续受到严重威胁。对此，恩格斯在《自然辩证法》中以大量鲜活的历史教训对人类提出了警示："我们不要过分陶醉于我们人类对自然界的胜利。对于每一次这样的胜利，自然界都对我们进行报复。"[1] 正是在这个意义上，中国将人与自然的关系、生态环境保护提升至文明兴亡的战略高度来认识，提出"生态兴则文明兴，生态衰则文明衰"[2] 的科学论断，强调世界各国人民应以维护人类命运共同体和人类文明持续发展的历史使命感，尊重自然、善待自然、保护自然，实现人与自然的和谐共生，最大限度地保护人类文明的根基。

另一方面，西方发达国家致力于以强权建立一统天下的单一文明。从人类历史发展来看，共同体之间经历了数次大大小小的战争，尤其是两次世界大战的爆发，使人类文明遭受了不可逆转的伤害。人类从两次世界大战的惨痛后果中认识到了多元文明和合共生的重要性。然而，某些文明主体并没有从中吸取教训，总是秉持零和博弈的对抗性思维，致力于"按照自己的面貌为自己创造出一个世界"[3]，即建立西式文明一统天下的单一文明世界。这不仅是一种不切实际的幻想，而且会给人类文明带来灾难。基于此，中国国家领导人从维护人类文明的多样性出发，多次在国内外重要场合阐述人类命运共同体内含的和而不同的文明观，提出了一系列实现多元文明共生共荣的价值理念，向世界表达了关于人类文明未来走向的中国判断并贡献了中国智慧。

人类命运共同体理念是顺应时代发展要求和各国人民共同向往而提出的新型文明观，对于多元人类文明的存续具有重要意义。其一，人类命运共同体理念内含的文明观打破了国家、种族、地域、意识形态的界限，以"一荣俱荣，一损俱损"[4] 的"共同命运"，取代了语言、血缘的认同纽带，将多元人类文明的命运和未来发展紧密联系在一起，主张以文明交流互鉴和求同

---

① 《马克思恩格斯文集》第9卷，人民出版社，2009，第559~560页。
② 《习近平关于社会主义生态文明建设论述摘编》，中央文献出版社，2017，第6页。
③ 《马克思恩格斯文集》第2卷，人民出版社，2009，第36页。
④ 《习近平谈治国理政》第1卷，外文出版社，2018，第350页。

存异化解文明冲突，以共同发展和合作共赢超越文明优越，主张建立多元文明共生共荣与合作共赢的文明新秩序，从而超越了以往文明观的建构基石，为人类文明未来发展指明了正确方向。其二，人类命运共同体理念内含的文明观符合大多数国家和人民的期待。多元文明的碰撞并不必然产生冲突，单一文明也并非所有国家和人民的共同向往，多元文明完全可以在融合与互塑中求同存异，进而实现共同进步、共同繁荣。

"一花独放不是春，百花齐放春满园。"① 世界各国只有持续推动构建人类命运共同体，推动不同文明"相互理解、相互尊重、相互信任"②，人类文明才能更加丰富多彩。

二 人类命运共同体理念开创共同繁荣的文明发展新路径

千百年来，"天下大同"始终是中华儿女不懈奋斗的理想和信念，是中华文化所蕴含的天下情怀的深刻体现。人类命运共同体理念，同样蕴含着丰富的天下情怀，对人类前途命运和未来发展高度关切。

在资本主义生产方式出现以前的诸多发展阶段，社会生产力的水平还十分低下，"只是在狭小的范围内和孤立的地点上发展着"③。当资本主义生产方式确立统治地位后，资本主义机器社会化大生产极大地推动了社会生产力的发展，有力地促进了前资本主义的地域文明形态向资本主义文明形态的跨越，进入现代文明形态的行列。基于资本主义生产方式诞生之初所表现出的革命性作用，马克思恩格斯在《共产党宣言》中对其给予了高度评价："资产阶级在它的不到一百年的阶级统治中所创造的生产力，比过去一切世代创造的全部生产力还要多，还要大。自然力的征服，机器的采用，化学在工业和农业中的应用，轮船的行驶，铁路的通行，电报的使用，整个整个大陆的开垦，河川的通航，仿佛用法术从地下呼唤出来的大量人口——过去哪一个

---

① 《习近平谈治国理政》第 1 卷，外文出版社，2018，第 331 页。
② 《习近平谈治国理政》第 2 卷，外文出版社，2017，第 513 页。
③ 《马克思恩格斯文集》第 8 卷，人民出版社，2009，第 52 页。

世纪料想到在社会劳动里蕴藏有这样的生产力呢?"①

　　资本主义生产方式的革命性作用使新兴资产阶级迅速取得了物质上和意识形态上的统治地位。然而，这种统治地位的获得在很大程度上又是资产阶级将其特殊利益赋予普遍性的结果。随着资本主义统治地位的稳固，其固有的政治霸权逻辑、社会分化逻辑、文明冲突逻辑逐渐暴露，在政治上逐渐形成了"中心-边缘"或"宗主国-卫星国"的二元对立，在经济上逐渐形成了"先进-落后"的二元对立，在文化上逐渐形成了"文明-野蛮"的二元对立，即一切非西式文明皆被视为野蛮。在此基础上，西方发达国家凭借政治、经济和军事霸权进一步将这种等级结构加以固化，同时，凭借其话语优势将西式文明描绘为人类文明发展的样板，大肆鼓吹西式文明的完美性并不遗余力地向外推广，妄图建立文明"同质化"的世界。其实质不过是西方发达国家以此统摄全球，使发展中国家在推进自身现代化的进程中或自发或被动地嵌入少数发达国家的世界殖民体系，进而从中攫取特殊利益的一种手段，即以文明之名行统治之实。结果便是：世界文明的发展呈现出严重失衡的历史态势，形成了"东方从属于西方"②、发展中国家从属于发达国家的单向性文明发展路径。

　　西式文明单向性的发展路径及其推广结果，并没有实现其所宣扬的美丽新世界，反而处处充满了"火与血"。反观中国，作为一个人口规模庞大的发展中国家，中国始终"坚持把马克思主义基本原理同中国具体实际相结合、同中华优秀传统文化相结合"③，坚持中国式现代化发展道路，推动物质文明、政治文明、精神文明、社会文明、生态文明协调发展，不仅取得了全面脱贫攻坚的伟大胜利，也大大提升了国家实力。中国取得的一系列伟大成就表明：西式文明并非人类文明的唯一形态，西式文明也并非人类文明发展的完美样板，相反，创造一个不同于西式文明的文明新形态不仅

---

① 《马克思恩格斯文集》第2卷，人民出版社，2009，第36页。
② 《马克思恩格斯文集》第2卷，人民出版社，2009，第36页。
③ 习近平：《在庆祝中国共产党成立100周年大会上的讲话》，人民出版社，2021，第13页。

是可能的，而且在符合自身国情的基础上完全可以取得成功。

　　基于中国式现代化实践所取得的伟大成就，以习近平同志为核心的党中央在洞察人类文明发展大趋势的基础上，立足于人类文明发展严重失衡的现实，坚持多元文明和合共生、共生共荣的价值理念，基于世界各国人民的共同向往，创造性提出了推动构建人类命运共同体的价值理念。作为普惠性的全球价值理念，其倡导促进多元文明共同发展、实现共同繁荣，是世界各国政府和人民处理国家与国家、文明与文明之间关系的基本遵循。与西式文明所宣扬的"普世价值"不同，人类命运共同体理念推崇和践行"和平、发展、公平、正义、民主、自由"的全人类共同价值，与资本逻辑追求利己、导致文明失衡的发展现实形成了鲜明的对照。求平等、谋合作、促发展、图共赢是经济全球化时代各国追求的共同目标与共同利益。人类命运共同体理念内蕴着对人类文明新形态的前瞻性思考，强有力地驳斥了"文明-野蛮"的文明冲突论，以共同繁荣的全新文明发展路径超越了西式文明狭隘的单一文明发展路径，为人类文明发展注入了新内涵，同时也为广大发展中国家和地区在保持自身独立性的基础上加快自身发展提供了全新的路径选择。

　　综上所述，西式文明虽然在人类文明发展史上发挥过革命性的作用，但其固有的单向性文明发展路径现已同现代人类文明发展趋势不相适应，因而必将被更高级的文明新形态所取代。无论从理念上来看，还是从实践上来看，人类命运共同体理念都顺应了人类文明发展趋势，指明了人类文明发展方向，从而为实现多元文明共同繁荣贡献了中国智慧、中国方案。

三　人类命运共同体理念开创交流互鉴的文明交往新思维

　　人类文明的多姿多彩源于各种文明的交流互鉴，几千年的人类文明发展史也是一部人类文明交流互鉴史。任何一个国家、任何一个民族都是在普遍交往中发展到今天的，任何一种文明也都是在同人类其他文明交流交融中向前发展的。因而，推动人类多元文明"交流交融、互学互鉴"[①]是人类文明

---

① 习近平：《论坚持推动构建人类命运共同体》，中央文献出版社，2018，第160页。

更加多姿多彩、各国人民生活更加美好的必由之路。

"独学而无友，则孤陋而寡闻。"① 人类社会创造的各种文明，无论是中华文明，还是希腊文明，抑或欧洲文明，可以说，所有人类文明都是在相互学习和借鉴中得以发展和进步的。如何正确处理多元文明之间的关系、如何维护世界文明的多样性，是当前亟待解决的重大现实理论课题。人类命运共同体理念内含的文明交流互鉴的文明交往新思维不仅回答了人类文明向何处去的时代之问，同时也为促进人类多元文明交流互鉴贡献了中国智慧、中国方案。

一方面，相比于资本逻辑宰制下推行文化殖民主义的文明冲突交往思维，人类命运共同体理念内蕴的交流互鉴文明交往新思维致力于维护人类文明的多样性。"物之不齐，物之情也。"② 也就是说，万事万物都是千差万别的，都有其内在规律，都有其特殊性，不可能千篇一律，这是自然界的基本规律。正因如此，人类文明才能多姿多彩、生机盎然。否则，人类文明的发展和进步也就停止了，也就不会存在多元人类文明。每一种文明都有其存在的意义和独特价值，各国应深刻地认识到不同国家、不同民族文明的差异性、独特性和不可替代性，中国坚决反对因其他文明与自身文明的不同就千方百计去改造、同化，甚至取代其他文明的狭隘行径。历史已经反复证明，"企图建立单一文明的一统天下，只是一种不切实际的幻想"③。这从根本上驳斥了资本主义文明以自我为中心的傲慢与文明优劣论的偏见，昭示了人类文明只有在交流互鉴中相互学习、相互借鉴，才能实现多元文明的共存和共荣。

另一方面，人类命运共同体理念倡导以文明交流互鉴化解文明冲突与文明对抗，从根本上否定了资本逻辑宰制下的文化殖民主义，深刻地回答了人类文明未来何去何从的时代之问。人类文明是多彩的、平等的、兼容的，不同的文明积淀着不同民族最为深层的精神追求，也是不同民族独特的精神标识，更是一个国家和民族的灵魂所在。几千年来，各国文明始终是在不断地交流互鉴中得以传承和进步的，也是在交流互鉴中共同绘就了多姿多彩的人

---

① 习近平：《论坚持推动构建人类命运共同体》，中央文献出版社，2018，第162页。
② 习近平：《论坚持推动构建人类命运共同体》，中央文献出版社，2018，第160页。
③ 习近平：《论坚持推动构建人类命运共同体》，中央文献出版社，2018，第133页。

类文明美好画卷的。这是人类文明传播和发展的一条重要规律。正是通过交流互鉴，中华文明得到了其他文明的丰厚滋养，同时，其他文明也获得了中华文明的丰厚滋养。也正因为如此，我们可以看到其他文明蕴含着丰富的中华文明的有益成分，中华文明也存在多元文明相交融而形成的文明成果。"不同国家、民族的思想文化各有千秋，只有姹紫嫣红之别，而无高低优劣之分。"① 各个国家、各个民族不论大小、强弱，其文明均有被尊重和被认可的权利，均是人类文明宝库不可缺少的重要组成部分。所以，中国坚决反对搞唯我独尊、一家独大的文明霸权主义。人类文明发展史告诉我们，"文明因交流而多彩，文明因互鉴而丰富"②。尊重文明的多样性、差异性，促进不同文明的交流互鉴，在交流互鉴中取长补短、兼收并蓄，不仅可以避免文明的冲突，而且可以实现多元文明的和谐相处、共同进步。

"万物并育而不相害，道并行而不相悖。"③ 人类文明多样性是人类文明进步的源泉，而不是人类文明冲突的根源。所以，中国始终倡导推进人类文明交流互鉴，从而实现多元人类文明的"各美其美、美人之美、美美与共、天下大同"④。

第六节　人类命运共同体理念的时代价值

人类命运共同体理念作为对当代人类生存和未来生存境遇的普遍性、倾向性思考的自我意识的升华，昭示了人类发展文明理念的变革，为全球性问题的解决贡献了中国智慧、中国方案。因此，我们必须深入挖掘其重大的时代价值。

首先，人类命运共同体理念是习近平新时代中国特色社会主义思想的重要组成部分，是中国共产党基于唯物史观的宏大视野并将其与当代世界发展

---

① 习近平：《论坚持推动构建人类命运共同体》，中央文献出版社，2018，第 161 页。
② 习近平：《论坚持推动构建人类命运共同体》，中央文献出版社，2018，第 162 页。
③ 习近平：《论坚持推动构建人类命运共同体》，中央文献出版社，2018，第 133 页。
④ 习近平：《论坚持推动构建人类命运共同体》，中央文献出版社，2018，第 133 页。

现实相结合取得的重大理论创新成果。人类命运共同体理念的世界历史方位与无差别的人民主体性突显了习近平新时代中国特色社会主义思想的博大境界与增进世界人民福祉的天下情怀，超越了国家与种族的界限，是独具中国特色的、系统化和理论化的世界观、价值观、发展观。人类命运共同体理念是马克思恩格斯世界历史理论在当代合乎逻辑的运用与创造性阐释，实现了马克思恩格斯世界历史理论在当代的飞跃。它向世界人民讲述和发出了关于世界历史未来走向的中国判断与中国声音，具有重大的世界历史意义。该理念的生成和价值指向更是对马克思主义"无用论""过时论"的强有力批驳。虽然马克思恩格斯的理论是 19 世纪的产物，但是当今社会发展现实并没有超出马克思恩格斯当年的理论判断，昨天的历史和今天的现实愈加证明马克思恩格斯世界历史理论的科学价值。人类的联系从来没有像如今这样密切，各国的利益也从来没有像如今这样高度融合，马克思关于"以物的依赖性为基础的人的独立性"的判断在如今也仍然没有过时，高度的物化与异化仍然是当代人类的基本生存状况。资本逻辑表现得日趋复杂化和精致化，但其本质仍然没有脱离马克思恩格斯的基本判断。马克思主义依然具有真理性和时代价值并将继续指导中国特色社会主义的伟大实践。人类命运共同体历史地构成了从"虚幻的共同体"到"自由人联合体"之间的逻辑中介，使马克思的共同体思想在当代获得了新的理论形态，为迈向共产主义社会铺筑了新的"阶梯"；同时，也为马克思的历史唯物主义理论增添了新的内涵，从"批判性的世界观拓展和提升为全球化时代的一种建构性世界观"①，实现了批判性与建构性的统一。人类命运共同体理念为在全球化时代站在世界历史的高度检验历史唯物主义和发展历史唯物主义做出了原创性贡献，是独具中国特色的破题方案。

其次，构建人类命运共同体有利于克服"修昔底德陷阱"，为"一带一路"倡议的实施铺筑道路。古希腊著名历史学家修昔底德（Thucydides）认

---

① 刘同舫：《构建人类命运共同体对历史唯物主义的原创性贡献》，《中国社会科学》2018 年第 7 期。

为，一个新兴大国的崛起必然会引起既有大国的回应，从而战争在相互威胁中不可避免。人类命运共同体理念主张在实现本国利益的同时兼顾他国利益，中国是世界和平的维护者、建设者，中国的壮大只会给世界带来机遇、和平，绝不是威胁，中国也绝不会牺牲他国利益换取自身发展，这从根本上否定了国强必霸的发展逻辑，为"一带一路"倡议的实施奠定了坚实的思想基础。中国顺应世界多极化、经济全球化、文化多样化、社会信息化的潮流，秉持开放的区域合作精神，致力于构建互利共赢的国际贸易市场秩序，获得了国际社会的广泛认可，深化了"一带一路"共建国家的合作共识、利益共识、发展共识，为"一带一路"倡议的实施进一步清除了意识形态障碍，增进了各国文明的交流互鉴。人类命运共同体理念为"一带一路"共建国家在更大的范围内、更高的层次上、更深的领域内实现经济要素有序自由流动、资源高效配置和市场深度融合，推动沿线各国实现战略的对接与耦合，挖掘区域内市场的潜力，促进投资和消费，创造需求和就业及解决国内产能过剩问题发挥了巨大的作用。搭乘构建人类命运共同体的"快车"，"一带一路"倡议不仅取得了政策沟通、设施联通、贸易畅通、资金融通、民心相通的巨大成果，而且其描绘的开放、均衡、合作、共享、共赢的美好愿景已逐步成为现实。

最后，中国推动构建人类命运共同体致力于增进世界人民福祉，为国际社会贡献中国智慧与中国方案。其一，人口增长、核危机、环境恶化、气候变暖、灾害频发成为威胁人类生存的全球性问题，在日益严峻的全球性问题面前，各国共处于一个高度依存的利益共同体、命运共同体。中国主张在全球性问题的治理上，寻求国家利益与全球利益的平衡，同舟共济，荣辱与共，以实现更高水平的可持续发展。其二，人类命运共同体作为当代人类社会发展的最新理念，是中国人民几千年来发展实践的智慧结晶。中国的发展壮大"拓展了发展中国家走向现代化的途径，给世界上那些既希望加快发展又希望保持自身独立性的国家和民族提供了全新选择"[①]。它打破了资本主义

[①] 《习近平著作选读》第2卷，人民出版社，2023，第9页。

生产永恒性的意识形态神话，证明了遵照本国国情、"走自己的路"是一条颠扑不破的真理，也为广大发展中国家和地区实现从站起来到富起来再到强起来的飞跃提供了现实模型和实践参照。其三，中国倡导在新型国际秩序和体系下，秉承共商共建共享的全球治理理念，各国不分大小、强弱、贫富，一律都有平等参与国际事务、共享全球化发展成果的权利，主张用对话、协商的方式化解国际冲突与危机，以"对话而不对抗，结伴而不结盟"的新型国际关系取代以对抗、结盟为主的传统西方中心主义式的霸权主义旧国际关系，强调同各国人民一道共同打造公平、公正、安全、开放、共享的新世界，从而在共同发展中最大限度地寻求各方利益的最大公约数，增进世界人民福祉。

第七节　推动构建人类命运共同体的总体目标

2017 年 11 月 10 日，习近平在亚太经合组织工商领导人峰会上的主旨演讲中指出，"当今世界充满挑战，前面的道路不会平坦，但我们不会放弃理想追求，将以更大的作为，同各方携手建设持久和平、普遍安全、共同繁荣、开放包容、清洁美丽的世界"[①]。在党的二十大报告中，习近平再次重申了这一美好目标，并强调"构建人类命运共同体是世界各国人民前途所在"[②]，这不仅指明了推动构建人类命运共同体的价值目标所在，也高度彰显了推动构建人类命运共同体的重大意义。

其一，"坚持对话协商，推动建设一个持久和平的世界"[③]。持久和平是推动构建人类命运共同体的首要目标。这意味着各国之间应摒弃非此即彼的冷战思维、零和博弈的旧观念，树立共同、综合、合作、可持续的新安全

---

① 《习近平外交演讲集》第 2 卷，中央文献出版社，2022，第 83 页。
② 习近平：《高举中国特色社会主义伟大旗帜 为全面建设社会主义现代化国家而团结奋斗——在中国共产党第二十次全国代表大会上的报告》，人民出版社，2022，第 62 页。
③ 习近平：《高举中国特色社会主义伟大旗帜 为全面建设社会主义现代化国家而团结奋斗——在中国共产党第二十次全国代表大会上的报告》，人民出版社，2022，第 62 页。

观。中国倡导"对话而不对抗、结伴而不结盟"① 的新型国与国交往方式，主张通过对话协商、平等谈判等和平方式解决国际争端和冲突，尊重各国主权和领土完整，不干涉他国内政，推动建设相互尊重、公平正义、合作共赢的新型国际关系，并构建"和平共处、总体稳定、均衡发展的大国关系格局"②。各国只有始终坚持相互尊重、对话协商和友好合作，才能实现世界的持久和平，也只有实现持久和平，人类的发展才能有持续和谐稳定的环境，由此各国才能集中力量推进各自的现代化建设，从而在推动世界和平发展中最大限度消解全球和平赤字。

其二，"坚持共建共享，推动建设一个普遍安全的世界"③。共建共享，即世界各国在对话合作的基础上，通过集体性行动共同应对气候变化、恐怖主义、核威胁、网络安全、重大传染性疾病等全球性挑战，进而维护全球和地区的安全，并共享全球安全发展成果。普遍安全，不仅强调全球在传统安全领域和非传统安全领域都要安全，而且更为注重全球安全的持久性。所以，中国倡导各国秉持共同利益观，凝聚共同安全共识，妥善处理彼此利益分歧，共同推动全球安全治理体系变革，共享全球安全资源和信息，实现安全的共建共享。因此，唯有保障各国在全球安全领域的共建共享，才能实现普遍安全，也只有确保普遍安全，才能保障全人类的生存权和发展权，才能在最大限度化解全球安全赤字的基础上让世界各国在一个安全的环境中共同发展、共同进步。这充分彰显了推动构建人类命运共同体在全球安全领域的价值追求，它为我们描绘了一幅各国携手共进、共创全球安全与发展美好未来的宏伟蓝图，从而为世界各国以实际行动推动全球安全格局的优化和人类社会的持续繁荣提供了科学的价值指引。

---

① 习近平：《论坚持推动构建人类命运共同体》，中央文献出版社，2018，第491页。
② 习近平：《高举中国特色社会主义伟大旗帜 为全面建设社会主义现代化国家而团结奋斗——在中国共产党第二十次全国代表大会上的报告》，人民出版社，2022，第61页。
③ 习近平：《高举中国特色社会主义伟大旗帜 为全面建设社会主义现代化国家而团结奋斗——在中国共产党第二十次全国代表大会上的报告》，人民出版社，2022，第62~63页。

其三，"坚持合作共赢，推动建设一个共同繁荣的世界"①。共同繁荣是国际社会共同推动构建人类命运共同体的物质基础和增进各方集体性行动的前提。在全球经济高度互联互通的全球化背景下，特别是在全球经济复苏面临空前困难的现实下，世界各国应加强宏观经济政策协调，推动贸易和投资自由化便利化，促进全球产业链、供应链的稳定和发展，努力缩小南北发展差距，进而实现各方的共同发展。所以，中国坚持包容、普惠的经济全球化，奉行互利共赢的开放战略，倡导世界各国共同打造维护多边贸易体制并推动建设开放型世界经济，"共同营造有利于发展的国际环境，共同培育全球发展新动能"②，坚决反对各种形式的贸易保护主义，从而在推动经济全球化朝着正确的方向发展中更好惠及各国人民，实现各方的共同繁荣。正是在这个意义上，习近平指出，"面向未来，中国将以更负责的精神、更开放包容的胸襟、更高质量的增长，在实现自身发展的同时，为世界各国共同繁荣作出更大贡献"③。可以说，各国唯有始终秉持互利共赢理念，才能真正实现各方的共同繁荣，也只有实现共同繁荣，才能真正消除全球范围内的发展失衡和不同程度的贫困问题，才能真正消解全球发展赤字，从而让各国人民共享全球发展成果，进而最大限度增进人类的福祉。

其四，"坚持交流互鉴，推动建设一个开放包容的世界"④。开放包容是多元文明得以交流互鉴的前提，也是推动构建人类命运共同体的文化理念。面对多元文明交流互鉴受阻与隔阂的加深，中国主张文明没有高低优劣之分，只有特色地域之别，"人类社会创造的各种文明，都闪烁着璀璨光芒，为各国现代化积蓄了厚重底蕴、赋予了鲜明特质，并跨越时空、超越国界，

---

① 习近平：《高举中国特色社会主义伟大旗帜 为全面建设社会主义现代化国家而团结奋斗——在中国共产党第二十次全国代表大会上的报告》，人民出版社，2022，第63页。
② 习近平：《高举中国特色社会主义伟大旗帜 为全面建设社会主义现代化国家而团结奋斗——在中国共产党第二十次全国代表大会上的报告》，人民出版社，2022，第61页。
③ 《习近平外交演讲集》第2卷，中央文献出版社，2022，第167页。
④ 习近平：《高举中国特色社会主义伟大旗帜 为全面建设社会主义现代化国家而团结奋斗——在中国共产党第二十次全国代表大会上的报告》，人民出版社，2022，第63页。

共同为人类社会现代化进程作出了重要贡献"①。因此,各国应秉持开放包容的价值理念,尊重世界文明的多样性,"以文明交流超越文明隔阂、文明互鉴超越文明冲突、文明共存超越文明优越",努力寻求各种文明间的最大公约数,进而打破文明交流壁垒,点亮人类文明交融之光,从而促进世界各国人民相知相亲,赓续人类文明传承的薪火。"一花独放不是春,百花齐放春满园。"可以说,世界各国唯有始终坚持平等交流互鉴,才能推动建设一个开放包容的世界,也只有促进世界的开放包容,才能"推动各国优秀传统文化在现代化进程中实现创造性转化、创新性发展"②,进一步丰富世界文明的百花园,才能使各国在人文交流、文化交融、民心相通的基础上共同推动构建人类命运共同体,共同实现现代化。

其五,"坚持绿色低碳,推动建设一个清洁美丽的世界"③。清洁美丽既是推动构建人类命运共同体对生态环境的美好愿景,也是全球实现可持续发展的必然要求。"人类进入工业文明时代以来,在创造巨大物质财富的同时,也加速了对自然资源的攫取,打破了地球生态系统平衡,人与自然深层次矛盾日益显现。近年来,气候变化、生物多样性丧失、荒漠化加剧、极端气候事件频发,给人类生存和发展带来严峻挑战。"④ 因此,面对日益严峻的全球环境问题,中国倡导世界各国秉持尊重自然、顺应自然、保护自然的价值理念,站在全人类可持续发展的高度推动绿色发展、循环发展、低碳发展,加强环境保护和生态修复,共同推动全球生态治理体系变革,从而为世界各国当代发展和子孙后代创造一个清洁美丽的地球家园。可以说,世界各国只有牢固树立和践行绿色低碳的发展理念和发展方式,才能真正建立一个蓝天、碧水、净土的清洁美丽世界,也只有最大限度推动世界朝着清洁美丽的方向

---

① 习近平:《携手同行现代化之路——在中国共产党与世界政党高层对话会上的主旨讲话》,人民出版社,2023,第7页。

② 习近平:《携手同行现代化之路——在中国共产党与世界政党高层对话会上的主旨讲话》,人民出版社,2023,第8页。

③ 习近平:《高举中国特色社会主义伟大旗帜 为全面建设社会主义现代化国家而团结奋斗——在中国共产党第二十次全国代表大会上的报告》,人民出版社,2022,第63页。

④ 习近平:《论坚持人与自然和谐共生》,中央文献出版社,2022,第274页。

发展，才能有效应对日益严峻的全球气候变化挑战，才能保障人类的可持续发展，从而让地球成为人类永远的美好家园。

第八节　推动构建人类命运共同体应遵循的原则

面对世界政治经济秩序失序、地缘冲突持续紧张、全球经济持续低迷、国际社会分裂对抗风险加剧等多重全球性挑战，习近平于 2013 年首次在外交场合提出了人类命运共同体理念。十余年来，这一理念展现出强大的感召力和实践伟力，推动构建人类命运共同体得到国际社会广泛的欢迎和响应，积累了宝贵经验。世界上越来越多的国家和人民认识到"建设持久和平、普遍安全、共同繁荣、开放包容、清洁美丽的世界"[1] 符合各方的共同利益，推动"构建人类命运共同体是世界各国人民前途所在"[2]。

其一，必须坚持统筹中华民族伟大复兴战略全局与把握世界百年未有之大变局相统一。世界的未来决定中国的未来，中国的未来影响世界的未来[3]。中华民族伟大复兴战略全局与世界百年未有之大变局相互交织、相互影响、相互激荡。一方面，中华民族伟大复兴战略全局作为世界百年未有之大变局的重要组成部分，不仅要在后者中铺展和实现，而且也是形塑世界百年未有之大变局未来走向的关键力量之一。特别是在高度互联互通的全球化时代，实现中华民族伟大复兴的影响已经超越了国家的界限而具有世界意义，不仅影响中国，而且深刻影响世界，不仅带给世界的"是机遇不是威胁，是和平不是动荡，是进步不是倒退"[4]，而且将深刻改变世界政治经济格局和国际力

---

① 《习近平关于中国特色大国外交论述摘编》，中央文献出版社，2020，第 50 页。
② 习近平：《高举中国特色社会主义伟大旗帜 为全面建设社会主义现代化国家而团结奋斗——在中国共产党第二十次全国代表大会上的报告》，人民出版社，2022，第 62 页。
③ 张骞、李桂花：《"人类命运共同体"视域下全球治理的挑战与中国方案选择》，《社会主义研究》2020 年第 1 期。
④ 习近平：《论坚持推动构建人类命运共同体》，中央文献出版社，2018，第 84~85 页。

量对比，所以，中国"不仅是中国之中国，而且是亚洲之中国、世界之中国"①。另一方面，世界百年未有之大变局的展开和未来走向深刻影响着中华民族伟大复兴战略全局。可以说，中华民族伟大复兴战略全局的顺利展开及目标实现与世界百年未有之大变局怎样变、往哪里变、变成什么样密切相关。基于此，中国推动构建人类命运共同体始终着眼于中国与世界两个实践场域，始终秉持中国与世界"一荣俱荣，一损俱损"②的命运共同体理念，始终坚持开放包容、互利共赢的发展理念，既不断以自身发展最大限度为世界发展创造机遇，又为促进世界繁荣稳定积极贡献中国智慧、中国力量、中国方案，更是在与世界各国持续的良性互动中，坚定不移地推动世界百年未有之大变局朝着符合中国人民和世界人民共同期待的方向发展，从而为实现中华民族伟大复兴和促进全球各国发展创造机遇，进而在"两个大局"的良性互动中实现各方利益的最大公约数。

其二，必须坚持独立自主与和平发展相统一。独立自主与和平发展不仅是中国特色大国外交始终倡导的价值理念，而且也是人类命运共同体所内含的核心价值理念的具体表现。新时代，面对霸权主义和强权政治对世界和平的威胁日渐加深、地缘政治冲突持续紧张、阵营对抗加剧等一系列全球性挑战，中国推动构建人类命运共同体始终坚持独立自主与和平发展相统一。一方面，中国始终秉持独立自主原则，倡导"国家不分大小、强弱、贫富一律平等"③。民主、发展、现代化是世界各国人民的权利，而不是少数国家的专利和特权。实现民主、发展和现代化的道路或方式"不是非此即彼的'单选题'，不能搞简单的千篇一律、'复制粘贴'"④。所以，各国都有基于自身国情自主探索各具特色的发展道路和社会制度的权利，都有根据自身实际决

---

① 习近平：《深化文明交流互鉴 共建亚洲命运共同体——在亚洲文明对话大会开幕式上的主旨演讲》，人民出版社，2019，第10页。

② 《习近平谈治国理政》，外文出版社，2014，第350页。

③ 习近平：《高举中国特色社会主义伟大旗帜 为全面建设社会主义现代化国家而团结奋斗——在中国共产党第二十次全国代表大会上的报告》，人民出版社，2022，第60页。

④ 习近平：《携手同行现代化之路——在中国共产党与世界政党高层对话会上的主旨讲话》，人民出版社，2023，第3页。

定自身立场和政策的自由，中国坚决反对一切形式的霸权主义和强权政治，坚决反对粗暴干涉他国内政、大搞集团政治的损人不利己行径。另一方面，中国始终倡导共同、综合、合作、可持续的新安全观，坚持弘扬全人类共同价值。中国不仅主张以亲诚惠容理念和正确义利观加强同他国的友好互信和利益融合，而且始终重视各国合理安全关切，坚持"以对话弥合分歧"①，以合作化解争端，以文明交流互鉴消除文明冲突，以团结精神和共赢思维应对全球安全挑战，始终坚持劝促和谈、政治解决乌克兰危机，坚决反对以民主之名行围圈筑墙、挑动分裂对抗之实，坚决反对滥用单边制裁和"长臂管辖"扰乱全球稳定的霸权行径，始终致力于同国际社会一道共同构建均衡、有效、可持续的安全架构，从而在维护世界和平中实现共同发展。

其三，必须坚持合作共赢与敢于斗争相统一。合作与斗争是国际社会的常态，而斗争更是"世界政治中的一个更加普遍的特征"②。面对大国竞争与博弈下国际社会无政府状态的加剧，中国推动构建人类命运共同体旨在强化国际社会的合作和弱化各主体间的斗争，并将斗争加以秩序化。所以，中国始终奉行互利共赢的开放战略，致力于建设多边贸易体制和开放型世界经济，坚持推动经济全球化朝着"开放、包容、普惠、平衡、共赢"③的正确方向发展，始终同国际社会一道共同营造有利于全球发展的国际环境，并以"一带一路"倡议着力解决共建国家发展不平衡、不充分问题，从而推动实现各国的共同富裕。然而，一个普惠共赢、更好惠及各国人民的全球化发展框架，并不符合以美国为首的"小团体"的利益和期待，它们将此视为对西方主导的自由主义国际经济秩序的挑战和替代，因而始终秉持零和博弈思维，大搞围圈筑墙和阵营对抗。基于此，中国倡导发扬斗争精神，坚持以斗争求团结、促合作，敢于同单边制裁、"脱钩断链"、极限施压等一切霸权主义和强权政治作斗争，坚决不拿自身和他国的主权、安全等核心利益做交

---

① 《习近平谈治国理政》第4卷，外文出版社，2022，第466页。
② 〔美〕罗伯特·基欧汉：《霸权之后——世界政治经济中的合作与纷争》，苏长和、信强、何曜译，上海人民出版社，2012，第3页。
③ 《习近平谈治国理政》第2卷，外文出版社，2017，第492页。

易，始终以正确义利观推进双边、区域和多边合作，从而实现各方的共同繁荣。

其四，必须坚持人民至上与胸怀天下相统一。面对全球性挑战持续加重的威胁，中国人民与世界人民日益处于一个休戚与共、命运相连的共同体之中。中国始终坚持无差别的人民立场，增进人民福祉，实现各方利益的最大公约数。一方面，始终秉持人民至上的价值理念，始终坚持"江山就是人民、人民就是江山"①的根本立场，致力于追求和构建以人民为中心的人的逻辑，坚决摒弃传统发展唯经济增长的错误理念，坚持以中国式现代化保障和改善民生，始终做到发展为了人民、发展成果由人民共享，从而不断增强人民群众的"获得感、幸福感、安全感"。另一方面，从当代人类生命实存和未来发展出发，立足世界百年未有之大变局下风险与挑战叠加的全球现实，趋向塑造世界美好未来的共同目标，始终心系人类前途命运，并在顺应历史进步大趋势的基础上，坚持为人类谋进步、为各方谋利益、"为世界谋大同"②；始终倾听世界人民心声，积极回应各方普遍关切，坚持"站在历史正确的一边，站在人类进步的一边"③，坚决反对零和博弈、阵营对抗等损害全球人民福祉的霸权行径；始终致力于同国际社会一道解决人类面临的共同挑战，从而建设一个满足各方期待的美好世界。

其五，必须坚持弘扬全人类共同价值与推动全球治理体系变革相统一。"价值是行动的先导"④，也是我们理解全球治理"冲突本质和合作可能性的根本"⑤。面对世界百年未有之大变局下大国竞争与博弈的加剧、国际行为体价值的分化与斗争、共识性目标和集体性行动的缺失，以及由此而加重的全球性挑战的威胁。中国本着对全人类前途命运高度负责的态度，始终倡导各

---

① 《中共中央关于党的百年奋斗重大成就和历史经验的决议》，人民出版社，2021，第66页。
② 《习近平著作选读》第1卷，人民出版社，2023，第18页。
③ 《习近平外交演讲集》第2卷，中央文献出版社，2022，第398页。
④ 张骥：《百年未有之大变局下全球治理体系的变革与中国参与》，《社会主义研究》2022年第6期。
⑤ 〔英〕安德鲁·赫里尔：《全球秩序与全球治理》，林曦译，中国人民大学出版社，2018，第49页。

方坚守和弘扬"和平、发展、公平、正义、民主、自由的全人类共同价值"①；始终致力于促进世界和平发展和维护国际公平正义，无条件尊重和支持不同国家人民自主探索符合本国国情的发展道路和政治制度的权利和自由，并呼吁各方在参与全球治理中共同践行全人类共同价值。中国坚持"以真正代表各方共同利益的全人类共同价值引领全球治理体系变革"②，旨在消解西方"普世价值"对全球治理体系价值形态的"畸形"统一。同时，中国不仅坚决维护以国际法、《联合国宪章》宗旨和原则为核心的国际秩序，倡导世界各国共同处理国际事务，共同书写国际规则，共同践行多边主义制度机制，而且坚决主张破除现有全球治理体系中不公正、不合理的制度安排和"结构性困境"，从而建设一个以多边主义为基础、以人类根本福祉为目的、以共有意志为价值导向③的拥有调整国际行为体的能力、可以提供稳定的制度框架、具有共同语言和权威性以及能够以一整套正式规则对强权国家的不平等实力与野心进行有效限制的全球治理体系。

推动构建人类命运共同体之所以被越来越多的国家和人民所认可，归根结底就在于人类命运共同体理念始终坚持把中国人民利益同世界人民利益统一起来，并朝着共同方向前行。这既符合各方的共同利益，又符合各国人民对"混沌"世界未来发展和人类前途命运的期待。综合而言，构建人类命运共同体既是对资本逻辑主导世界历史进程所衍生的诸种不公的批判，又是对资本逻辑的批判、超越和克服；既源于历史唯物主义，又是对历史唯物主义在当代的创造性发展；既是站在世界历史的高度、顺应世界发展趋势对全球现实问题进行审视后而提出的中国方案，又将作为"总体的"世界历史进程中的一个发展阶段，随着世界历史的发展持续发挥作用。

---

① 习近平：《高举中国特色社会主义伟大旗帜 为全面建设社会主义现代化国家而团结奋斗——在中国共产党第二十次全国代表大会上的报告》，人民出版社，2022，第63页。
② 张骥：《人类命运共同体与全球治理体系的变革》，《社会主义研究》2021年第6期。
③ 宋天阳：《人类命运共同体与新的全球经济治理》，《社会主义研究》2022年第5期。

第二章　全球治理体系的变革

第二次世界大战后，为了解决"人类整体面临的挑战与问题，塑造维护人类整体利益与秩序的规则、机制，以达到促进人类整体进步与发展的价值目标"①，世界上形成了初具现代意义的全球治理体系，这既是建立全球治理体系的初衷，也是其价值诉求。但随着全球性挑战的增多，现行全球治理体系内在结构严重滞后于国际力量对比格局的变化，越来越不符合国际社会治理和发展的需要，推动全球治理体系变革变得日益迫切。

第一节　全球治理体系的历史演进与内在本质

全球治理体系是对全球化发展进程中所产生的一系列全球性问题的"制度性回应"②，一度被西方政治理论家视为解决全球性问题的最佳方式，所以，全球治理这一治理机制曾备受西方政治理论家的尊重并被寄予厚望。然而随着全球性挑战的增多，治理赤字频发，全球治理体系越发显现无能为力的治理困境。可以说，这些困境深深根植于其固有的治理逻辑之中，这就需要对全球治理体系的演进史进行梳理，从而指明其治理困境的根源以及推动全球治理体系变革的动因。

---

① 蔡拓：《全球治理的中国视角与实践》，《中国社会科学》2004 年第 1 期。
② 刘同舫：《人类命运共同体对全球治理体系的历史性重构》，《四川大学学报》（哲学社会科学版）2020 年第 5 期。

关于全球治理体系的开端问题，学术界尚未达成共识。有学者认为真正意义上的全球治理体系起始于"二战后国际秩序的制度化安排"[①]；也有学者认为全球治理体系起源于 19 世纪而崩溃于一战前的"欧洲协调"（concert of Europe）[②]。在此基础上，本书认为初具现代意义的全球治理体系肇始于"欧洲协调"的帝国秩序治理体系阶段。帝国秩序治理体系以俄国、奥地利、普鲁士、英国四国召开的维也纳会议为标志，会议确定了正统原则、补偿原则、势力均衡原则，协定了各国的权利与义务并加以制度化。尽管"欧洲协调"机制维持了欧洲长达一个世纪的稳定，并为大国合作解决国际问题奠定了基础，但该机制牺牲了众多小国的利益，而且忽视了民族主义和自由主义的趋势，因而这一机制必然被新的机制所替代。1853 年，克里米亚战争爆发，"欧洲协调"开始瓦解，直至一战前夕彻底崩溃。伴随着"欧洲协调"的崩溃，全球治理体系迈入国际联盟（league of nations）阶段。国际联盟是一战后各国为平息纷争、加强世界普遍和平与安全、促进国际合作与国际贸易而建立的国际机构。虽然其成功地解决了一些国际纷争，但是由于其成立之初就被英法等少数大国所控制，本质上是以牺牲弱国领土与主权为代价来帮助英法等资本主义帝国重新划分势力范围、捍卫强权国家权力意志的政治工具。因而，这一机制同样不可避免地走向破产的境地，最终被雅尔塔体系确立的战后世界秩序所取代。由此可见，从帝国秩序治理体系到国际联盟这一阶段，全球治理体系的议题设置与制度制定始终取决于西方大国的权力意志和利益诉求，"本质上揭示了强权国家的政治权力与结构变迁对全球治理的决定性影响"[③]。由于这一阶段的全球治理体系基本上处于西方大国的主宰之下，总体呈现为单向性的治理体系，故学术界将这一发展阶段称为西方治理。

随着两极格局的解体，国际力量对比发生深刻变化，国际霸权主义相对

---

① 门洪华：《应对全球治理危机与变革的中国方略》，《中国社会科学》2017 年第 10 期。

② 庞中英：《全球治理的中国角色》，人民出版社，2016，第 159 页。

③ 刘同舫：《人类命运共同体对全球治理体系的历史性重构》，《四川大学学报》（哲学社会科学版）2020 年第 5 期。

衰落，广大发展中国家和地区逐步登上国际政治舞台，特别是"全球南方"国家群体性崛起，国际秩序不再由少数西方大国主宰，诚如习近平所说："数百年来列强通过战争、殖民、划分势力范围等方式争夺利益和霸权逐步向各国以制度规则协调关系和利益的方式演进。"① 国际权力格局的这种深刻变化促使全球治理体系由西方治理向全球治理加速演进，形成了以联合国为核心的全球治理体系（联合国体系）。相比于西方治理，一方面，联合国体系在治理主体上强调多元主体共同参与治理。在西方治理阶段，全球治理的主体主要是民族国家的政府和相关部门。随着全球化的深入发展，单一的民族国家政府越来越难以应对层出不穷的全球性挑战，民族国家政府的绝对主体性与绝对权威性相对衰弱，全球治理体系的主体拓展至正式与非正式的国际组织、国际社团、私人团体等多元主体，在一定程度上实现了从少数西方大国主宰世界的单向性治理模式向多元主体共同参与治理模式的转变。另一方面，联合国体系在全球治理的客体上强调问题和威胁的全球性。在西方治理阶段，全球治理体系的议题设置更多的是针对欧洲问题，并在此基础上影响世界。这也恰恰是西方大国基于"欧洲中心主义"的优越感来塑造和建构非西方世界历史图景的鲜明体现。相比之下，联合国体系立足于人类的整体利益，旨在解决全球安全、气候变化、经济失衡、跨国犯罪、公共卫生危机等全球性问题，从而实现了全球治理从区域性治理模式向全球治理模式的转变。在全球治理的路径上，联合国体系摒弃了西方治理体系过于注重军事制裁和干涉他国主权的暴力手段，转而主要以国际法、《联合国宪章》的宗旨和原则调节国际关系，规范国际秩序以及推动各国之间的协调与合作，并在此基础上诉诸众多多边国际治理组织的集体性行动。相比于西方治理体系，尽管联合国体系的治理过程相对规范化、程序化、制度化，但现实表明，西方发达国家在全球治理体系中的权力和话语上仍占据绝对优势，其霸道霸权霸凌行径在很大程度上仍然主导着全球治理体系的议题设置与规则制定，也就是说，以联合国为核心的全球治理体系依然存在着中心-边缘的等级结构。

① 习近平：《论坚持推动构建人类命运共同体》，中央文献出版社，2018，第259页。

尽管全球治理体系从西方治理向全球治理不断演进，但当前全球治理体系的议题设置与规则制定仍在很大程度上依附于西方发达国家的权力意志，治理的主体力量、代表的利益范围、维护的核心利益始终没变，即全球治理体系始终处于西方发达国家的单方掌控之下，代表的是少数西方发达国家的特殊利益，维护的是少数西方发达国家的霸权主义地位和强权主义政治话语权，治理议题的优先性也往往是基于西方发达国家的诉求而设定，而广大发展中国家只是作为"负责的利益攸关方"（responsible stakeholder）贡献公共产品，既未真正获得与西方发达国家同等或近似的利益与话语权，更与当前的国际权力格局以及广大发展中国家在全球治理体系中的贡献不匹配。因而，当前全球治理体系本质上仍然是以西方发达国家为中心、广大发展中国家为边缘的单向性全球治理体系。可以说，这是立足西方发达国家特殊利益治理体系固有治理逻辑的必然结果。基于资本逻辑，西方发达国家在全球范围的扩张中取得物质生产的统治地位后，必然要以经济权力在全球范围内建构自己的政治制度、意识形态和文化样态，即"按照自己的面貌为自己创造出一个世界"①。结果一方面是在充满火与血的发展过程中，整个世界日益呈现出同质性和单向性，人类文明多样性受到毁灭性的破坏；另一方面是全球治理体系日益呈现出不平衡、不合理的矛盾状态，财富愈益聚集在少数西方发达国家手中，东方愈益从属于西方，以致全球治理体系的利益分配与话语分配严重失衡，造成了全球治理体系的集体性行动困境，从而使其"日渐突显出治理失灵的窘境"②。可以说，当今国际社会发生的各种对抗与不公，以及国际赤字持续加重的根源均在于以西方发达国家为中心的单向性的全球治理体系，这既是现行全球治理体系的深刻弊病所在，更是广大发展中国家倡导推动全球治理体系变革的根本原因所在。

---

① 《马克思恩格斯文集》第 2 卷，人民出版社，2009，第 36 页。
② 张骥、李桂花：《"人类命运共同体"视域下全球治理的挑战与中国方案选择》，《社会主义研究》2020 年第 1 期。

第二节　全球治理体系的内在困境

现行全球治理体系单向性的本质从根本上决定了其不仅无法有效应对全球性挑战，而且必然引发参与主体之间的矛盾分歧。特别是当国际权力格局发生深刻变化后，部分西方发达国家作为现行全球治理体系的既得利益者，不仅坚决抵制全球治理体系变革的历史大趋势，而且无视广大发展中国家的变革呼声并妄图继续维持全球治理体系的既有现状，以致现行全球治理体系在愈益加深的多方矛盾分歧中面临重重困境。总体来看，其困境主要表现在以下几个方面。

其一，现行全球治理体系失衡。现行全球治理体系主要是以联合国和布雷顿森林体系为基点的国际政治关系体系和全球经济治理体系，其代表性、结构性和有效性已饱受争议。几十年来，这个体系在曲折中前进，这些"游戏规则"并没有充分反映全球治理体系中主体权力的变化消长，更非为"管理作为整体的全球公地而设计"①，"游戏规则"的制定权和领导权长期被欧美发达国家所垄断，维护的是欧美发达国家的国际霸权地位和强权主义政治话语权。崛起的新兴发展中国家和经济体要求在全球治理中获得更多的代表数和话语权的诉求并未实现，长期处于被边缘化的地位。因此，从这个意义上说，现行的全球治理体系仍然处于西方治理阶段，其实质并没有改变。欧美发达国家主宰的全球治理体系以具有高度逐利性的资本为载体，由于资本输出固化的排他性和等级性，"使生产资料集中起来，使财产聚集在少数人的手里。由此必然产生的结果就是政治的集中"②。全球治理体系参与主体的等级差、地位差，不仅扩大了欧美发达国家与第三世界国家和地区的全球治理民主赤字，更进一步弱化了两者达成普遍共识的利益基础、合作基础，极大地降低了第三世界国家和地区对增进整体利益、全球利益的主观意愿，致

① 秦亚青：《全球治理：多元世界的秩序重建》，世界知识出版社，2019，第128页。
② 《马克思恩格斯文集》第2卷，人民出版社，2009，第36页。

使促进南北合作的整体性行动的可能性大大降低。可以说，现行欧美发达国家主导的失衡的全球治理体系，对目前全球治理混沌的僵局负有主要责任，是构建共商共建共享全球治理体系的最大挑战。正如美国经济学家约瑟夫·斯蒂格利茨（Joseph Eugene Stiglitz）所说，"全球化的问题并非产生于全球化本身，而是来自管理全球化的方式方法"①。也就是说，要想从根本上解决全球性问题就必须改变现行的全球治理体系的制度和结构。

其二，全球治理机构的困境加剧。二战后，面对日渐凸显的全球性问题，国际社会相继成立了诸如联合国、国际货币基金组织（IMF）以及世界贸易组织（WTO）等一系列跨国的全球治理多边治理机构，试图从根本上解决困扰世界各国的全球性问题。多年来，尽管跨国的全球治理机构在应对全球性问题上取得了一定的成效，但在日益复杂多变的国际形势下，现行多边全球治理机构越来越跟不上国际社会发展趋势的需要，日渐凸显出治理失灵的窘境。西方学者乔纳森·科佩尔将其归纳为合法性困境（legitimacy dilemma），即"机制建构的结构性困境"②。一方面，在许多国际重大问题上，如维护世界和平、化解难民危机与生态危机等问题上，联合国的真正作用在大国的权力博弈中被遮蔽了，越发凸显出"无能为力"和信心不足的困境，以致无法切实有效地应对全球性问题。正是在这个意义上，习近平指出，"当今世界发生的各种对抗和不公，不是因为联合国宪章宗旨和原则过时了，而恰恰是由于这些宗旨和原则未能得到有效履行"③。美俄《中导条约》危机、美伊危机、巴以冲突等问题的持续发酵，充分表明了联合国治理失灵的困境。另一方面，全球治理机构各成员国的内部困境进一步加剧了全球治理机构的困境。从欧美国家来看，美国军费激增，"国内分配不公问题

---

① 〔美〕约瑟夫·E.斯蒂格利茨：《让全球化造福全球》，雷达等译，中国人民大学出版社，2011，第2页。

② 赵义良、关孔文：《全球治理困境与"人类命运共同体"思想的时代价值》，《中国特色社会主义研究》2019年第4期。

③ 习近平：《论坚持推动构建人类命运共同体》，中央文献出版社，2018，第260页。

导致社会分裂，社会保护运动兴起"①；欧债危机、脱欧问题以致英国疲惫不堪；法国的"黄背心运动"以及因延迟退休法案所引发的群众大规模抗议对国内制度、经济发展造成强烈冲击；德国的难民问题、税收问题导致民众与政府矛盾持续激化。欧美国家自身内部社会矛盾尖锐所造成的治理困境，致使各国缺乏足够的精力、财力和能力支持全球治理机构建设，导致欧美发达国家主导的一系列多边全球治理机构面临经费短缺，全球公共产品供给不足，政治公信力、国际影响力和正义性渐入式微，治理效能衰退等治理困境。

其三，全球治理参与主体矛盾尖锐化。一是欧美发达国家与第三世界发展中国家和地区的矛盾最具复杂性和尖锐性。长期以来，欧美发达国家与发展中国家和地区在全球重大议题的责任承担和义务履行的标准划定上存在较大的矛盾分歧。欧美发达国家基于自身的利益考量、政治诉求，凭借在全球治理体系中的权力优势和话语优势，采取"一刀切"的标准划定方式，而并未充分考虑各国的发展水平、发展阶段、发展条件的差异，这是广大发展中国家尤其是弱小国家所绝不能接受的。同时，欧美发达国家承诺对发展中国家提供达到国民总收入 0.15%~0.2% 的发展援助。但是从目前实际援助的现状来看，由于种种原因，发展中国家获得的援助总量和援助种类都极其有限，援助远未达到欧美发达国家承诺的标准，仍存在巨大缺口。二是欧美发达国家之间也存在严重的矛盾分歧。在全球治理中，欧美发达国家之间的矛盾，核心焦点是领导力的争夺。全球治理既是个体理性与集体理性相互磨合的过程，也是大国之间权力博弈互动的过程，全球治理体系的建设与变革在一定程度上必然触及既有权力的重新分配。在现行的全球治理体系内，不仅每一个参与主体都想在全球治理体系的变革中最大限度增进国家利益，而且美国与欧盟在很多国际重大议题上也存在相左的立场，一方面，在美欧同盟的框架内，美国所提出的诸多对外政策需要欧盟的有力支持才能得以维系；

---

① 陈伟光、刘彬：《全球经济治理的困境与出路：基于构建人类命运共同体的分析视阈》，《天津社会科学》2019 年第 2 期。

另一方面，在全球治理的诸多重大议题上，美国又处处提防欧盟并利用各种机会来削弱或遏制欧盟的国际影响力，从而始终保持美国在全球治理体系中的绝对主导地位。而欧盟由于自身防务能力有限，一方面，既依赖于美国的安全保护；另一方面又不愿始终作为美国的附庸，更无法接受国际地位的边缘化，因而倡导欧洲在战略自主中建设一个更加具有"自治力"和更加强大的欧盟，进而重塑欧盟在国际社会的影响力。因此，领导力的争夺不仅使双方在全球治理中明显缺乏自信，也削弱了双方的公信力和影响力，更是在一定程度上严重迟缓了全球治理体系变革的整体进程，弱化了全球治理体系的整体有效性。

其四，单边主义、保护主义盛行。自 2008 年国际金融危机爆发以来，全球经济持续低迷、增长缓慢，欧美发达国家贸易保护主义抬头，反全球化、逆全球化倾向突出，采取了一系列的单边主义行动，使全球治理体系的良性发展增加了诸多不确定性因素。尤其表现在：2017 年特朗普就任总统以后，美国站在极端的国家中心主义立场，实施了一系列的单边主义行动，频繁"退群""退约"，退出《巴黎协定》、联合国教科文组织以及"全球移民协定"等众多多边国际协定、组织，以及《中导条约》、伊核协议等双边规范机制，甚至意欲绕开联合国构建一套内部安全体系，对全球贸易伙伴强制征收高额关税。种种单边主义行径，不仅对既有的稳定的多边国际秩序构成了严峻的挑战，更是造成了全球治理领导力的"真空"现象，导致全球治理供给失衡，严重扰乱了全球治理秩序的正常运行，致使多年来经国际社会的多方艰难努力所取得的全球治理丰硕成果濒临破产。而国际社会对部分行为体的种种单边主义、保护主义行径一再妥协，对全球治理体系的良性发展产生了极其消极的影响，全球治理体系单边主义、保护主义的盛行，不仅为作为全球治理体系未来发展中坚力量的新兴发展中国家和众多国际组织参与全球治理提供了反面示范，而且致使部分行为体在全球治理的众多议题和领域内更倾向于空洞的承诺，即"有参与全球治理的意愿，但不愿承担明确的责任义务，更希望通过自发的方式解决相关全球性问题"①。这对增进全球治理的集体性行动是极为不利的。

其五，全球治理体系机制碎片化。全球治理体系形成之初，其参与主体主要是单一的民族国家。随着全球性挑战的增多，全球治理的参与主体由单一的民族国家扩展至跨国公司、国际社团、行会、认证机构、商业组织等多元主体。全球治理体系力量的分散化"使得全球治理的制度性安排向多层面和多领域发散，不同行为体、组织与机制之间的互动也加速了这一进程"②，而权力主体和利益诉求的多元化又催生了多边主义制度形式。多边主义制度本是协调全球治理体系多方力量、减少国际霸权、保障全球治理体系治理效能的有效方式，但实际上各方力量基于自身利益所提出的利益诉求和大量议题却未能真正发挥多边主义制度的实际效能。跨国公司常常利用巨大的财力控制或影响民族国家与国际组织，将自身以营利为主的议程变为全球性议程。国际社团、行会、认证机构、商业组织等具有较强的资本主义属性和政治属性，由于其依附性，"往往与霸权国家的利益紧密结合在一起"③，其参与全球治理在很大程度上是为欧美国家攫取利益而服务，而日益崛起的新兴力量，必然谋求与自身实力和发展诉求相匹配的利益，提出了大量的新议题、新制度。可以说，正是由于全球治理体系权力与利益的分化、各主体治理选择和偏好差异，新议题大量涌现，从而出现了全球治理机制碎片化的现象。这样一来，多方力量在全球治理的对象和方案上就难以达成共识，这对全球治理体系的良性发展所造成的破坏性是巨大的。

其六，全球治理体系共同价值理念缺失。全球治理体系的形成源于各方对全人类共同利益的正确认知。二战后，各主体在美国的领导下，建立了众多全球治理机构，并表现出了强烈的治理意愿，不仅保障了战后国际秩序的长期稳定，更为应对全球性问题做出了重要贡献。然而，自 2008 年国际金

① 赵义良、关孔文：《全球治理困境与"人类命运共同体"思想的时代价值》，《中国特色社会主义研究》2019 年第 4 期。

② 阙天舒、张纪腾：《后疫情时代下全球治理体系变革面临的挑战及中国选择——基于实验主义治理视角的分析》，《国际观察》2021 年第 4 期。

③ 苏长和：《大变局下的全球治理变革：挑战与前景》，《当代世界》2021 年第 7 期。

融危机爆发以来，各主体经济增长缓慢，国内矛盾突出，参与全球治理的意愿急剧衰减，不仅愈发倾向于国家主义，而且常常以国家主权和国家安全为由大肆推行保护主义政策，严重破坏了全球治理体系致力于维护各方共同利益的价值理念。这样一来，全球治理体系朝着各自为政的方向发展。当前，世界处在新的动荡变革期，传统安全威胁与非传统安全威胁相互交织，国际治理赤字持续加重。在这最需要国际社会加强合作的历史关头，并未出现我们所预期的各方的集体性行动，部分主体将治理问题武器化、政治化，置全球人民的共同利益于不顾，从而使全球治理体系的发展面临极大困难。可以说，当前全球性问题治理的合作困境，使全球治理体系共同价值理念的缺失问题暴露无遗。理念是行动的先导，全球治理体系共同价值理念缺失，各主体为维护各方共同利益而付诸集体性行动面临困境。所以，凝聚全球治理体系的价值共识既是全球治理体系变革的方向，也是全球治理体系变革面临的一大挑战。

总的来说，现行全球治理体系的权力结构和利益分配在观念和实践上面临的多重困境，在全球治理体系变革的历史十字路口，国际社会更需要携手推动构建人类命运共同体，使全球治理制度体系跟上时代的发展趋势，更好地应对层出不穷的全球性挑战。

第三节　全球治理体系变革的方向

全球治理体系是对全球化发展进程中所产生的一系列全球性问题的"制度性回应"①，一度被国际社会寄予厚望。然而，在如何治理的问题上，建立在"硬霸权"基础上的"欧洲协调"帝国秩序治理体系认为欧洲可以单方主宰，这显然是不合理的；而建立在自由主义霸权（liberal hegemony）基础

---

① 刘同舫：《人类命运共同体对全球治理体系的历史性重构》，《四川大学学报》（哲学社会科学版）2020年第5期。

上的现行全球治理体系认为"我们可以一起干"①，问题是："我们"的范围是什么？"干"什么？"一起"的真正意涵是什么？② 诸多现实一再表明：建立在自由主义霸权基础上的现行全球治理体系并非真正多元多极的各方共治体系，其实质仍然是处于普遍利益外观下的单方主宰体系。中国提出的人类命运共同体理念对以上问题做出了科学回答，即打造共商共建共享的全球治理体系，寻求各方利益的最大公约数，从而科学指明了全球治理体系变革的方向。

首先，在治理结构上，由西方发达国家的单方主宰转向各方共商。共商，即倡导全球治理体系所有参与主体一起理性协商，构建基于平等和规则的多元主体共同协商交流机制③。长期以来，美西方发达国家始终是全球治理体系的领导者、规则的制定者和话语权的掌握者，其他参与主体更多是接受规则的"负责利益攸关方"，真正意义上的共同协商并没有实现，由此形成了西方发达国家单方主宰的"结构性困境"，从而导致现行全球治理体系出现集体性行动困境。

基于现行全球治理体系的"结构性困境"，中国始终坚持共商的全球治理理念，倡导各国真正践行多边主义，主张国际事务应当由具有不同文化、语言和宗教背景的多元主体共同商定，并且认为这种共同协商是各参与主体通过一个共同的协商机制和理由充分的证明程序且不受身份限制和霸权国家强迫的具有实质性意义的政治参与，而不仅仅是西方少数国家主宰下的简单出席。同时，中国坚决反对部分西方国家大搞身份政治或划分等级的虚假多边主义，而是致力于探索一个有助于化解多元主体间分歧和限制冲突、保障共同规则能够得到稳定执行、可以对霸权国的行为进行调节和限制、可以保

---

① 参见〔英〕安德鲁·赫里尔《全球秩序与全球治理》，林曦译，中国人民大学出版社，2018，第 327 页。

② 〔英〕安德鲁·赫里尔：《全球秩序与全球治理》，林曦译，中国人民大学出版社，2018，第 327 页。

③ 参见杜一鸣、周仲秋《论人类命运共同体价值体系的逻辑内涵、逻辑机理与实践意义》，《社会主义研究》2022 年第 6 期。

障弱国地位和利益诉求以及有助于创造共同身份的有效协商机制，从而最大限度地保障各主体在全球治理体系中的"权利平等、机会平等、规则平等"①，进而在平等互惠中深化合作共识，破除现行全球治理体系的"结构性困境"。

其次，在参与方式上，推动西方发达国家单方主宰下的"参与赤字"与"责任真空"转向各方共建。共建，即世界各国都应当成为全球治理体系的参与者、建设者和贡献者，全球治理体系不是由少数国家主宰，不是大多数国家有限参与，抑或一部分国家参与，另一部分国家不参与。长期以来，西方发达国家单方主宰的现行全球治理体系过度强调强权国家的偏好和利益，不仅在参与全球治理的制度和规则上"一刀切"，而且这些制度和规则在更大范围和深度上进一步强化了参与的不平等格局。所以，大部分行为体参与全球治理是在被动接受规则基础上的有限参与，而并非实质性参与。加之部分主体因国内治理困境频发与参与全球治理成本攀升，有意逃避治理责任，以致全球治理体系出现"责任真空"和治理缺位的现象。

基于现行全球治理体系的"参与赤字"与"责任真空"，中国始终坚持共建的全球治理理念，坚决反对部分西方发达国家以各种方式为其他主体参与全球治理体系建设设置障碍的霸权行径，认为所有参与主体的智识资源都应当在全球治理中得到充分的考虑和尊重，主张所有国家"不分大小、强弱、贫富"②，既有共同参与国际事务、共同书写国际规则、共同建设全球治理机构的权利，也有共同为全球治理体系贡献公共产品的责任和义务。在责任分担上，中国坚决反对无视各主体具体国情差异的"一刀切"，而是主张"共同但有区别的责任"③ 原则，即根据不同参与主体的发展阶段、发展水平、实力强弱承担相应的责任与义务。同时，中国致力于提升新兴市场国家和发展中国家在全球治理体系中的代表性和发言权，进而不断缩小广大发展

---

① 《习近平谈治国理政》第 2 卷，外文出版社，2017，第 539 页。
② 《习近平著作选读》第 1 卷，人民出版社，2023，第 563 页。
③ 习近平：《携手构建合作共赢、公平合理的气候变化治理机制——在气候变化巴黎大会开幕式上的讲话》，人民出版社，2015，第 5 页。

中国家与西方发达国家在全球治理体系中的权力差和地位差，从而最大限度地使全球治理体系公平且充分地反映大多数参与主体的意愿和利益诉求。

最后，在利益分担上，推动西方发达国家单方主宰下的利益失衡转向各方共享。共享，即全球治理体系取得的成果由各方共同分享，实现所有参与主体的共赢而不是某一个或某几个参与主体单赢。长期以来，西方发达国家单方主宰的现行全球治理体系不过是有着普遍利益虚假外观的"单向性"治理体系，并没有真正践行维护人类整体利益和促进人类整体进步与发展的初衷，反而处处以治理之名行维护特殊利益之实。利益的"单向性"使大多数参与主体并没有获得与西方发达国家同等或近似的利益和实惠，而且这种利益失衡被以治理名义制定的一系列制度和采取的治理方式进一步固化和加深，以致参与主体的合作意愿严重衰减，从而大大弱化了现行全球治理体系的治理效能。

面对现行全球治理体系利益分配严重失衡的现状，中国始终坚持共享的全球治理理念，始终坚守和弘扬全人类共同价值，致力于维护全球治理体系的公平正义，不仅旗帜鲜明地推动全球治理体系朝着更加公正合理的方向发展，而且积极推动对全球治理体系中各种不公正、不合理的制度安排、利益安排、人事安排进行变革，更是坚决反对西方发达国家以治理之名行攫取特殊利益之实的霸道霸权行径。同时，中国"坚定维护以联合国宪章宗旨和原则为核心的国际秩序和国际体系"[1]，倡导推动全球治理体系规则民主化、法制化[2]，坚持为广大发展中国家的利益发声，从而实现各方的互利共赢。

当明确全球治理体系变革的大方向后，我们还必须弄清楚的一个关键问题是：尽管共商共建共享的全球治理体系是大势所趋，并符合大多数国家和人民的期待，但这样一个真正共商共建共享的多元多极多维的全球治理体系

---

① 习近平：《论坚持推动构建人类命运共同体》，中央文献出版社，2018，第260页。
② 参见马超《践行共商共建共享的全球治理观——学习习近平总书记关于全球治理的重要论述》，《社会主义研究》2023年第1期。

是否具有实现的可能性？当前，多元多极多维的"深层多元主义"① （deep pluralism）已经成为世界力量对比格局不可逆转的发展趋势。在这一大趋势下，由美国所主导的自由主义霸权并不具有可持续性，主要原因如下。

其一，从美西方自由主义霸权得以确立的军事实力条件来看，美国所具备的强大军事实力的效用在降低。军事力量的效用在于实现某种政治目的或改善某种政治关系的现状。尽管在军事技术的革新和军费投入等方面，其他国家与美国存在较大差距，但实际上这种差距不仅在缩小，而且美国通货膨胀率攀升、债台高筑的经济状况也越发难以承受持续提升的巨额军事成本，美国不愿意也无法承受较大伤亡，加之民众对大规模杀伤性武器的恐惧和为反战而进行的持续斗争，其使用武力特别是使用核武器达到某种政治目的或改善某种政治关系现状的难度加大。同时，强大的军事实力与可持续的政治目的并非呈正相关，诸多事实表明：美国强大的军事实力既没能有效实现持续性的政治目的，例如美国在越南战争、阿富汗战争等行动中的失败，也未能有效应对日益严峻的全球性挑战，例如此起彼伏的局部冲突及其外溢的风险已经成为全球安全的重大威胁，虽然美国极力宣称致力于维护世界和平，但现实表明，由其所主导的北约组织反而成为诸多国际冲突爆发的根源。

其二，从自由主义霸权得以维持的主要基础和方式来看，一是鉴于全球极不平衡的国家实力基础，美国在全球治理体系中主导规则制定，"扭曲合作条款，谋取私利，把自己的价值观和处事方式强加在别人头上，并且破坏那些带来稳定和可持续合作所不可或缺的程序性规则"②。然而，由于美国国内政治运作不良、社会分化、债台高筑、长期肆意干预他国事务等诸多原因，其国家实力虽然仍具有相对优势，但正在加速衰落。二是长期以来，美国为了便于在全球推行霸权主义和强权政治，凭借其相对强大的国家实力及其在全球治理体系中的领导权、话语权，制定了一系列反映其霸权实力格局

---

① 马国林：《多元主义、连带主义与英格兰学派的人权话语构建》，《国际政治研究》2023 年第 3 期。

② 〔英〕安德鲁·赫里尔：《全球秩序与全球治理》，林曦译，中国人民大学出版社，2018，第 324 页。

和国家利益的国际法律规则，从而使其干预他国事务和主权具有了"合法性"的外衣。然而，随着国际力量对比消长的变化，加之应对复杂且新颖全球性问题的需要，国际法律体系已经愈加复杂化、多元化、合理化且更难以掌控，以至于美国对单方主宰国际法越来越感到力不从心。所以，美国常常绕开国际法单独制定一些相关法律法规，从而为其谋求私利提供便利，但这也招致了包括其盟国在内的诸多行为体的反对。三是美国为弥补维护霸权实力的不确定性并防止潜在竞争对手的出现，建立了诸如北约、美日菲三边联盟、美日韩三边联盟、美英澳三边联盟、美日印澳四边安全对话、五眼联盟、美越印三边联盟等多种形式的伙伴联盟关系，并强制受其国家实力影响的国家加入美国修正过的"硬平衡"（hard-balancing）形式中来。这不仅需要美国有能力给盟友实惠并与合作者达成交易，而且需要其切实履行做出的一系列补偿性承诺。但从现实来看，这些承诺美国不仅往往难以兑现，而且在利益的驱使下，受美国实力影响的国家，尤其是那些与美国共享许多同样政治和文化价值观的国家，在是否真正参与到修正过的"硬平衡"形式中的问题上与美国也没有达成实质性共识。此外，美国的盟友也都有各自的国家利益，它们既不想因被美国的国家利益深度捆绑而丧失战略自主，也不想因此而使自身国家利益受损，因此，为避免选边站队和减少损失而往往采取风险对冲战略。

总之，从各方面来看，自由主义霸权并不具有可持续性，而且"只要美国寻求的是一个硬性、排他性的自我利益观，并提出一个狭隘的霸权式秩序观"[1]，那么伴随国际力量的对比消长的持续变化，其单方主宰的现行全球治理体系将加速向共商共建共享的各方共治方向转变。

第四节　全球治理体系变革的前景

在明确现行全球治理体系的内在困境及其变革的方向后，我们还必须回

---

[1] 〔英〕安德鲁·赫里尔：《全球秩序与全球治理》，林曦译，中国人民大学出版社，2018，第 326 页。

答的问题是：在当前错综复杂且异常严峻的国际形势下，尤其是伴随中美双方力量对比的深刻调整，全球治理体系变革的前景是什么？全球治理体系的大格局怎样变、往哪里变？是否会重回霸权时代进而出现两极对立的全球治理体系？如果不会出现两极对立，那么全球治理体系将以什么方式或形态向前发展？对此，本书认为全球治理体系大格局的变化方向，将在很大程度上取决于国际社会对全球治理体系所面临困境的创造性解决。全球治理体系不应是绝对利己主义的"单向性"治理体系，也绝不是建立在干涉他国内政或侵犯他国主权的基础上。相反，全球治理体系必须兼顾各方利益的最大公约数，必须将"扩展国际合作与维护主权制度更好地协调而不是简单对立起来"①。归根结底，这都涉及大国是否合作以及如何合作的问题。因而，一个有效的、正当的和在道义上更为有抱负的全球治理体系，必然是建立在良好的大国协调与互动基础上的合作共治，"只有大国间的协调与合作才能有效地解决诸多全球性问题"②。然而，一个建立在多元主义基础上的、拥有调整国际行为的能力、可以提供稳定的制度框架、具有协商的共同语言和权威性且能够以一整套正式规则对强权国家的霸权与野心进行有效限制的全球治理体系，既不符合美国在全球治理体系中的特殊利益，也不利于美国继续施行霸权。这样一来，国际社会所期待的良好的大国协调与合作便难以实现，从而导致全球治理体系变革难以取得实质性进展。

当前，中美两国在全球治理体系中的共"进"使双方的战略重心有所重合，双方围绕全球治理体系变革正展开新的较量。因而，越来越多的国际政治家和战略家担忧，全球治理体系将重回霸权时代进而形成两极对立、"半球之治"的治理格局。对此，本书认为，包括中国在内的新兴力量正快速崛起，美国的整体实力逐渐衰落，多元多极多维的"深层多元主义"已经成为世界格局不可逆转的发展趋势。在这样一个发展阶段，"任何单一国家主导的霸权体系都不会复现，任何两个超级大国及其各自盟友构成的两极对抗体

---

① 苏长和：《大变局下的全球治理变革：挑战与前景》，《当代世界》2021年第7期。
② Daniel W. Drezner, *All Politics Is Global: Explaining International Regulatory Regimes*, Princeton University Press, 2007, p. 9.

系也不会再现"①。尽管在较长的时期内，美国依然是世界范围内国家实力相对最为强大的国家，也就是说，美国的硬实力仍然具有相对优势，但伴随其整体实力的逐渐衰落，美国以霸权主义和强权政治单方主宰世界的时代正在走向终结。两极对立、"半球之治"的全球治理体系格局并不会成型，具体原因如下。

其一，就中美双方的战略竞争而言，尽管双方的战略重心有所重合且竞争将会长期持续并以各种形式展开，但双方在应对气候变化、维护全球安全、打击毒品贸易等诸多领域仍有广泛的共同利益，这决定了双方会就彼此的矛盾分歧做出必要的管控，避免发生战略误判，而且一个裂解的全球治理体系既不符合中国的战略利益，也不符合中国致力于增进世界人民福祉的价值目标。

其二，就中国参与全球治理的根本目的而言，"服从服务于实现'两个一百年'奋斗目标、实现中华民族伟大复兴的中国梦"②，离不开一个稳定的国际环境。尽管当前中美双方关于全球治理体系变革分歧明显，但中国参与全球治理的根本目的和中国作为全球治理体系的参与者、协调者、贡献者的角色定位决定了中国既不会寻求与美国对抗，也不会试图取代美国在现行全球治理体系中的主导地位，更不会同他国建立任何形式的同盟。中国始终坚持走和平发展道路，没有国强必霸的基因，而且中国推动全球治理体系变革也无意充当全球治理体系的领导者，而是旨在增进世界各国人民福祉。同时，中国在保持"进"的总趋势中，为避免发生战略误判，始终同美国展开对话协商。所以，这种"进"实则是"进中有退"和"退中有进"的统一。从这个意义上来说，两极对立、"半球之治"的全球治理体系格局也无法形成。

其三，就全球性问题的应对而言，快速发展的中国不仅在国际舞台上扮演着越来越重要的角色，而且越来越多全球性问题的有效解决离不开中国的

---

① 秦亚青：《美国大选与世界格局的走向》，《现代国际关系》2020 年第 12 期。
② 《习近平在中共中央政治局第二十七次集体学习时强调 推动全球治理体制更加公正合理，为我国发展和世界和平创造有利条件》，《人民日报》2015 年 10 月 14 日。

参与和思想智慧等智识资源的支持。正如德国前总理默克尔所言，在应对气候变化和生物多样性等方面，"'如果撇开中国'则将永远无法找到解决方案"①。同时，欧美国家既希望中国承担更多的国际责任和贡献更多的公共产品，又不希望失去庞大的中国贸易市场。所以，当今世界并不会出现"半球化"的排他性全球治理体系，但也不会迅速迈入一个多元多极的全球治理体系，这是因为，各国在全球治理体系中的地位与角色仍建立在国家硬实力的基础上，一个多元多极多维的全球治理体系的形成需伴随国际力量对比消长而经历一个长期的过程。

其四，从国际社会对全球治理体系的期待来看，现行全球治理体系本质上是美西方发达国家主导下的单极霸权治理，其根本目的是"以'治理之名'行'统治之实'"②。这种单极霸权治理模式既缺乏合法性、有效性和权威性，也不符合国际社会的期待，以致其越来越不被国际社会成员所接受。当前，中美双方围绕全球治理体系变革展开的较量，不仅使部分主体产生了选边站队的忧虑，而且大多数国际社会成员也无法忍受两极对抗下的主导性政治，这并不符合各方的共同利益，两极对抗、"半球之治"并不为国际社会所接受。

总而言之，虽然大国战略竞争致使全球治理体系变革受阻，但气候变化、恐怖主义、核扩散、重大传染病和生物安全风险等传统安全威胁和非传统安全威胁，依然是国际社会面临的重大挑战，尤其是非传统安全威胁的全球性与跨国性显著增强。所以，国际社会依然对全球治理体系充满期待。在这种情况下，全球治理体系将更多地以区域性治理体系为主，"会在全球、区域、领域分别展开，呈现分层分块治理的发展趋向"③，即以区域治理推动全球治理，同时在多方力量的博弈中艰难行进。

---

① 彭大伟：《默克尔出席 G7 峰会，强调解决气候变化等问题离不开中国》，观察者网，https://m.guancha.cn/internation/2021_06_12_594250.shtml.
② 孔艳丽、韩升：《百年未有之大变局下全球治理的价值共识凝聚》，《社会主义研究》2021年第 3 期。
③ 秦亚青：《美国大选与世界格局的走向》，《现代国际关系》2020 年第 12 期。

第三章 全球治理体系变革的
价值支撑

2015 年 9 月 28 日，习近平在第七十届联合国大会一般性辩论上的讲话中指出："和平、发展、公平、正义、民主、自由，是全人类的共同价值，也是联合国的崇高目标。"① 全人类共同价值作为人类命运共同体理念所内含的价值观的高度凝结，不仅为推动构建人类命运共同体奠定了坚实的价值基础，也是推动全球治理体系变革的价值支撑。因此，弘扬全人类共同价值的必要性以及如何弘扬全人类共同价值等问题，便成为我们当前亟待回答的重大现实理论问题。

第一节 全人类共同价值的内涵

面对"世界怎么了、我们怎么办"② 这一重大时代课题，以习近平同志为核心的党中央给出了中国方案，即弘扬"和平、发展、公平、正义、民主、自由"的全人类共同价值，推动构建人类命运共同体。在此基础上，习近平又进一步指出，"和平与发展是我们的共同事业，公平正义是我们的

---

① 《习近平谈治国理政》第 2 卷，外文出版社，2017，第 522 页。
② 《习近平主席在出席世界经济论坛 2017 年年会和访问联合国日内瓦总部时的演讲》，人民出版社，2017，第 20 页。

共同理想，民主自由是我们的共同追求"①，这就为我们准确把握和理解全人类共同价值的科学内涵提供了科学的指导。

就"和平"价值而言，"和平"是全人类共同价值的首要内涵，意味着没有战争、冲突和暴力，是人类生存和发展的基本前提。在和平的环境下，世界人民可以安心地生活、工作、学习，民族国家可以致力于经济建设、社会发展和文化繁荣。从人类历史发展来看，战争给人类带来了巨大的痛苦和毁灭性破坏，无数生命消逝、家园被摧毁、文明被破坏。追求和平是人类的共同愿望。和平不仅仅是没有战争的状态，还包括通过对话、协商、谈判等和平手段解决争端和矛盾，以及建立和平稳定的国际秩序。只有在和平的环境中，人类才能实现可持续发展，共同创造美好的未来。

就"发展"价值而言，发展是全人类共同价值的核心内涵之一。发展不仅仅是人类自身的发展，也涵盖了经济、社会、文化等各个方面的发展，是人类进步的动力和标志。经济发展可以提高人们的生活水平，改善物质条件，为人们提供更多的机会和选择。社会发展可以促进公平正义，提高社会福利水平，保障人民的基本权利和自由。文化发展可以丰富人们的精神生活，传承和弘扬人类文明，增强民族凝聚力和认同感。总之，发展是一个长期的过程，需要各国共同努力，加强国际合作，实现互利共赢。同时，发展也应该是可持续的，注重环境保护和资源利用，实现经济、社会和环境的协调发展。

就"公平"价值而言，公平是全人类共同价值的重要内涵。公平意味着公正、平等，是社会稳定和谐的基础。在社会生活中，公平要求每个人都能享有平等的机会和权利，不受歧视和偏见的影响。公平还要求资源分配合理，贫富差距适度，避免出现两极分化的现象。在国际事务中，公平强调国际关系中无差别的主体平等，要求各国平等相待，遵守国际法和国际规则，共同参与全球治理，分享发展成果。公平是人类社会的共同追求，只有在公平的环境中，世界各国才能各尽所能，充分发挥自身优势，进而实现各自的

---

① 《习近平著作选读》第 2 卷，人民出版社，2023，第 543 页。

发展目标。

就"正义"价值而言，"正义"是全人类共同价值的关键内涵。正义意味着公正、合理、合法，是维护社会秩序和人类尊严的保障。在法律领域，正义要求法律公正、平等地适用于每个人，保障人民的合法权益。在道德领域，正义要求人们遵守道德规范，弘扬公正、善良、勇敢等美德，反对邪恶、不公和暴力。在国际事务中，"正义侧重于国际秩序中各主体的'得其所应得'"①，要求各国维护国际法和国际秩序，反对霸权主义和强权政治，为弱小国家和人民伸张正义。正义是人类社会的良心和底线，只有在正义的旗帜下，广大发展中国家才能共同战胜部分行为体的霸权霸凌，携手开创公平、公正、合理的国际政治经济新秩序，为自身的稳定发展拓展广阔空间，为世界的和平与繁荣注入持久动力。因此，"推动建设相互尊重、公平正义、合作共赢的新型国际关系"②，正是全人类共同价值的目标所在。

就"民主"价值而言，"民主"是全人类共同价值的重要组成部分。民主强调世界各国在全球治理体系中共商共建共享，共同参与决策，共同制定国际规则；每个国家都可以根据自身的国情和人民的需求充分表达自己的意愿和诉求，都有自主探索和选择实现适合本国民主道路的权利。正如习近平所言："各国人民有权选择自己的发展道路和制度模式，这本身就是人民幸福的应有之义。民主同样是各国人民的权利，而不是少数国家的专利。实现民主有多种方式，不可能千篇一律。一个国家民主不民主，要由这个国家的人民来评判，而不能由少数人说了算！"③ 同时，"民主"价值倡导国际社会应该为各国的民主发展提供平等、公正的环境，促进不同国家之间的民主交流与合作。唯有如此，世界各国才能充分发挥自身的创造力和积极性，进而共同推动人类社会发展和进步。

就"自由"价值而言，"自由"是全人类共同价值的基本内涵之一。自

---

① 沈湘平：《深刻把握全人类共同价值的科学内涵与实践意义》，《思想政治工作研究》2022年第5期。
② 《习近平著作选读》第2卷，人民出版社，2023，第228页。
③ 《习近平外交演讲集》第2卷，中央文献出版社，2022，第356页。

由强调各行为体在国际法的框架下拥有按照自己的意志处理国家事务而不受外部干涉的权利，同时主张各国在追求自由的过程中，也应该考虑到国际社会的整体利益，不能以牺牲他国的自由为代价来实现自己的自由，坚决反对"少数国家企图垄断对民主自由的理解，贬低并污名化别国的民主自由，以西式民主自由价值观为标准分割阵营，搞小集团干涉别国内政"①的霸权自由观。各国只有积极参与国际合作，才能共同推动自由价值的实现。

总之，"和平、发展、公平、正义、民主、自由"的全人类共同价值，作为习近平新时代中国特色社会主义思想的重大理论成果，"其中贯穿着生存、秩序、理性的深层逻辑"②，彰显了中国的独特智慧。可以说，全人类共同价值的提出，既顺应了时代潮流，满足了国际社会发展需求，更是推动构建人类命运共同体的必然要求，其必将随着世界历史进程的发展而显现出更大的价值。

第二节　弘扬全人类共同价值的必要性

当今世界正处于百年未有之大变局，世界政治经济秩序加速调整，全球性挑战层出不穷，世界局势不确定性与不稳定性因素增多，传统安全威胁与非传统安全威胁相互交织，这在客观上要求我们必须大力弘扬中国原创的"惠及世界"的全人类共同价值，从而凝聚各方价值共识，推动构建人类命运共同体，共建"持久和平、普遍安全、共同繁荣、开放包容、清洁美丽的世界"③。

一　应对来自"四大赤字"的严峻挑战

其一，就治理赤字而言，治理赤字是指行为体全球问题治理能力的一种

---

① 成林：《全人类共同价值的科学内涵》，《中国社会科学报》2024 年 5 月 14 日。
② 沈湘平：《深刻把握全人类共同价值的科学内涵与实践意义》，《思想政治工作研究》2022 年第 5 期。
③ 《习近平谈治国理政》第 3 卷，外文出版社，2020，第 46 页。

不足或欠缺状态，突出表现为全球治理的失序、失范（anomie）。其原因是多方面的，既与既有全球治理理念、治理规则的滞后与不公相关，也与全球治理体系的"结构性困境"相关。当前全球治理赤字主要表现为：全球热点问题此起彼伏、持续不断，核威胁、恐怖主义、气候变暖、毒品贸易、难民危机、网络安全、公共卫生危机等传统安全威胁与非传统安全威胁相互交织，对全人类的生命存续造成严重威胁。除此之外，种族主义、霸权主义依然强势，单边主义、贸易保护主义有所抬头，严重冲击了多边主义秩序的发展和既有多边全球治理机构的正常运行，以致愈发突显出治理"失灵"的窘境。

其二，就和平赤字而言，和平赤字是指在推动世界和地区的和平发展事业方面，还存在严重不足，突出表现为局部地区的人民还饱受战火的摧残。和平赤字的出现，是资本逻辑的经济理性所致。当前全球和平赤字主要表现为：强权政治和新干涉主义持续上升，核武器发展与扩散，地区冲突和局部战争始终存在，极端组织和恐怖主义仍然猖獗，局部国家和地区的人民仍在战争的阴霾之中。总之，当今世界的和平赤字在深度与广度上比过去任何时候都大大拓展了。

其三，就发展赤字而言，发展赤字是指全球发展的动能、均衡性、普惠性严重不足，突出表现为全球发展呈现出"东方从属于西方"①、广大发展中国家从属于西方发达国家的"中心-边缘"式的利益分配格局。发展赤字的出现，既与部分民族国家的负外部性政策相关，也与部分主体欠完善的国家治理相关，更是西方发达国家以资本逻辑攫取最大化利益的直接结果。当前全球发展赤字主要表现为：全球经济增长缓慢，发展动能不足；全球高质量发展缺失，低质量发展冗余；全球空间发展不平衡，国家间和地区间的利益分配严重失衡，由此导致部分国家逆全球化和贸易保护主义抬头，全球发展环境的不确定性与不稳定性增强；全球现有发展机制的有效性、代表性、公平性、合法性缺失；全球发展援助的有效性与可持续性不足，"甚至出现'越援越贫'现

---

① 《马克思恩格斯文集》第2卷，人民出版社，2009，第36页。

象"①。总之，发展赤字的存在不仅进一步加剧了全球治理的"结构性困境"，而且也成为实现各方互利共赢的主要障碍，是当前全球治理面临的严峻挑战。

其四，就信任赤字而言，信任赤字是指"国际社会积累的信任存量或可以提供的信任供给不能满足全球信任需求"②，突出表现为各主体间因缺乏战略互信而产生诸多冲突与摩擦。可以说，信任赤字的出现是西方发达国家固有思维缺陷、全球化发展失衡、国际秩序无政府状态等多种因素共同作用的结果。当前全球信任赤字主要表现为：各主体间缺乏战略互信，信任范围有限且不平衡，全球治理多边机构常常存在信任偏见。全球各主体间的信任缺失及其向多领域的投射，不仅加剧了地缘政治环境的不稳定性，使地缘博弈色彩加重，而且严重破坏了各方集体性行动的合作基础。同时，在此基础上所衍生的一系列问题更是加剧了全球发展的不确定性与风险性。

总之，从"四大赤字"的现实表现及其所带来的严重后果来看，我们正处于德国社会学家乌尔里希·贝克（Ulrich Beck）所言的"全球风险社会"当中。当今世界"四大赤字"的肆虐以及其他全球性问题的出现皆源于西方国家"有组织地不负责任"（organized irresponsibility）这样一个事实，跨国公司、政客和专家结成的联盟基于自身特殊利益制造了当今世界的危险，并导致全球灾难性后果，而这种全球灾难性后果又衍生了一系列的问题和一连串的风险，这与西方国家精心构建的话语体系和做出的各类脆弱承诺形成了强烈对比。在"全球风险社会"当中，全人类都将面临这些风险的影响和冲击，即全人类共处于一个"你中有我、我中有你"的命运共同体之中；同时，这些风险的应对与解决需要各方的共同努力与合作。所以，各国在一个高度依存、共生共荣的全球风险社会中，比以往任何时候都需要一个公平、正义、有效、协调的全球治理体系，"它呼唤一场价值革命"③。这就要求各

---

① 吴志成、刘培东：《全球发展赤字与中国的治理实践》，《国际问题研究》2020年第4期。
② 吴志成、李佳轩：《全球信任赤字治理的中国视角》，《政治学研究》2020年第6期。
③ 蔡拓：《全球学与全球治理》，北京大学出版社，2018，第287页。

国必须摒弃零和博弈的对抗性思维以及国家主义的狭隘价值观，本着对全人类前途命运高度负责的态度，坚守和弘扬全人类共同价值，从而增进全球治理的集体性行动，将全人类共同价值具体地、现实地体现到实现本国人民和世界人民利益的实践中去。

二　所谓的"文明冲突论"倒逼我国增强与国际社会的价值沟通

与西方发达国家为少数人谋利益的基本立场不同，我国坚持以人民为中心的基本立场，这就决定了我国必然同西方国家具有不同的政治制度、施政方式、意识形态和价值观。所以，新中国成立以来，国际社会尤其是西方发达国家始终与中国存在着各种各样的非正常的政治和价值冲突。例如：对中国的发展充满敌意；无端挑起领土争端、海洋争端以及贸易摩擦；频频以主权与人权问题干涉中国内政；等等。随着中国的快速发展，这些非正常的政治和价值冲突非但没有减少，反而在世界百年未有之大变局下的大国战略竞争中愈发频繁。中国始终坚持和平发展道路，始终致力于增进世界人民福祉，并为全球贡献了大量公共产品，为保持国际社会的稳定做出了重要贡献。由此产生的问题是：国际社会与中国存在的各种非正常的政治和价值冲突为何呈愈演愈烈之势？在此可以参考黑格尔和马克思的观点。黑格尔认为"现代世界是以主体性的自由为原则的"[①]，这种原则往往表现为"一种控制性、征服性的'暴力'"[②]，即在交往中将他人或其他主体视为只具有工具性价值的"客体加以压迫"。所以，当"主体性"原则在现代社会扩张时，各主体间不可避免将发生冲突。与黑格尔的政治哲学路径不同，马克思认为经济基础决定上层建筑，即外部世界所挑起的一系列非正常的政治和价值冲突不过是维护其既得利益的表现。因为快速发展的中国并不寻求建立制度"同质化"的世界，而是始终致力于维护世界的公平正义，坚定不移地推动全球治理体系建设与变革，进而最大限度地增进世界人民福祉，这必然从根

[①]　〔德〕黑格尔：《法哲学原理》，范扬等译，商务印书馆，1961，第 291 页。
[②]　贺来：《在"异质性"中寻求"共同生活"之道——当代政治哲学重大的现代性课题》，《天津社会科学》2021 年第 5 期。

本上触及全球既有的权力格局与利益分配格局。所以，未来中国要在国际社会中发挥更大作用，顺利实现中华民族伟大复兴的宏伟目标，"必须通过与世界的价值关系来影响世界，必须与外部世界建立具有进取性、认同性和共享性的价值关系"①，也就是在同各方的交流互鉴中弘扬和凝聚中国原创的"惠及世界"的全人类共同价值。

面对世界百年未有之大变局下的全球性挑战，任何人和任何国家都无法独善其身，是零和博弈还是合作共赢？各国的选择决定了人类未来的命运。尽管各国存在制度、文化、意识形态、发展水平等方面的差异，但"和平、发展、公平、正义、民主、自由"是全人类的共同追求、共同价值。唯有坚守和弘扬全人类共同价值，真正朝着构建人类命运共同体的方向前行，各国才能更好应对世界百年未有之大变局下层出不穷的全球性挑战并更好地适应全球治理发展的需要。

第三节　弘扬全人类共同价值面临的挑战

弘扬"和平、发展、公平、正义、民主、自由"的全人类共同价值是增进各方价值共识，进而有效应对全球性挑战的必然选择。然而，在世界百年未有之大变局下，全球进入动荡变革期，不稳定性与不确定性因素显著增加，各主体间的战略竞争不仅进一步加深了各国间的价值鸿沟，而且部分主体谋取一己私利的单边主义行径与固有的思维缺陷，导致全人类共同价值的承认缺失，并严重破坏了弘扬全人类共同价值的基础，从而使全人类共同价值的弘扬面临诸多挑战。

一　多元主体间存在价值差异

面对层出不穷的全球性挑战，现行全球治理体系难以形成治理合力的原因除了全球治理体系固有的"结构性困境"外，另一个重要原因就是全球治

---

① 庞中英：《全球治理与世界秩序》，北京大学出版社，2012，第63页。

理的主体是在历史、文化、制度、价值理念等方面存在极大差异的民族国家。由于价值理念的分化与异质性，各主体在坚持各自价值观的基础上，排斥其他主体所提出的价值理念，进而陷入无休止的"价值争斗"之中。同时，各主体价值理念的分化与异质性，也决定了各主体难以就同一个治理对象、治理理念、治理方案达成共识。正如英国哲学家以赛亚·伯林（Isaiah Berlin）所认为的那样：各主体间无法避免的价值冲突与分化，使任何一个单一的目标都不可能获得全体成员的赞同。如何在特殊性中寻求普遍性，如何在价值分化与"争斗"中凝聚价值共识，成为弘扬全人类共同价值所面临的巨大挑战。当前，在世界百年未有之大变局下，国际秩序的复杂多变与各主体间的战略竞争，进一步放大了各主体间价值的异质性、冲突性和分歧性，从而使在价值差异中凝聚价值共识变得空前复杂和严峻。其最为困难之处在于调和价值的分化与凝聚、异质性与统一性以及国家利益与全球利益之间的矛盾。可以说，当前全球治理所面临的诸多困境，在很大程度上是源于对这些矛盾的处理失当，"由此或产生'绝对的个体主义'及由此所导致的'自由的恐怖'，或产生'抽象的普遍主义'以及由此导致的以对'异质性'的排斥为导向的'同质主义社会实践'"①。因而，如何求同存异，进而增进集体性行动，无疑是当前弘扬全人类共同价值所面临的一大挑战。

二　部分主体对全人类共同价值的承认缺失

全人类共同价值被其他主体所接受进而将其内化为自身行动价值理念的一个根本前提便是获得其他主体的承认。所谓承认，即对某一事物表示尊重、肯定、同意、认可、接纳。一般情况下，某一主体的行动有利于其他主体时，便会得到其他主体的承认，这实际上是承认的一种理想化状态。与费希特（Johan Gottlieb Fichte）主体承认的先验性与理想化不同，意大利政治家马基雅弗利（Niccolò Machiavelli）从古典政治学出发，认为主体是以自我

---

① 贺来：《在"异质性"中寻求"共同生活"之道——当代政治哲学重大的现代性课题》，《天津社会科学》2021 年第 5 期。

为中心的存在物，从而与其他主体"处于一种永恒的利益冲突之中"①。也就是说，无论某一主体的行动是否有利于其他主体，在利益的关涉下，其都难以得到他者的承认。所以也就不难理解，为什么我国提出并弘扬的全人类共同价值尽管符合全球治理发展的实际需要、符合各方的共同利益和共同追求，但仍然遭到部分主体的强烈拒斥。在世界百年未有之大变局下，西方世界所暴露出的一系列问题印证了西式价值观统领世界的失败，加之各主体间存在的战略竞争弱化了彼此间的战略互信，部分国际主体认为弘扬中国原创的全人类共同价值，"会带来稀释西方价值观号召力的效应"②，进而将弘扬全人类共同价值视为中国对外的意识形态输出，视为在更深层意义上对西方价值体系的挑战与替代，从而不遗余力地抹杀、歪曲全人类共同价值。

三 弘扬全人类共同价值的基础有待巩固

全人类共同价值得以真正弘扬的一个重要基础便是各主体共同践行全人类共同价值，唯有各主体切实将全人类共同价值内化到自身的行动之中，全球方能形成良好的弘扬全人类共同价值的环境与基础，进而实现全球治理体系的良性发展。然而，在世界百年未有之大变局下，全球治理体系的领导者与主要参与者大都因国内治理的失败而愈发倾向于围圈筑墙的保护主义，这在全球产生了较为恶劣的影响，严重破坏了弘扬全人类共同价值的基础。一方面，从弘扬全人类共同价值的经济基础来看，伴随着经济全球化的高度发展，广大发展中国家并没有获得与发达国家等量的实惠，反而使南北双方的贫富差距愈益拉大。同时，在全球经济下行依然强势的压力下，逆全球化思潮抬头，部分主体无视各方共同利益，强势推行单边主义，更是对各国经济发展乃至全球贸易造成了严重破坏。另一方面，从弘扬全人类共同价值的政治基础来看，全球治理体系自诞生以来，始终存在着严重的等级结构，即西

---

① 参见〔德〕阿克塞尔·霍耐特《为承认而斗争》，胡继华译，上海人民出版社，2005，第18页。

② 傅莹：《新冠疫情后的中美关系》，《中国新闻周刊》2020年第22期。

方发达国家始终是全球治理体系的领导者、规则制定者与话语掌握者，而广大发展中国家始终处于"被治理"地位。尽管新兴经济体崛起，致力于推动全球治理体系变革，但遭致部分全球治理既得利益集团的抵制，因而全球治理仍然处于马克思所言的"东方从属于西方"① 的"政治集中"状态，并未根本改变广大发展中国家在全球治理中的弱势地位。同时，部分主体为维护其既得利益，强势推行霸权主义和新干涉主义，严重破坏了地缘政治环境的稳定性。由于部分主体的反面示范，越来越多的主体表现出国家主义的倾向，这对坚守和弘扬全人类共同价值是极为不利的。

四 西方"普世价值"论的冲击与消解

欧洲启蒙运动时期，新兴资产阶级为了反对封建地主和教会的统治，将自身特殊利益赋予普遍性，提出了内容为所谓的自由、民主、平等、人权的"普世价值"论。二战后，"普世价值"被政治化，成为西方国家在全球范围内实施和平演变战略的思想武器。基于该目标，"普世价值"被精心包装成超越国家、种族、意识形态界限的具有普适性的永恒价值观，正是由于对"普世价值"的"完美性"深信不疑，福山（Francis Fukuyama）提出了十分荒谬的"历史终结论"。实际上，马克思早已指出，将特殊利益赋予普遍性，不过是"有意识的幻想和有目的的虚伪"②。所以，"普世价值"本质上是无视历史发展现实以"抽象人性论"为基础的虚幻价值体系，是反映西方发达国家利益诉求、价值诉求的思想工具，是西方发达国家对外输出意识形态进而实现霸权统治的价值工具。利益的单向性决定了"普世价值"具有非普适性、扩张性和排他性。所以，西方发达国家以"普世价值"作为全球治理实践的价值理念，必然无法有效应对层出不穷的全球性挑战，也无法实现其所宣扬的所谓的民主自由、公平公正、人权平等的美丽世界，反而处处充满火与血的暴力事实，充分暴露了西方发达国家以"普世价值"为掩盖来行统治

① 《马克思恩格斯文集》第 2 卷，人民出版社，2009，第 36 页。
② 《德意志意识形态》（节选本），人民出版社，2018，第 86 页。

之实的真实面目。中国原创的全人类共同价值并不以满足私利为目的，而是从全球社会化的生产实践出发，立足于多元主体的价值差异，顺应各方的共同利益和共同追求，在同各方的交流互鉴中凝聚价值共识与合作共识，进而增进世界人民福祉。所以，弘扬与"普世价值"有着质的差异的全人类共同价值，必然从根本上触动西方发达国家的既得利益。同时，在世界百年未有之大变局下，价值观成为大国战略竞争的重要领域，西方发达国家为继续以"普世价值"统摄世界，必将不遗余力地对外输出"普世价值"。因而，在可预见的未来，弘扬全人类共同价值必然会持续遭到"普世价值"论话语体系的冲击与消解。

五 精通对外传播艺术的专门人才相对不足

自"普世价值"被西方发达国家作为意识形态输出的战略思想工具以来，西方发达国家的决策者群体与研究者群体便不断加强对"普世价值"的包装与推广研究，可以说，研究者群体在"普世价值"的全球广泛传播中发挥了至关重要的作用。所以，除了决策者群体的作用之外，弘扬全人类共同价值的实效性、影响力与研究者群体（包括精通对外传播艺术的专业人才）的能力、专业水平也紧密相关。当前，在世界百年未有之大变局下，国际局势不稳定性与不确定性因素增多，各主体间缺乏战略互信，由此导致诸多冲突与摩擦产生。剧烈变动的国际环境对我国弘扬全人类共同价值提出了更高的要求，比如：如何用好现有的国际制度①、国际规范去弘扬全人类共同价值？如何将中国原创的全人类共同价值与多元主体的价值理念和原则相融合，进而为全球治理提供中国的智识资源？我国在该领域的既有研究者群体与世界百年未有之大变局下弘扬全人类共同价值的要求还不相适应，这对全人类共同价值的对外传播提出了一定的挑战。所以，我们迫切需要一大批"熟悉党和国家方针政策、了解我国国情、具有全球视野、熟练运用外语、

---

① 秦亚青等：《专家笔谈：大变局中的中国与世界》，《国际展望》2020 年第 1 期。

通晓国际规则、精通国际谈判"①，精通对外传播艺术的复合型人才，从而为我国切实有效地弘扬全人类共同价值提供有力的人才支撑。

综上所述，尽管弘扬全人类共同价值面临着诸多挑战，但这并不意味凝聚各方价值共识是一种不切实际的幻想。相反，随着全球性挑战威胁的加剧和各主体共同利益意识的深化，全人类必将随着世界历史进程的发展，真正铸牢"同情共感"的人类命运共同体意识。同时，我们也要更加深刻认识到人类命运共同体与全人类共同价值的内在关系，二者绝非两个独立的价值理念，而是有着内在的和必然的联系。其中人类命运共同体理念所内蕴的"建设持久和平、普遍安全、共同繁荣、开放包容、清洁美丽的世界"②的价值追求，便是全人类共同价值内含的和平、发展、公平、正义、民主、自由价值理念的具体表现；而全人类共同价值又为人类命运共同体的构建提供了道义确证和价值基础。可以说，只有坚守和践行和平、发展、公平、正义、民主、自由的全人类共同价值，构建人类命运共同体才能变成现实，人类社会才能变得更加美好。

第四节　弘扬全人类共同价值的路径

以"和平、发展、公平、正义、民主、自由"为主要内容的全人类共同价值，作为在多元主体价值差异中凝聚的价值共识，表征着多元主体对当代人类生存和未来生存境遇所面临的挑战的一种意识自觉。面对大变局下"世界怎么了，人类向何处去"的时代之问，习近平指出我们要"坚守和弘扬全人类共同价值。……我们要本着对人类前途命运高度负责的态度，做全人类共同价值的倡导者"③。这为世界百年未有之大变局下全球治理的良性发展与人类命运共同体的构建提供了重要的价值导引。

---

① 习近平：《论坚持推动构建人类命运共同体》，中央文献出版社，2018，第385页。
② 《习近平关于中国特色大国外交论述摘编》，中央文献出版社，2020，第50页。
③ 《习近平外交演讲集》第2卷，中央文献出版社，2022，第355页。

一　尊重多元价值差异，努力扩大同各方价值的交汇点

全球治理是在历史文化、政治制度、意识形态、发展水平、价值理念等方面都不尽相同的多元主体之间持续互动的过程。文明的多元性决定了价值的差异性，人类始终处于多元价值共存的时代，而且历史发展证明：具有不同价值观的主体也曾多次合作共同战胜了全球性挑战。此外，各国人民也都向往"和平、发展、公平、正义、民主、自由"，这说明不同价值观完全可以在互塑与融合中形成共同价值。所以，在弘扬全人类共同价值的过程中，我们应从"矫正正义"（rectificatory justice）的原则出发，充分考虑和尊重各个主体历史文化、政治制度、利益诉求、价值理念的差异性与独特性，"以宽广胸怀理解不同文明对价值内涵的认识，尊重不同国家人民对价值实现路径的探索"[①]。同时，将全人类共同价值与各国的历史文化传统、发展阶段、价值诉求相结合，在交流互鉴中扩大同各方价值的汇合点、认同点，寻求价值诉求的最大公约数，从而增进同各方的"同情共感"，切实增进各方对全人类共同价值的认同感，进而在价值融通中弘扬全人类共同价值。

二　讲好中国故事，传播好中国声音

外部世界是否认可全人类共同价值，对弘扬全人类共同价值的实效具有重要影响。当前，国际社会与中国存在各种各样的非正常的政治和价值冲突，一个重要原因便是国际社会对真实的中国了解不够，而且已有的信息中还夹杂着很多虚假的成分，即国际社会关于中国的真实面貌与价值立场存在着严重的"资讯赤字"。这就要求我们必须讲好中国故事，传播好中国声音。具体而言，我们要充分利用好国际舆论场和各种对外传播媒介、渠道，向外部世界阐释推介中国共产党的价值立场、初心使命，鲜明地展现中国故事及其蕴含的价值力量、精神力量，从而帮助国外民众认识到中国共产党是真正为中国人民乃至世界人民谋福祉而奋斗的党，帮助他们了解"中国共产党为

---

① 《习近平外交演讲集》第2卷，中央文献出版社，2022，第355页。

什么能、马克思主义为什么行、中国特色社会主义为什么好"①，中国特色社会主义道路为什么能取得成功。同时，我们也要向外部世界阐释推介中国的方针政策和优秀文化，既要讲清楚中国做了什么、中国未来要做什么，更要讲清楚中国不做什么、中国不是什么，以及"我们会成为什么"②，努力塑造"可信、可爱、可敬"、负责的中国形象。此外，我们也要客观、准确地阐释中国关于全球事务的主张，旗帜鲜明地向世界表达中国致力于维护世界公平正义和增进世界人民福祉的价值立场，从而帮助国外民众获得大量真实的关于中国的一手信息，进而向外部世界展示一个"真实、立体、全面"的中国。这对于减少国际社会与中国存在的各种非正常的政治和价值冲突，铸牢各方的利益共同体和命运共同体意识，增进各主体间的战略互信，营造弘扬全人类共同价值的良好国际环境具有重要意义。

三　在参与全球治理中践行全人类共同价值

面对西方"普世价值"论的冲击与消解，我国唯有在参与全球治理中真正践行全人类共同价值，方能增强国际社会对全人类共同价值的认可度，进而凝聚各方价值共识。具体来说，就和平发展而言，我国应在全球治理中扮演与自身国际地位相匹配的领导角色，坚决维护以《联合国宪章》宗旨和原则为核心的国际秩序，坚决反对以强权干涉他国主权与事务的霸权行径，并在维护世界和平与稳定上积极承担大国责任，继续加强同其他主体在联合国框架下的反恐合作，打造共建共享的安全格局。同时，我国要始终维护以WTO为核心的国际贸易规则和多边贸易体制，坚定不移地"推动经济全球化朝着更加开放、包容、普惠、平衡、共赢的方向发展"③，要继续以"一带一路"为抓手加强同共建国家合作，提升全球发展的公正性、普惠性、协同性，进而实现各方的互利共赢。就公平正义而言，中国始终坚持无差别的

---

① 《习近平谈治国理政》第4卷，外文出版社，2022，第518页。
② 严文斌主编《百年大变局》，红旗出版社，2019，第266页。
③ 《习近平谈治国理政》第3卷，外文出版社，2020，第46页。

人民主体性立场，即认为各国不分大小、强弱均有共同参与国际事务、共同书写国际规则和共享全球化发展成果的权利，并根据各国的发展实际倡导"共同但有区别的责任"的全球治理责任分担原则。同时，中国始终致力于维护全球发展的正义性，坚决反对以牺牲他国利益来换取自身利益的非正义行径，更反对"以正义之名行不义之实"。就民主自由而言，中国主张坚持多边主义体制，倡导共商共建共享的全球治理观，始终致力于提升广大发展中国家的代表性和发言权，并完全尊重各国人民自主探索发展道路、发展模式、政治制度的权利，坚决反对以所谓的民主、自由为幌子肆意干涉他国内政的泛民主化和泛自由化等错误思潮。在世界不稳定性因素骤增的大变局下，我们唯有"本着对人类前途命运高度负责的态度"①，坚守和践行全人类共同价值，方能深化各主体对全人类共同价值的认可与理解，从而使各主体自觉将其内化为自身行动的价值理念，进而铸牢人类命运共同体意识。

四　建强适应新时代国际传播需要的专门人才队伍

弘扬全人类共同价值是提升我国对外传播能力、推动构建人类命运共同体的重要环节，其中人才是关键。然而，我国既有对外传播人才队伍的数量和能力与大变局下对外传播面临的新形势、新任务还不相适应，客观上要求我们必须"建强适应新时代国际传播需要的专门人才队伍"②。一方面，我们应立足于我国弘扬全人类共同价值进而推动构建人类命运共同体的现实需要，充分发挥既有对外传播人才队伍的作用。对外传播人才队伍既要潜心研究对外传播理论，提高对外传播艺术，增强弘扬全人类共同价值的亲和力和实效性，又要"从国际制度和战略认知出发来思考"③ 怎样去用好现有的国际制度，以更好地弘扬全人类共同价值，更要利用各种国际论坛、国内外的主流媒体等平台充分阐释中国主张、中国智慧、中国方案，向世界传达中国的崛起带来的不是威胁而是机遇，从而提升全人类共同价值传播效能。另一

---

① 《习近平外交演讲集》第2卷，中央文献出版社，2022，第355页。
② 《习近平谈治国理政》第4卷，外文出版社，2022，第318页。
③ 秦亚青等：《专家笔谈：大变局中的中国与世界》，《国际展望》2020年第1期。

方面，我国必须高度重视新生代对外传播人才的培育与储备，既要制定明确且具有持续性的对外传播人才培养战略，构建科学合理的人才培养体系，创新多领域交叉的人才培养模式，又要切实增强新生代对外传播人才对外传播工作的理解与运用能力、"战略领悟能力及跨文化交流与语言运用能力"①，培育与储备一批具有家国情怀，政治立场坚定，具有全球视野，精通他国制度、语言、文化、宗教并精通对外传播艺术的专门人才，从而为提升全人类共同价值的传播效能提供坚实的人才支撑。

"万物并育而不相害，道并行而不相悖。"② 中国原创的全人类共同价值在主观上并不以同化或消灭其他主体的价值观为目标，并不是以一种话语取代另一种话语，而是"旨在消解西方'普世价值'对全球治理价值形态的'畸形'统一"③，竭力化解由此而导致的全球治理集体性行动困境，寻求国家利益与全球利益之间矛盾关系的重新整合，进而凝聚各方价值共识，共同应对世界新动荡变革期层出不穷的全球性挑战，实现各方的互利共赢。所以，可以预见的是：弘扬全人类共同价值将在与"普世价值"的博弈与互塑中艰难行进，其面临的挑战不仅在短期内难以消除，而且在不稳定性因素骤增与缺乏战略互信的世界新动荡变革期，还可能进一步加剧。但这并不意味着弘扬全人类共同价值是一种不切实际的幻想，相反，随着中国坚守和弘扬全人类共同价值的持续示范、各主体共同利益意识的深化，全人类共同价值将逐步被各主体所接受并内化为自身的价值理念。

---

① 王虹：《着力加强国际传播人才队伍建设》，《中国人力资源与社会保障》2021 年第 9 期。
② 《习近平谈治国理政》第 3 卷，外文出版社，2020，第 434 页。
③ 张骥：《人类命运共同体与全球治理体系的变革》，《社会主义研究》2021 年第 6 期。

第四章　全球经济治理体系变革面临的挑战及中国方案

全球的未来决定中国的未来，中国的未来影响全球的未来。面对发生了历史性变化的国际形势以及世界新动荡变革期全球经济发展的乱象丛生，现行全球治理经济体系面临空前困难，已无法有效满足全球化时代的发展需求。基于此，中国作为世界性大国和全球第二大经济体，秉持合作共赢的理念，基于建设一个共同繁荣的美好世界的发展目标，提出了人类命运共同体理念，其内含的开放发展观、平等互利观、共同繁荣观等发展理念，不仅为全球经济治理体系变革提供了中国智慧，而且也为推动全球经济治理体系变革提供了中国方案。可以说，这既是中国作为世界性大国的责任使然，也是中国始终坚持胸怀天下的鲜明体现，更是实现新时代中国特色大国外交战略目标的必然要求。

第一节　全球经济治理体系变革面临的挑战

现行全球经济治理体系建立以来，在维护多边主义贸易体制、促进全球经济合作与发展以及推动全球化进程等方面发挥了重要作用。然而，随着世界经济格局的显著变化，现行全球经济治理体系在结构、规则、机制、理念、实践等方面暴露出诸多弊端，以致其不仅越来越难以发挥应有的治理效能，而且也在一定程度上成为世界共同繁荣的阻碍。因此，推动全球经济治

理体系的变革迫在眉睫。在这恰恰需要国际社会共同推动全球经济治理体系
变革，加强大国在全球经济治理中协调与合作的历史关头，部分大国却搞零
和博弈，小国自顾自保，全球经济治理体系变革举步维艰。

一　全球经济治理体系权力格局严重滞后于世界经济格局的变化

二战后，国际社会在美国的主导下建立了包括布雷顿森林体系、世界银
行、国际货币基金组织等一系列国际经济秩序规则和多边治理机构在内的现
行全球经济治理体系，确立了战后国际经济秩序和金融合作的基本框架。在
该治理体系内，美西方发达国家占据绝对主导地位，拥有占绝对优势的代表
性和发言权，而广大发展中国家在其中只是利益攸关方。一方面，广大发展
中国家被动接受西方发达国家制定的国际经贸规则和国际经济秩序，向西方
发达国家开放国内市场并为全球贡献资源型产品。另一方面，广大发展中国
家不仅在这些机构中的代表性和发言权相对不足，而且在全球经贸规则制定
和决策过程中的参与也十分有限。特别是，这些规则通常具有高度渗透性、
干涉性和不公平性，广大发展中国家在这一秩序和规则下参与全球贸易，往
往会面临国家利益的不同程度的损失。因此，在一定程度上而言，西方发达
国家所制定的国际经贸规则和经济秩序是建立在损害广大发展中国家的国家
利益基础之上的。

伴随国际力量对比消长的深刻变化，新兴市场国家群体性崛起，深刻改
变了发展中国家与发达国家全球经济占比份额的对比态势，全球经济总量总
体呈现为"南升北降"态势。在 20 世纪 90 年代初，新兴市场国家 GDP 占
全球 GDP 比重为 16%①。"2010 年，这个比重上升到了三分之一。到 2013
年，再一次上升到 40%。这些数据都是根据市场汇率计算的。如果根据购买
力平价来算，这个比例会超过 50%。"② 2014 年以后，虽然新兴市场国家经

---

① 林建海：《变化中的全球经济版图——林建海在上海财经大学公共政策与治理研究院的演
讲》，《解放日报》2014 年 8 月 9 日。
② 林建海：《变化中的全球经济版图——林建海在上海财经大学公共政策与治理研究院的演
讲》，《解放日报》2014 年 8 月 9 日。

济上升速度趋缓，但整体上升趋势并未改变。"2021 年，新兴市场和发展中国家经济总量超过 40 万亿美元，占世界比重为 42.2%，均创历史新高。"①从新兴市场国家未来经济增长趋势来看，国际货币基金组织在 2025 年 4 月的《世界经济展望报告》中指出，预计 2025 年和 2026 年全球经济增长率分别为 2.8%和 3.0%，其中发达经济体 2025 年经济增长率预测值为 1.4%，新兴市场和发展中经济体 2025 年经济增长率为 3.7%②。同时，根据 2025 年 4 月《世界经济展望报告》做出的预测，中国将成为未来五年全球经济增长的最大贡献者，对全球经济增长的贡献率将达到 23%③。所以，从各方面来看，西方发达经济体对全球经济增长的贡献远远不及新兴市场国家，新兴市场国家已经成为拉动全球经济增长和复苏的主要引擎。尽管新兴市场国家与西方发达国家在全球经济格局中的力量对比发生深刻变化，但直至目前，美西方发达国家仍然没有摆脱旧有的中心-边缘思维模式，依然是顽固地站在西方中心主义的视角来看待其与广大发展中国家的关系。这种狭隘的视角使得它们在国际经济事务中，继续以自身特殊利益为出发点，按照符合自身利益最大化的标准进行利益分配，全然不顾这种不公平的分配方式对发展中国家经济发展造成的阻碍和损害，以及对全球经济平衡、可持续发展、经济复苏带来的消极影响。也就是说，现行全球经济治理体系的权力格局、利益分配格局，不仅与广大发展中国家的贡献和承担的责任完全不相匹配，而且与广大发展中国家日益提升的国家实力也不相符，更是严重滞后于全球经济格局"南升北降"的发展态势，而这是广大发展中国家所绝对不能接受的，以致广大发展中国家与发达国家在全球经济治理体系中的矛盾愈发尖锐，从而导致全球经济治理体系的变革困难重重。

---

① 田园、杨洁：《全球经济总量分析：区域与大国视角》，《中国外汇》2023 年第 13 期。

② 参见 https://www.imf.org/zh/Publications/WEO。

③ 杨新鹏：《未来 5 年，"中国将是全球增长最大贡献者"》，"参考消息"微信公众号，https://mp.weixin.qq.com/s?__biz=MjM5MzA0MTg2MA==&mid=2654550032&idx=2&sn=b9d24997bffc2be7cb4c605aec48db96&chksm=bc6658c78fdbdcb1b1fd731434fe6b6facbacea294da79ed337160846076cc822ea116c9a3f7&scene=27。

二　全球经济治理体系参与主体在全球货币金融与多边治理机构改革中的矛盾愈发尖锐

伴随世界格局的深刻变化，当前参与主体在全球经济治理体系中面临难以调和的结构性矛盾，具体而言，这一结构性矛盾又反映在全球货币金融与多边治理机构的改革问题上。国际社会必须正视这些矛盾，积极寻求公平、公正且具有广泛包容性的解决方案，推动全球经济治理体系朝着更加合理、有效的方向发展，否则，这些矛盾不仅会进一步加剧全球经济的波动，而且新兴经济体和发展中国家的发展空间也会被进一步压缩，从而使全球经济治理体系变革面临更大挑战。

1. 就参与主体在全球货币金融中的矛盾而言，主要表现在货币金融权力分配矛盾、货币金融资源竞争矛盾以及货币金融合作目标分歧三个方面

其一，从参与主体在全球货币金融权力分配上的矛盾来看，一是国际货币金融体系中的主导权严重失衡。布雷顿森林会议通过的《联合国货币金融协议最后决议书》以及《国际货币基金组织协定》《国际复兴开发银行协定》两个附件，确定了美元作为最主要的国际储备货币的地位。虽然布雷顿森林体系早已解体，但美元在全球货币金融体系中的地位并未改变，以美元为核心的货币格局依然占据主导地位。因此，西方发达国家，特别是美国凭借布雷顿森林体系遗留下来的优势，不仅在国际货币基金组织等重要国际金融机构中拥有较大的决策权，在全球货币金融规则制定、汇率政策协调等关键环节中占据优势，而且凭借美元霸权在全球货币金融体系中大肆推行单边主义，例如，美国可以通过其货币政策的调整，如量化宽松或加息，"造成随机性、突发性的美元泛滥和美元短缺，成为世界经济发展和各国金融稳定的巨大隐患，而美国则既享有铸币税利益，又享有在外国资产升值或贬值时不时'割韭菜'的好处"[1]。当前，美国通货膨胀率再创新高，美联储通过疯狂印钞的方式从世界范围内收割财富，并造成他国货币贬值、资产缩水、

---

[1]　王跃生：《大变局下全球经济治理体系变革方向》，《国家治理》2023 年第 21 期。

货币政策失去自主性以及社会动荡等诸多惨重后果。可以说，其根源都在于国际货币金融领域治理体系的失衡。面对美国诸如此类的单边主义行径，广大发展中国家常常缺乏足够的话语权来保护自身利益，只能被动承受汇率波动、资本外流等不利影响，既有全球经济治理体系的多边治理机构对此也无能为力的表现，充分暴露了现行全球经济治理体系的结构性失衡。

二是行为体在全球金融市场监管权上存在巨大差异。由于西方发达国家在全球经济治理体系中占据主导地位，其在国际金融市场监管方面也具有先发优势，并主导了诸如《巴塞尔协议》等一系列金融监管规则的制定。《巴塞尔协议》是巴塞尔委员会制定的全球范围内主要的银行资本和风险监管标准。从1975年9月第一个《巴塞尔协议》出台到1999年6月《新巴塞尔资本协议》（或称《新巴塞尔协议》）第一个征求意见稿出台，再到2006年《新巴塞尔协议》正式实施，时间跨度长达31年。几十年来，虽然该协议的内容不断丰富，所体现的监管思想也不断深化，但也受到学术界和经济学界的强烈批评与质疑。其原因既在于该协议在国家风险承担、风险权重的灵活度、对金融形势的适应性、全面风险管理等方面存在缺陷，更在于该协议的规则在一定程度上反映了西方发达国家金融市场的成熟度和特点，但对于广大发展中国家而言，存在不适应性。广大发展中国家的金融市场在发展阶段、结构和风险特征等方面与西方发达国家有很大不同。例如，广大发展中国家更为关注全球金融市场的稳定性和对实体经济的支持，而西方发达国家金融机构则更注重金融创新的自由。这种差异导致在全球金融市场监管协调过程中，广大发展中国家的利益诉求常常被忽视，尤其是该协议存在严重的风险权重歧视，非经济合作与发展组织的成员国对银行、政府超过一年的债权，对非公共部门的企业债权，无论其信用程度如何，风险权重均为100%；而经济合作与发展组织成员国对金融机构担保的债权，则一律为20%。此外，风险权重的级次设定也过于简单且不合理，仅有0%、20%、50%以及100%四个档次，没有充分考虑同类资产的信用差别，难以准确反映银行面临的真实风险，这就使广大发展中国家在应对国际金融风险时将面临更大的挑战。

其二，从新兴经济体与西方发达经济体在全球货币金融资源竞争上的矛盾来看，一是表现为双方在国际资本流动中的竞争。随着新兴经济体的快速发展，其较高的经济增长率和投资回报率，对国际资本的吸引力不断增强，大量国际资本流入新兴经济体。然而，西方发达经济体为维持经济稳定和实现经济复苏，也需要充足的资本支持，因而在全球货币金融市场中，国际资本的流动方向就成为新兴经济体和西方发达经济体争夺的焦点之一。资本的逐利本性使其在全球范围内到处安家落户，哪里有利可图，资本就会涌向哪里。所以，在一定的历史时期，新兴经济体可能面临大量短期资本的涌入，虽然这在一定程度上可以补充涌入国资金、促进其金融市场发展并增强其进口能力，但同时也会加剧资本涌入国金融体系的脆弱性，使其汇率波动和出口受损，并引发资产泡沫与通货膨胀风险。就加剧金融体系的脆弱性而言，短期资本具有较强的流动性，它们可能会在短时间内频繁进出，这就会影响银行的资产负债。银行可能会过度依赖这些短期外资来发放长期贷款，当资本外流时，银行会面临资金短缺，导致信贷紧缩，影响国内企业的正常融资和经营。就汇率波动和出口受损而言，对于发展中国家来说，出口产业往往是经济的重要支柱，如纺织品、农产品等劳动密集型产业。货币升值会使这些产品在国外市场价格变贵，订单减少，进而导致出口企业利润下降，甚至倒闭，造成工人失业等社会问题。就引发资产泡沫与通货膨胀风险而言，当大量资金进入国内市场，货币供应量增加，但没有相应的商品和服务供给增加与之匹配时，物价上涨就不可避免。特别是在资本流入集中的领域，如房地产和金融市场，价格的上涨可能会传导至其他行业，引发全面的通货膨胀，影响居民的生活水平和国内经济的稳定。当国际经济形势发生变化，如全球利率上升或者资本输出国经济衰退时，这些资本为避免损失，就会迅速流出新兴经济体。这种突然的资本外流会导致金融市场动荡，引发股市和债市的暴跌，从而进一步加剧新兴经济体的经济压力。因此，这种不稳定的国际资本流动模式，既是新兴经济体和西方发达经济体在全球货币金融资源竞争中的一个重要矛盾体现，更是现行全球经济治理体系的重大弊病所在。

二是表现为双方在全球金融资源分配中的不平衡。在全球金融资源分配方面，西方发达经济体长期占据优势。国际金融市场上的主要金融机构、金融产品和金融服务集中在西方发达国家。而新兴经济体在获取国际金融资源，如贷款、投资和金融技术等方面，面临着诸多限制和不合理要求。例如，世界银行和国际货币基金组织的贷款条件往往对发展中国家较为苛刻，要求它们进行经济结构、市场准入、法律法规调整等符合西方发达国家利益的改革。同时，国际金融市场的评级机构大多由西方发达国家主导，其对新兴经济体所做出的不利的主权信用评级会对新兴经济体造成巨大冲击。就资本流动方面的影响而言，第一个可能的结果就是引发资本外流。当这些评级机构降低一个国家的主权信用评级时，国际投资者会认为该国的投资风险增加，从而迅速撤回资金。这些资金的撤离会导致相关国家金融市场的资金短缺，股市和债市价格暴跌，进而使金融机构面临流动性危机。第二个可能的结果就是增加融资成本，即较低的信用评级使得发展中国家在国际金融市场上融资时需要支付更高的利息。以主权债券为例，一个信用评级较低的发展中国家发行债券时，由于投资者要求更高的风险补偿，该国需要提供更高的债券收益率来吸引投资者。这无疑增加了国家的债务负担，会使其减少用于经济建设和社会发展的资金，而且这种高成本融资的连锁反应还会影响到国内企业的融资环境，因为企业在国际市场融资时也会受到国家主权信用评级的间接影响。就经济增长和稳定方面的影响而言，第一个影响是阻碍经济增长，即评级机构的不利评级可能会使发展中国家的经济增长计划受阻。当一个国家被频繁下调评级，外国直接投资（FDI）也会受到影响。因为企业在进行海外投资决策时，会参考评级机构的意见。对于一些依赖外资进行基础设施建设或产业升级的发展中国家来说，外资的减少会导致项目搁置或进度放缓。例如，一些发展中国家的交通、能源等基础设施项目因评级下降而难以吸引到足够的外资，使得交通拥堵、能源供应不足等问题得不到及时解决，进而影响整个经济的运行效率。第二个影响是引发经济不稳定，即不利的评级会使广大发展中国家的经济陷入不稳定状态。一方面，国内货币可能会因为资本外流和信心下降而大幅贬值。这种贬值又会进一步引发通货膨胀，因为进口商品价格会因本币贬值而上升。另一方面，银行等金融机构在资本外流和经济不稳定的情况下，可能会收紧信贷，导致企业融资困难，进而影响企业的生产和经营，形成恶性循环，严重时可能引发经济衰退。就政策自主性方面的影响而言，第一个影响就是广大发展中国家政策空间受限，即为了避免被评级机构下调评级，广大发展中国家可能会被迫采取一些不符合自身经济利益的政策。例如，一些国家可能会为了维持财政赤字在评级机构认可的范围内，会削减必要的公共开支，如教育、医疗和社会保障等方面的支出。这可能会抑制国内消费，不利于经济的长期稳定发展。第二个影响是广大发展中国家的货币政策受到干扰，即评级机构的压力也可能会影响广大发展中国家的货币政策。如果一个国家为了提高自己的评级而过度关注通货膨胀指标，可能会采取过于紧缩的货币政策。这种政策可能会抑制经济增长，因为它会使企业的融资成本上升，投资减少。同时，在全球经济一体化的背景下，广大发展中国家的货币政策还需要考虑国际资本流动和汇率稳定等因素，而评级机构的不利评级会使这些因素更加复杂，使国家货币政策的自主性受到干扰。总之，广大发展中国家与西方发达国家在全球货币金融资源分配中的失衡以及由此给广大发展中国家带来的诸多不利影响，进一步加剧了双方在全球经济治理体系中的矛盾。

其三，从全球经济治理体系行为体在全球货币金融合作目标上的分歧来看，一是世界各国在宏观经济政策协调目标上存在差异。在全球货币金融合作这一复杂且关键的领域中，各国的宏观经济政策协调占据着至关重要的地位。这种协调不仅关乎各个国家自身经济的稳定与发展，更对全球经济秩序的平稳运行有着深远影响。然而，由于世界各国在经济发展阶段、发展能力以及利益诉求等方面存在显著差异，它们在宏观经济政策协调目标上也存在明显分歧。西方发达国家经济结构往往较为成熟，产业升级已经基本完成，金融市场高度发达。因此，这些国家通常更侧重于严格控制通货膨胀以及维护国内金融市场稳定。通货膨胀的微小波动都可能对其复杂的经济体系产生连锁反应，而金融市场的稳定则是其经济繁荣的重要基石，关乎着大量投资者的利益以及国家经济的核心竞争力。相比之下，广大发展中国家面临着截然不同的经济形势和发展任务。这些国家正处于经济快速发展的进程中，工业化和城市化尚未完成，产业结构有待优化，就业压力较大。在此情形下，发展中国家需要在促进经济增长、保障就业和稳定物价这三者之间艰难地寻求平衡。经济增长是解决一系列发展问题的关键，只有保持一定的经济增速，才能创造更多的就业机会，提高人民生活水平。同时，稳定物价也是保障民生和经济稳定运行的重要环节，过高的物价会削弱居民的实际购买力，影响经济的健康发展。2008 年国际金融危机爆发以来，一些发达国家为了刺激本国经济复苏，采取了极度宽松的货币政策。这种政策虽然在一定程度上有助于缓解发达国家国内的经济衰退压力，但对于广大发展中国家而言，却带来了诸多负面效应。由于全球经济高度互联互通，大量的资金在这种宽松货币政策下流入发展中国家，这极易引发输入型通货膨胀。同时，过多的资金涌入发展中国家的资产市场，如房地产和股票市场，会催生资产泡沫。这些问题不仅会扰乱发展中国家的物价稳定，也会对其金融稳定构成威胁，加剧其经济运行的风险。可以说，这种宏观经济政策目标的差异，无疑使得世界各国在全球货币金融合作中的协调难度大幅增加，矛盾日益凸显。不同的政策目标导致各国在国际经济政策制定过程中的立场和诉求大相径庭，在协调过程中难以达成共识，这影响了全球货币金融合作的效率和效果，对全球经济的稳定发展造成挑战。

二是世界各国在全球货币金融合作深度和范围上存在争议。在全球货币金融合作的重要议题中，关于其深度和范围的界定，各行为体基于自身独特的经济状况、政治考量以及战略规划，存在深刻的矛盾分歧，这些矛盾分歧深刻地影响着世界各国在国际货币金融合作中的走向和实践。对于一些国家而言，特别是那些国土面积较小、经济规模有限且经济结构较为脆弱的国家，它们对全球货币金融合作的需求更为迫切，希望通过拓展合作的深度与广度来获取更为多的支持。从经济层面来看，这些国家由于自身资源禀赋和市场容量的限制，在面对国际金融市场的波动时往往表现出高度的脆弱性，可能因外部冲击而遭遇货币大幅贬值、外汇储备急剧减少、金融体系崩溃等风险。在这种情况下，这些国家倾向于借助国际货币金融合作这一外部力量来增强自身应对风险的能力。具体而言，它们积极倡导建立区域货币联盟，以此实现货币稳定、降低交易成本，并在区域内形成更具规模性和稳定性的金融市场。同时，它们也大力呼吁加强国际金融安全网建设，包括国际货币基金组织等国际金融机构提供的紧急融资机制、区域金融安排等，期望在金融危机爆发时能够及时获得足够的资金支持和政策指导，从而稳定本国的金融局势和经济发展。然而，与之形成鲜明对比的是，部分大国，尤其是在全球货币金融领域占据关键地位且拥有重要影响力的部分西方发达国家，在对待全球货币金融合作的深度和范围问题上表现出"谨慎"的态度。从货币主权的角度来看，这些西方大国的货币在国际贸易支付、结算和储备等方面具有重要功能，货币主权对于它们维护国家经济安全、保持国际经济地位至关重要，过度深入和广泛的货币金融合作可能会对其货币主权产生潜在侵蚀，例如，会在货币政策的自主性、汇率政策的灵活性等方面受到限制。从责任分担来看，在深度合作的模式下，这些西方大国由于发展水平较高，国家综合实力较强，往往被要求承担更多的国际责任，如在国际金融救助行动中提供资金支持、参与国际金融规则的制定和监督等。由于这种责任的增加会与其国家利益相冲突，并且会对其攫取特殊利益的霸权行为产生约束，这些西方大国在全球货币金融合作的深度和范围上有所保留。总之，全球货币金融中参与主体之间的矛盾是多方面、深层次的，这些矛盾严重影响了全球货币金融体系的稳定和效率，给全球经济的复苏带来了挑战，也在一定程度上决定了全球经济治理体系的发展方向和稳定程度，这就需要世界各国在充分权衡自身利益和国际责任的基础上，通过平等协商、建立更加公正合理的国际货币金融新秩序和全球经济治理体系，来实现全球货币金融的和谐发展。

2. 参与主体在全球货币金融中的矛盾还表现在全球经济治理体系多边治理机构的改革上

WTO 作为全球多边贸易体制的核心机构，在过去几十年对世界经济贸易的发展发挥了重要作用。然而，近年来 WTO 面临着诸多挑战，各国要求改革的呼声日益高涨。在这一问题上，西方发达国家和发展中国家存在着深刻的矛盾分歧，并且其改革日益呈现出"被武器化"的趋势。其一，双方矛盾体现在特殊与差别待遇（S&D）问题上。特殊与差别待遇是发展中国家在WTO 体制中所享有的重要权益保障。从 WTO 的发展历程与宗旨来看，S&D条款的设立具有深刻的理论与现实依据。发展中国家在经济全球化进程中，其经济结构往往呈现出与发达国家显著的差异。这种差异体现在多个维度，例如产业的多元化程度、技术创新能力以及市场的完善程度等方面。在贸易能力上，发展中国家也面临着诸如贸易基础设施建设不足、贸易融资困难以及在全球产业链中处于低端位置等问题。基于这些客观存在的差距，S&D 条款应运而生，它有助于广大发展中国家逐步融入全球贸易体系这一复杂而庞大的网络，在一定程度上弥补了发展中国家在参与国际竞争中的先天不足，对于促进全球贸易的公平性与可持续发展具有不可忽视的作用。然而，在国际政治经济格局的动态演变中，西方发达国家出于自身特殊利益的考量，对S&D 条款提出了质疑。这种质疑并非基于对全球贸易公平发展的全面审视，而是出于维护其既得利益的考量。部分西方发达国家将目光聚焦于一些经济规模较大的发展中大国，声称这些国家已经具备了较强的经济实力。这种观点是对发展中国家经济发展现状的片面解读。这些发达国家在评估发展水平时，仅仅狭隘地围绕经济总量这一指标展开分析，忽视了发展中国家经济发展的复杂性与多样性。实际上，即使是经济规模较大的发展中国家，在贸易竞争力方面，依然面临着诸多困境，比如在高附加值产品的出口、国际知名品牌的培育以及全球营销网络的构建等方面，与发达国家相比仍存在明显差距。在产业结构层面，这些发展中大国也存在诸多脆弱性，其产业发展可能过度依赖少数几种资源型或劳动密集型产品，在应对国际市场价格波动、贸易保护主义冲击以及全球产业升级的压力时，表现出高度的敏感性与脆弱性。这些发达国家的片面观点遭到了广大发展中国家的强烈反对，因为基于这种错误观点的相关措施一旦付诸实践，将严重损害发展中国家在全球贸易体系中的合法权益，破坏全球贸易的公平与平衡。

其二，双方矛盾体现在 WTO 规则制定主导权问题上。在 WTO 的规则制定这一关键领域，西方发达国家展现出了巩固其主导地位的强烈意图。长期以来，在国际贸易规则的形成过程中，西方发达国家凭借其在经济、科技、政治等多方面的优势，已然占据了较大的话语权和制定权。这种话语权的形成是历史发展的结果，在过去的全球贸易格局演变中，西方发达国家率先完成工业化进程，在国际经济体系中占据了领先地位，进而在贸易规则制定中发挥了主导性作用。在当前国际贸易环境下，随着新兴领域的不断涌现，西方发达国家的主导意图在知识产权保护、电子商务以及投资便利化等领域也表现得尤为明显，从而以此继续巩固自身在国际经贸规则制定中的话语权。在知识产权保护方面，西方发达国家期望构建更为严格的规则体系，旨在进一步强化其在创新成果保护方面的优势，但对于发展中国家而言，可能会因技术引进成本的大幅提升而阻碍技术的传播与应用，限制其产业升级和经济发展。在电子商务领域，西方发达国家凭借其先进的信息技术和完善的数字基础设施，倾向于推动符合自身利益的高标准规则的制定，这可能会使得发展中国家在数字贸易发展初期面临极高的准入门槛和巨大的监管压力。对于投资便利化，西方发达国家倡导的规则往往更注重保护自身的权益，却忽视发展中国家在经济主权、产业安全以及公共政策空间方面的合理诉求。发展中国家对于发达国家所推动制定的高标准规则显然持谨慎甚至反对态度，这些规则会对自身发展产生诸多负面影响。从发展中国家的发展需求和现状出发，这些高标准规则将进一步压缩广大发展中国家本就有限的发展空间，并拉大发展中国家在经济发展阶段、产业结构、技术水平等方面与西方发达国家的差距，导致其在国际贸易竞争中面临更为严峻的挑战。在成本方面，为了适应这些规则，广大发展中国家需要在基础设施建设、人才培养、法律法规调整等方面投入大量资源，从而增加发展成本，这可能加重发展中国家的财政压力和发展负担。因此，发展中国家积极主张在 WTO 规则制定过程中，应遵循平等、公平的基本原则，充分考量不同国家在发展水平上的多样性差异，尊重各国在经济发展阶段、产业结构、技术水平等方面的不同特点，从而提升全球经贸规则的包容性和公正性。然而，日益倾向贸易保护主义的部分西方发达国家为了摆脱 WTO 的制度性约束，在 WTO 体系外"另起炉灶"制定了替代性规则，如"在服务贸易领域，以《国际服务贸易协定》（TISA）取代了 WTO 框架下的《服务贸易总协定》（GATS）"①。

其三，双方矛盾体现在 WTO 争端解决机制改革上。WTO 争端解决机制为解决成员方之间的贸易争端提供了一套规范化、透明化的程序和规则，从而有效避免了贸易冲突的无序升级。然而，在当前国际经济与贸易格局的动态变化中，西方发达国家针对现有的 WTO 争端解决机制提出了诸多批评意见。就法律程序层面而言，它们认为现行机制存在程序冗长的问题。这一问题的产生，一方面源于争端解决程序设计的复杂性，其涉及多个环节和步骤，从磋商、专家组设立到报告的通过和执行监督等，每个环节都有严格的规定和要求；另一方面各方在证据提交、法律解释等方面可能存在分歧，导致程序推进缓慢。此外，在裁决执行方面，西方发达国家认为，当败诉方缺乏足够的意愿或能力执行裁决时，WTO 争端解决机制缺乏有效的强制手段来保障裁决的有效落实。这种执行困境在一定程度上削弱了争端解决机制的权威性和实际效果。需要注意的是，西方发达国家所提出的改革方案主要是为维护其特殊利益，即主要是想通过改革削弱 WTO 上诉机构的独立性和权威性，从而为其推行单边主义减少约束。上诉机构作为争端解决机制中的关键组成部分，其独立性和权威性是保障裁决公正性的核心要素。一旦其受到削弱，整个争端解决机制的公正性基础将受到冲击。

在国际贸易体系中，发展中国家由于在经济实力、贸易规模和谈判能力等方面相对较弱，因而更加依赖一个公平、公正的争端解决机制来维护自身合法权益。发展中国家认为，在全球贸易争端中，其原本就面临着信息不对称、法律资源不足等问题，如果争端解决机制的公正性受损，那么其在贸易争端中将陷入更为不利的处境。因此，发展中国家主张"通过改善争端解决机制的效率对现有制度进行完善"②，并提出了透明度原则、非歧视原则等核心原则，以此来保障上诉争端解决机制的公正性。可以说，发展中国家倡导的是一种渐进式改革路径，这种路径充分考虑到了现有机制的优点和不足，

---

① 宋静：《美国制度霸权的变迁与中国的国际角色》，《社会科学》2020 年第 9 期。
② 隋广军、查婷俊：《贸易摩擦冲击下的全球经济治理体系变革——基于治理规则的视角》，《天津社会科学》2019 年第 3 期。

以及不同成员方的利益平衡。通过渐进式改革，WTO 可以在解决现有问题的同时，维护发展中国家利用争端解决机制维护自身合法权益的能力，确保多边贸易体制在一个公平、有序的环境中持续发展。总之，西方发达国家与发展中国家关于 WTO 争端解决机制改革的深刻分歧，不仅影响着 WTO 改革的方向和进程，对全球贸易格局的良性发展造成了诸多不利影响，更是为广大发展中国家推动全球经济治理体系变革平添了诸多阻力。

此外，西方发达国家与广大发展中国家在 IMF 的改革上同样存在深刻的矛盾分歧。首先，双方在 IMF 份额占比和投票权分配上存在分歧。长期以来，IMF 的份额分配机制呈现出一种与全球经济实力动态变化相脱节的状态。这种脱节并非偶然，而是多种因素交织的结果。在国际经济发展历程中，西方发达国家率先崛起并在早期国际经济体系中占据了主导地位，IMF 在创立初期的份额与投票权分配正是基于当时的经济格局。当前，全球经济格局已发生深刻变化，但 IMF 的份额分配体系并未能及时、准确地反映这种变化。

西方发达国家在 IMF 中一直占据着主导地位，这种主导地位通过过高的投票权份额得以巩固。部分国家凭借其在历史发展进程中积累的强大经济优势，在 IMF 决策机制中拥有事实上的否决权。这种否决权在 IMF 的重要决策过程中具有关键影响力，使得决策结果往往倾向于满足西方发达国家的利益诉求。也就是说，西方发达国家利用其在 IMF 中的权力优势，将自身的经济和政治利益诉求融入决策过程，从而使其在国际货币金融事务中牢牢占据主动地位。比如在 IMF 份额占比的改革上，美西方利益集团试图在不改变现有份额占比的基础上等比投资，进而维持其在重大事项上所拥有的一票否决权这一特权。相比之下，新兴经济体和发展中国家尽管在全球经济舞台上的地位日益提升，经济规模和影响力不断扩大，但在 IMF 中的份额和投票权却并未得到与之相匹配的合理调整。这种不合理的分配状况直接导致 IMF 的决策过程缺乏公平性。从发展中国家来看，这种有限的话语权使其在国际货币金融事务中处于极为不利的地位。在涉及全球金融稳定、国际收支援助以及汇率政策协调等关键决策时，发展中国家难以充分表达自身的利益诉求和发展需求，进而影响了国际货币金融体系的平衡和可持续发展。这种失衡的治理结构不仅导致新兴市场国家和发展中国家与美西方国家在 IMF 份额占比、增资方式、投票权重等问题上的结构性矛盾愈益扩大，使 IMF 的代表性和治理结构备受质疑，而且严重削弱了发展中国家参与国际货币金融合作的积极性，更对全球经济的公平、均衡发展构成了重大挑战。

其次，双方在 IMF 的贷款条件方面也存在分歧。IMF 的贷款条件长期以来都是国际经济与金融领域备受关注的争议焦点。在 IMF 向成员提供贷款的过程中，通常会附加以一系列以经济调整为核心内容的条件性要求，涉及财政紧缩、货币贬值、市场自由化等多方面内容。传统的宏观经济理论认为，财政紧缩有助于控制财政赤字和通货膨胀，货币贬值能够增强出口竞争力，市场自由化则有利于资源的优化配置和经济效率提升。然而，在实践应用场景中，这些条件却暴露出了错综复杂的问题。

对于发展中国家而言，这些看似基于普遍经济原理而列出的条件往往与本国的实际国情存在严重的不匹配性。发展中国家的经济结构通常具有独特性，其经济体系可能较为脆弱且对外部冲击的抵御能力相对薄弱。以财政紧缩政策为例，在一些经济脆弱的发展中国家实施这一政策时，可能会引发一系列负面效应。由于这些国家的财政收入来源相对有限且结构单一，财政紧缩可能直接导致公共服务领域，包括教育、医疗、基础设施建设等方面的资金投入大幅削减。这种削减不仅会影响民众的生活质量，更会对国家的长期发展潜力造成损害。同时，企业可能因政府订单减少和公共投资萎缩而面临经营困境，进而导致失业率急剧上升。失业率的上升和公共服务的削弱相互作用，会进一步破坏国内经济稳定，形成恶性循环，使经济陷入更深层次的衰退。此外，从国际关系和国家主权的视角来看，这种贷款条件性要求在一定程度上引发了各国对国家经济主权的较大争议。国家经济主权是一个国家在经济领域独立自主决策的权利，是国家主权的重要组成部分。IMF 的贷款条件性要求在某种意义上限制了成员国自主制定经济政策的空间，被许多国家视为对自身经济主权的侵犯。这种侵犯引发了成员国的广泛反对，不仅在经济层面影响了发展中国家与 IMF 的合作意愿，在国际政治层面也对国际金融机构与成员国之间的关系产生了不良影响，进而对国际经济合作的良性发展构成了严峻挑战。

最后，IMF 监督职能的有效性问题饱受争议。IMF 的监督职能在国际金融体系中占据着举足轻重的地位，对于维护全球金融稳定而言具有不可或缺的重要意义。该机构本应凭借其专业能力和特殊地位，对全球经济金融形势进行全面且深入的监测和分析，从而为国际金融稳定保驾护航。然而，在实际执行过程中，IMF 的监督效果却未能达到预期水平，存在诸多问题。一是在对成员国宏观经济政策的监督上，IMF 存在明显的漏洞。宏观经济政策监督是一项复杂且系统性的工作，要求监督主体能够准确把握全球经济形势变化，并运用科学的分析方法对成员国经济政策的合理性和潜在风险进行评估。但 IMF 在这一过程中，却未能履行好这一职责。以 2008 年国际金融危机为例，在此之前，美国等西方发达国家金融市场已经出现了诸如次级贷款过度发放、金融衍生品过度创新等一系列风险积累的现象。这些现象相互交织，逐渐形成了一个巨大的金融风险"黑洞"。然而，IMF 却未能及时察觉这些微妙而危险的变化，也没有准确地对这些潜在危机发出预警。这反映出 IMF 在监督机制和分析模型方面可能存在严重不足，未能有效整合信息和运用前瞻性的分析方法来识别潜在危机。二是 IMF 监督的公正性也遭到广泛质疑。在国际金融监督的舞台上，公正公平应是监督机构的基本原则。但 IMF 在实际运行中，却存在对发达国家监督宽松、对发展中国家要求严格的双重标准问题。这种差异对待在多个层面有所体现，例如在财政政策、货币政策以及金融市场监管等方面的监督标准上。对于发达国家，IMF 可能在金融市场自由化程度、财政赤字容忍度等方面采取相对宽松的态度；而对于发展中国家，则在类似问题上实施更为严格的监督标准。这种不对称的监督方式，严重损害了 IMF 监督职能的公信力。这不仅破坏了国际金融监督体系的公平性，也使得发展中国家在国际金融秩序中处于更为不利的地位，进一步加剧了国际金融体系的不平衡。这种情况若长期存在，将会对全球经济治理体系稳定和可持续发展产生深远的负面影响，亟待国际社会共同关注和解决。

从全球经济治理体系参与主体在全球货币金融与多边治理机构改革中的

多重矛盾分歧来看，这既反映出行为体间价值共识的严重缺失，也是各行为体激烈争夺全球经贸规则制定权和主导权的表现。伴随新兴市场国家的快速崛起和全球经济版图的深刻变化，广大发展中国家不可能始终在西方发达国家制定的不合理规则下参与全球经贸，更不可能一直忍受一个不合理的全球经济治理体系对其自身国家利益的侵蚀。因而，日益崛起的广大发展中国家普遍主张推动经济全球化朝着开放包容、普惠共赢的方向发展，建立真正的多边贸易体制和开放型世界经济。而美西方发达国家则将自身实力的相对衰落和国内治理的失灵归咎于经济全球化或开放型多边贸易体制，进而采取强硬的单边制裁、极限施压等保护主义的反全球化政策来重塑全球经济力量对比格局，即"以自身利益为优先原则重构全球经济秩序"①。为实现这一目标，美国在全球范围内挑起贸易争端，对贸易伙伴频繁加征关税，同时，"积极推进制定有针对性的、高标准的贸易投资自由化规则，提高新兴经济体和发展中国家进入国际市场的门槛"②，这些行为遭到各方的强烈反对并引发了一系列连锁反应。可以说，行为体关于全球经贸规则制定权和世界经济秩序主导权的争夺，不仅进一步加深了彼此的矛盾分歧，也使全球经济治理体系变革因价值共识的缺失而面临更加严峻的挑战。

三 行为体贸易摩擦冲击下全球经济治理体系规则的重塑面临困境

区域经济治理制度是特定地理区域内国家间为加强经济合作而形成的治理模式。其发展形式多样，从早期的特惠贸易安排逐步发展为自由贸易区、关税同盟、共同市场和经济联盟等不同层次。由于区域经济治理制度主要是反映区域内国家的利益和要求，因而区域经济治理制度的规则往往与全球经济治理制度的规则存在冲突并具有排他性特征。这主要表现在以下几个方面。

---

① 卢静：《全球经济治理体系变革与中国的角色》，《当代世界》2019 年第 4 期。
② 卢静：《全球经济治理体系变革与中国的角色》，《当代世界》2019 年第 4 期。

1. 区域经济治理制度的规则与全球经济治理制度的规则在贸易壁垒与贸易转移上的冲突

在区域经济治理的范围内，贸易协定所构建的贸易优惠机制通常呈现出鲜明的区域指向性。这种机制在区域内部形成了一个相对特殊的贸易环境，通过给予区域内成员各种形式的贸易优惠，促进区域内贸易的发展以及经济的深度融合。然而，贸易协定所带来的区域内贸易优惠极有可能致使区域外国家遭遇更为严苛的贸易壁垒。就区域自由贸易区而言，其建立的初衷在于整合区域资源、提升区域经济竞争力。然而，当区域自由贸易区成立后，区域内的关税优惠政策会打破原有的贸易平衡。由于关税的减免或降低，区域内原本在成本或效率方面不占优势的供应商，在与区域外供应商竞争时获得了额外的优势。区域内采购商基于区域内关税优惠所带来的价格优势或其他贸易便利条件，改变原本基于全球效率最优原则从区域外采购商品的贸易行为，转而从区域内效率相对较低的供应商处进口。这种贸易流向的转变即为贸易转移效应。从经济学来看，这种贸易转移违背了全球经济治理所倡导的贸易自由化目标。贸易自由化强调通过消除贸易壁垒，让市场机制在全球范围内充分发挥作用，使各国能够依据自身的比较优势参与国际分工和贸易，从而实现全球资源的最优配置。而贸易转移效应却使得贸易流向偏离基于效率的最优路径，造成资源的浪费和全球贸易效率的降低，进而在一定程度上破坏全球经济治理体系下贸易自由化所构建的理想秩序。此外，这种现象还可能导致区域外国家产业产能过剩，企业利润下滑，甚至可能引发失业问题。同时，对于全球产业链而言，贸易转移可能会打乱原有的产业链布局，影响产业链的稳定性和协同性。可以说，部分行为体"通过降低区域内贸易壁垒构建较强的对外贸易壁垒的制度约束的做法"[1]，不仅大大限制了区域内国家贸易投资的自由化，也进一步加剧了全球经济治理体系的治理困境。

2. 区域经济治理制度的规则与全球经济治理制度的规则在投资领域的冲突

一是两种制度规则在投资保护与准入差异上的冲突。全球经济治理体系

---

[1] 隋广军、查婷俊：《贸易摩擦冲击下的全球经济治理体系变革——基于治理规则的视角》，《天津社会科学》2019 年第 3 期。

作为一种旨在统筹国际经济秩序的宏观理念与实践框架，倡导广泛的投资保护和公平的投资准入。公平的投资准入主张各国应依据自身的经济结构、资源优势等因素，在全球范围内平等地参与国际投资活动，以实现资源在全球范围内的优化配置，促进国际分工的深化和经济效率的提升。然而，在区域经济治理的情境下，投资协定在待遇标准方面往往呈现出一种差异化特征，这种差异化特征鲜明地体现在区域内和区域外投资者身上。区域经济治理中的投资协定往往"更多强调地缘政治安全，以保障各国自身战略利益"①。为了迅速促进区域内经济的整合与发展，一些区域经济组织倾向于向区域内投资者提供更为全面的保护和更为便利的准入条件。在法律层面，区域内的投资协定可能会规定更严格的知识产权保护条款，确保区域内企业在技术创新、品牌建设等方面的优势得以巩固和延续。在市场准入层面，区域内投资者可能享受到更简化的行政审批程序，能够更迅速地进入区域内其他成员国的市场开展业务。相比之下，区域经济组织对区域外投资者设置了更高的门槛或限制。这些门槛和限制可能包括更为严格的市场准入审查机制。从投资领域来看，某些具有战略重要性的产业，如关键基础设施、敏感技术领域等，往往被泛安全化，会对区域外投资者完全或部分关闭。从投资比例限制来看，区域外投资者可能被要求只能持有较低比例的股权，这会限制其在区域内企业决策中的影响力。从监管来看，区域外投资者可能面临更为频繁和严格的合规检查，这增加了其投资成本和运营风险。可以说，这种对区域内和区域外投资者的差别待遇，会对全球经济治理体系变革带来严重的消极影响，不仅会打破区域经济治理中的投资平衡，也会破坏全球投资自由化所追求的公平竞争贸易环境，严重阻碍跨境资本的自由流动和全球经济治理体系规则的重塑，进而极易引发各行为体之间的经济摩擦和紧张关系，从而对全球经贸的良性发展和国际经济秩序的稳定构成威胁。

二是两种制度规则在投资政策协调中的冲突。在全球经济治理体系的架

---

① 隋广军、查婷俊：《贸易摩擦冲击下的全球经济治理体系变革——基于治理规则的视角》，《天津社会科学》2019 年第 3 期

构中，区域经济治理对区域内国家投资政策的协调尤为重要。然而，区域经济治理与全球经济治理在投资政策协调方面存在着内在的张力。这种张力的根源在于二者的出发点和侧重点有所不同。区域经济治理往往将重心置于区域内产业发展的需求之上，这是由区域经济一体化的本质所决定的。区域内国家为了增强区域经济的整体竞争力和各自的核心利益，会依据自身的资源禀赋和发展战略，制定有利于区域内产业升级和新兴产业培育的投资政策。这样一来，区域经济治理中的投资政策协调方向往往与全球经济治理体系的目标产生明显的分歧。比如，区域内国家为了推动新兴产业的发展，通常会实施一系列针对特定类型投资的引导政策。这些政策可能包括对特定新兴产业投资的税收优惠、土地使用优惠以及其他财政激励措施，同时，也可能在市场准入方面对符合区域产业发展方向的投资给予优先考虑。但从全球经济治理体系的宏观视野来看，此类区域投资引导政策却可能引发诸多后果。在公平竞争层面，这些针对特定类型投资的区域政策可能会对区域外投资者造成歧视，使其在进入该区域新兴产业投资领域时面临不公平的竞争环境。区域外投资者可能无法享受到与区域内投资者同等的优惠待遇，这无疑扭曲了全球范围内投资者之间的公平竞争关系，破坏了全球投资市场的公平性原则。在资源自由流动方面，区域内的投资引导政策可能会改变资源的自然流向。原本依据全球市场机制应自由流动到最具效率和价值创造潜力地区的资源，可能会因区域政策的干预而被吸引到区域内的新兴产业。这种资源流动的扭曲在很大程度上会阻碍全球经济治理所追求的资源在全球范围内自由、高效配置的进程，从而进一步加剧全球经济治理体系的治理赤字，这对于推动全球经济的快速复苏是极为不利的。

3. 区域经济治理制度的规则与全球经济治理制度的规则在金融领域的冲突

在区域经济治理中，以欧元区为例，其货币政策呈现出鲜明的区域集中化特征，由欧洲央行统一负责制定与实施。这种货币政策制定模式的核心逻辑在于紧密围绕欧元区内部的经济形势，通过对区内经济数据的深度分析，依据通货膨胀率、失业率、经济增长率等关键指标，来调整货币供应量、利率水平等货币政策工具，从而保障欧元区经济的稳定与发展。然而，从全球经济治理体系的目标和价值追求来看，欧元区货币政策的这种独立性可能产生一系列复杂且深远的影响。在全球经济治理体系中，各个经济体之间通过贸易、投资、金融等渠道紧密关联，形成了一个高度复杂的全球经济网络。在全球经济波动时期，这种关联性使得各经济体之间的相互影响被显著放大。对于欧元区而言，其基于区内经济形势而做出的货币政策调整，可能通过多种传导机制对全球货币汇率和资本流动产生溢出效应。在货币汇率方面，欧元区货币政策的变化，如利率调整或量化宽松措施，会直接影响欧元区的供求关系，进而导致欧元汇率的波动。这种汇率波动会对其他国家货币产生相应影响，改变各国货币之间的汇率关系，对于那些与欧元区有密切贸易和金融往来的国家影响往往会更大，因为欧元汇率的变化可能影响其出口竞争力和贸易收益，进而影响本国货币汇率的稳定。就资本流动而言，欧元区货币政策的调整会改变欧元区内金融资产的收益率和风险水平。在全球资本寻求最优配置的背景下，这会引发国际资本的重新流动。当欧元区实施宽松货币政策时，可能导致资本从欧元区流向其他收益率相对更高的地区。这种大规模的资本流动会对其他国家的金融市场产生冲击，影响其资产价格、金融稳定和货币政策效果。这种溢出效应所带来的直接结果就是其他国家原本基于自身经济状况制定并实施的货币政策效果会受到严重干扰，进而自身通货膨胀压力上升，货币政策抑制通胀的效果减弱。这种现象显然与全球经济治理体系中货币政策协调的目标不相符。可以说，区域经济治理的货币政策与全球经济治理体系货币政策的相互制约和竞争，对全球经济治理体系变革是一个不小的挑战。

4. 区域经济治理制度的规则与全球经济治理制度的规则在环境与可持续发展领域的冲突

一是两种制度规则在环境标准差异上的冲突。在全球经济治理体系中，区域经济治理规则与全球经济治理规则在环境标准维度往往存在不一致性，从区域经济治理层面来看，部分区域经济组织出于对区域内生态环境的严格保护目的，制定了相对较高的环境标准。这些标准的制定往往基于对区域内独特的生态系统、公众对环境质量的要求以及长期可持续发展战略的考量。

例如，某些发达经济体组成的区域组织，其环境标准涵盖了从生产过程中的污染排放限制、资源利用效率到产品整个生命周期的环境影响评估等多个方面。在这些区域内，严格的环境法规要求企业采用先进的环保技术和生产工艺，以减少对环境的负面影响。然而，从全球经济治理体系的良性发展来看，这种区域间环境标准的差异可能在贸易和投资领域形成环境壁垒。在国际贸易中，高环境标准区域对进口商品实施严格的环境要求，这一措施在实施过程中可能提高发展中国家商品的市场准入门槛。发展中国家由于经济发展水平、技术能力和资金投入等方面的限制，往往难以在短期内达到这些高标准。这就导致它们在向高环境标准区域出口商品时面临巨大障碍，甚至可能因此失去市场份额。以农产品贸易为例，高环境标准区域可能对进口农产品中的农药残留量、化肥使用标准以及土地可持续利用等方面有着严格规定。发展中国家的农业生产方式可能因技术和成本限制，无法满足这些要求，从而使其农产品在该区域市场上的竞争力大幅下降。这种现象不仅损害了发展中国家的经济利益，也破坏了全球贸易的公平性原则。同时，从全球资源配置和产业转移来看，这种环境标准差异所导致的贸易和投资壁垒具有更深远的影响。在全球经济一体化的背景下，资源和产业依据比较优势在全球范围内进行动态转移和优化配置。然而，环境标准的不一致可能扰乱这种自然的经济秩序。企业可能因为环境壁垒而无法将生产转移到成本更低、资源更丰富的地区，导致全球资源无法得到最有效的利用。同时，产业转移的受阻可能延缓一些发展中国家的工业化和现代化进程，使其难以通过承接产业转移实现经济增长和技术升级，进而影响全球范围内产业结构的合理调整和可持续发展的统一推进。可见，两种经济治理规则在环境标准上的显著差异，会使全球经济治理体系在相关问题的治理上出现规则和标准的混乱，以致全球经济治理体系的变革在规则的制定上面临困难。

二是两种经济治理规则在可持续发展目标的协调上相互制衡。全球经济治理体系作为一种综合性的国际经济协调框架，追求全方位的协调发展，强调全球经济发展、全球福祉的提升、环境质量保护的内在统一，其核心要旨在于全面落实联合国可持续发展目标。相比之下，区域经济治理在具体的实施进程中，往往更倾向于聚焦区域内经济与环境之间的平衡关系。区域经济治理主体通常依据本区域的资源禀赋、产业结构、地理环境以及社会文化等独特因素，制定符合区域特色的发展策略。这种策略在一定程度上体现了区域发展的自主性和针对性，但也不可避免地导致了区域经济治理与全球经济治理在可持续发展目标实施重点和路径上的差异。就能源转型而言，不同区域的经济治理模式表现出了明显的差异。在一些经济发达且能源结构相对单一的区域，由于具备雄厚的技术和资金优势，可能会以较快的速度推动能源转型，大力发展可再生能源，逐步淘汰传统化石能源，并且在能源转型过程中更注重环境质量的提升和应对气候变化目标的实现。这些区域可能会通过制定严格的环境法规、提供高额的可再生能源补贴以及大规模的能源技术研发投入等方式，加速能源转型进程。而在一些发展中区域或者能源资源丰富的地区，经济发展对传统能源产业的依赖程度较高，缺乏足够的技术和资金支持新能源的大规模开发和利用，或者因能源转型的社会成本过高，而在能源转型过程中采取更为渐进的方式。这种区域间在能源转型方面的不同模式可能对全球应对气候变化等可持续发展战略的协同实施产生重大影响。气候变化作为全球性挑战，需要全球各国和各区域共同努力，采取协调一致的行动。然而，区域经济治理在能源转型上的速度和方式差异可能导致全球能源市场的不稳定，进而影响国际能源合作的效率。不同区域在能源转型过程中的不同步以及彼此规则之间的相互限制，又会大大削弱全球应对气候变化的整体合力。这对于全球经济治理体系的变革也是一个不小的挑战。因此，协调区域经济治理与全球经济治理在可持续发展目标实施中的关系，对于全球经济治理体系的变革至关重要。

四 地缘经济的碎片化与全球经济发展的极大不确定性

自世界市场开辟以来，有序的经济全球化和开放型世界经济已经成为全球经贸良性发展至关重要的前提，而全球经贸的良性发展又是维持世界和平稳定与全球经济治理体系良性发展不可或缺的条件。然而，2008 年国际金融危机爆发以来，全球经济持续低迷，下行压力增大。美国过度印钞和加息的低效应对方式，不仅引发了全球金融市场动荡，严重弱化了美元霸权地位，而且致使全球通胀率居高不下。相比之下，中国经济稳步增长不仅与发达经济体特别是与美国的差距逐步缩小，而且为全球经济复苏带来了诸多机遇，更是有力提升了人民币在国际经贸结算中的地位，已经俨然成为全球经贸的有力引领者，从而被美国视为威胁和挑战。从奥巴马政府提出的"重返亚洲"和"亚太再平衡战略"来看，美国已然开始采取小步走的方式转向遏制中国。特朗普第一次上台后，联合其盟国，以公开施压的方式遏制中国在经贸、军事、科技等方面的发展，并构建将中国排除在"国际经济体系"之外的小圈子。拜登执政后，其不仅继承了特朗普政府对我国的贸易政策，而且在智能芯片、半导体、人工智能等领域对中国全面封锁和极力打压遏制，并主张取消我国最惠国待遇，同时，在光伏产品、动力电池、新能源电动汽车、港口起重机等商品上对中国加征关税。在美国政府的影响下，欧盟不顾成员国之间的巨大分歧和欧洲各界人士的强烈反对，执意对中国电动汽车进行反补贴调查并加征高额关税。这实则是典型的以"公平竞争"为名行"不公平竞争"之实的贸易保护主义行为，这不仅严重损害了中欧产业链、供应链合作，破坏了全球推动经济复苏的努力，更是对欧洲自身所倡导的多边主义贸易造成了沉重打击。当前，特朗普再度当选美国总统，继续对中国加征关税，各方面表明，其准备继续沿着孤立主义的道路狂飙突进。此外，俄乌冲突爆发以来，美西方国家将俄罗斯踢出国际资金清算系统以及采取的经济封锁、金融制裁、资产冻结、能源替代等一系列非法经济制裁，直接的结果便是：全球多边贸易体制和开放型世界经济遭受严重冲击，跨境资本自由流动受阻，国际贸易壁垒增加和金融投资风险加剧，全球产业链、价值链、供应链由全球融合趋向区域融合。这一倾向的形成对于建立在"双边、区域和多边合作"[1] 基础上的全球经济治理体系变革的影响是极坏的。可以说，美西方国家将全球经贸地缘政治化的单边主义狭隘行径以及由此所引发

---

① 习近平：《高举中国特色社会主义伟大旗帜 为全面建设社会主义现代化国家而团结奋斗——在中国共产党第二十次全国代表大会上的报告》，人民出版社，2022，第 61 页。

的行为体间的贸易摩擦和一系列连锁反应，不仅导致全球地缘经济的碎片化因行为体间的纷争而日益加剧，而且进一步加剧了经济全球化被撕裂的风险，使全球经济发展的不确定性持续上升，从而使本就不堪重负的全球经济治理体系雪上加霜，其变革更是难上加难。

五　中国推动全球经济治理体系变革的话语权相对不足

随着经济全球化的深入发展和国际经济格局力量对比的深刻变化，全球经济治理体系面临着前所未有的挑战与变革需求。中国作为世界第二大经济体、最大的货物贸易国和重要的对外投资国，在全球经济治理体系中扮演着日益重要的角色。然而，与中国的经济实力和国际影响力相比，中国在推动全球经济治理体系变革方面的话语权仍相对不足，这不仅制约了中国在全球经济治理体系中发挥更大作用，也不利于全球经济治理体系的变革。总体来看，话语权不足主要表现在以下几个方面。

其一，中国在国际经济组织中的决策权有限。在全球经济治理体系的核心架构中，世界银行与国际货币基金组织等主要国际经济组织占据着举足轻重的地位。其投票权和决策权的分配机制，自创立以来便形成了西方发达国家主导的权力格局。可以说，这一权力格局在相当长的时期内塑造了全球经济治理体系的基本范式与运行逻辑。西方发达国家得以利用其在这些国际经济组织中的优势地位，将自身的经济理念、政策偏好以及战略利益深深地嵌入全球经济治理的规则制定与决策流程之中，使其在重大国际经济事务的决策过程中拥有了绝对的掌控力，能够有效地阻止任何与其自身利益相悖的改革方案或决策举措的推行。尽管全球经济格局伴随诸如中国、印度、巴西等新兴经济体的迅速崛起而发生深刻变革，世界银行、国际货币基金组织等国际经济组织在内部份额与治理结构方面开始调整，但从各方面来看，这种份额和结构调整的幅度与速度十分有限，难以从根本上改变西方发达国家在这些国际经济组织中占据主导地位的权力格局。就我国而言，尽管我国在国际货币基金组织中的投票权份额和话语权相对过去有所增加，但与美西方国家相比，仍然存在着较大的差距。在国际货币基金组织的重大决策机制中，美国所拥有的一票否决权使我国以及其他新兴经济体即使在某些关键议题上提出与全球经济长远发展和广大发展中国家利益高度契合的改革方案，但这些改革方案可能因美西方国家的掣肘而难以付诸实施。因此，包括中国在内的新兴经济体话语权受限的局面，影响了全球经济治理体系的有效性、公平性以及适应性。在全球经济面临诸如金融危机、贸易失衡、气候变化等一系列复杂且严峻的挑战时，由于中国等新兴经济体难以在国际经济组织的决策过程中充分发挥主导作用，许多旨在促进全球经济可持续发展、加强国际经济合作与协调、推动全球经济治理体系现代化以及提升其治理效能的改革方案难以获得足够的政治支持与资源投入，进而导致全球经济治理体系严重滞后于全球经济发展的现实需求，在应对一系列全球性挑战时往往无能为力，从而加剧了全球经济治理体系的失衡与不稳定状态。

其二，中国在国际经贸规则制定中的参与度有限。全球经济治理体系的有效治理有赖于一系列国际经济规则的精心制定与有效执行，这是全球经济秩序得以构建与维系的基石。在贸易、投资、金融等攸关全球经济平稳运行的关键领域中，规则制定进程长期以来呈现出西方发达国家主导的态势。西方发达国家凭借其在历史演进过程中积累的经济优势、技术领先地位以及在国际政治舞台上的强大影响力，在规则设计的起始环节便牢牢掌控话语权，得以将自身的价值取向、利益诉求与发展模式深度嵌入规则框架之中。中国自融入全球经济体系以来，始终以积极的姿态投身于多边贸易谈判以及全球经济规则制定的复杂进程。然而，在规则设计的初期阶段，中国的影响力相对薄弱。以 WTO 为例，在电子商务规则、数字贸易规则等前沿且具有深远影响力的新议题探讨进程中，欧美发达国家倚仗其在数字技术研发、电子商务市场成熟度以及相关产业布局方面的先发优势，率先提出系统性的方案架构，并在谈判方向的把控上占据主导地位。中国由于在相关领域起步相对较晚，尽管在国内市场规模、应用场景创新等方面具备一定潜力，但在国际规则博弈初期，处于被迫接受欧美方案的被动境地，仅能就已提出的框架进行补充性意见的反馈，难以将自身基于独特发展历程所形成的发展理念，如强调创新与监管平衡、注重数字包容与共享等，以及在全球贸易格局中日益增长的利益诉求，如保障新兴产业海外市场拓展机会、推动贸易规则与国内发展战略协同等，充分而有效地融入全球贸易规则体系的初始架构之中，这在一定程度上限制了中国在全球贸易治理领域话语权的有效提升与战略布局的深入推进，也对全球贸易规则体系的全面性、平衡性与代表性产生了不利影响，使得该体系难以充分反映全球不同发展阶段国家的多元诉求与发展愿景。

其三，中国关于全球治理体系变革的话语传播与国际舆论引导力有待提高。在国际舆论的复杂场域中，西方媒体凭借其历史积淀、传播技术优势以及在全球信息传播网络中的主导地位，长期掌控着国际舆论话语权的绝对优势。这种优势在全球经济治理体系相关议题的报道与解读方面体现得尤为明显，其报道往往深植于西方传统的政治经济学视角与特定的价值取向框架之中。西方媒体秉持西方中心主义的理念，以维护西方发达国家在全球经济治理体系中的既得利益与主导地位为潜在导向，对各类事件进行有选择性的呈现与阐释。中国在积极参与全球经济治理的进程中，形成了一系列具有创新性与前瞻性的治理理念，提出诸多旨在促进全球共同繁荣与可持续发展的政策主张，并通过广泛的国际合作实践取得了丰硕成果，然而，在向国际社会传播这些理念、主张与成果时，却面临重重困境。部分美西方发达国家对中国在全球经济治理体系中所扮演角色的认知以及对中国贡献的评价，存在着明显的片面性与肤浅性。以"一带一路"倡议为例，该倡议从本质上聚焦共建国家间基础设施的互联互通，以促进区域内的贸易自由化、投资便利化，进而以共建各国的共同发展与进步减轻全球经济治理体系的负担并实现世界各国的共同繁荣。因此，该倡议是一项基于平等、互利、共赢原则的造福世界的国际合作倡议。但西方媒体在关于这一倡议的认知上，却蓄意将其歪曲为中国进行地缘政治扩张的战略工具。西方媒体通过构建不实的虚假舆论叙事，强调所谓的"债务陷阱外交"等虚假概念，在国际舆论场中制造混乱与误导。这种恶意的误解与歪曲，在相当程度上侵蚀了中国多年来在全球经济治理话语体系中构建起来的影响力根基，严重阻碍了国际社会广大成员对中国相关理念与实践进行客观、公正的认知与积极主动的参与。这不仅损害了中国在国际形象塑造与理念传播方面的努力成果，也对全球经济治理体系中多元主体间的信任构建与有效合作造成了巨大障碍，使得全球经济治理体系的话语生态更加失衡，这对于全球经济治理体系朝着更加公平、公正、包容的方向演进是极为不利的。

当前，不仅世界处于历史的十字路口，全球经济治理体系变革同样处于历史的十字路口，其变革完全取决于各国的选择，如果共进则开创人类美好未来，反之则加重全球挑战。因此，世界各国作为一个不可分割的命运共同体和利益共同体，这本身就是全球经济治理体系变革的重要基础。如果各国特别是大国在对外政策制定中可以兼顾他国利益关切并将这些政策程序化制度化，必将对推动全球经济治理体系变革产生极大的正向效应。然而，权力政治已经成为当前国际政治的主要特征，大国竞争和较量更趋激烈。伴随国际权力格局的深刻调整，全球利益分配结构松动，世界多极化还远未定型，面对这一大有可为的战略机遇期，各大国都在抓紧战略布局，企图借助国际秩序和全球经济治理体系变革再度成为全球的领导者，或是尽可能改变自身在国际权力格局中的结构性地位，或是实现自身的崛起等等。这样一来，大国围绕全球经济治理体系变革的竞争和较量在新秩序、新机制尚未定型前还将以多种形式展开，并大有进一步陷入非理性化竞争的趋势。因此，全球治理变革在未来一段时间内还将面临更多难以预测的风险挑战，同时在多方力量的博弈中艰难地分领域推进。

第二节　全球经济治理体系变革的中国方案

当前，人类所处的是"一个充满挑战的时代，也是一个充满希望的时代"[1]。面对日益动荡变革的国际形势和严峻复杂的全球性挑战，推动全球经济治理体系变革既是大势所趋，也是世界各国的共同责任。为此，中国作为多边主

---

[1]　习近平：《高举中国特色社会主义伟大旗帜　为全面建设社会主义现代化国家而团结奋斗——在中国共产党第二十次全国代表大会上的报告》，人民出版社，2022，第63页。

义贸易体制和开放型世界经济的坚定倡导者以及全球经济治理体系变革的推动者，始终坚持推动构建人类命运共同体，弘扬全人类共同价值，不仅科学回答了"世界怎么了，我们怎么办"①的时代之问，而且深刻回答了为什么推动全球经济治理体系变革，怎样推动全球经济治理体系变革的重大问题，从而为全球经济治理体系变革提供了切实可行的中国方案。

一　构建总体稳定、均衡发展的大国关系格局，推动全球经济治理体系多边治理机构改革与完善

全球经济治理体系变革面临的困难主要在于行为体间错综复杂的矛盾分歧和既有多边治理机构的治理失效。因此，中国立足于现行全球经济治理体系的治理困境，从新型国际关系的构建和国际经济新秩序的建立两个层面为推动全球经济治理体系变革贡献了中国方案。

其一，推动构建新型国际关系，促进大国协调和良性互动。当前，全球经济治理体系变革面临极大困难，在很大程度上是由于行为体特别是大国关系剧烈动荡和不合作所致。基于此，在促成全球经济治理体系变革所必需的大国协调与合作问题上，中国始终秉持对话而不对抗、结伴而不结盟、包容而不排他的交往原则，倡导国际社会共同构建"相互尊重、公平正义、合作共赢的新型国际关系"②，并在此基础上深化拓展平等互利、开放合作的全球伙伴关系，进而在对话协商和友好合作中扩大各方利益的交汇点，从而推动大国关系朝着协调和良性互动的正确方向发展。尽管大国间关于全球经济治理体系变革还存在当前难以调和的矛盾分歧，但大搞地缘政治对抗和"脱钩断链"不仅无法逆转全球经济治理体系变革的大趋势，反而只能进一步加剧全球经济治理体系的困境，进而使各自的国家利益受损。因此，中国致力于"推动构建和平共处、总体稳定、均衡发展的大国关系格局"③，主张"以对

---

① 《习近平外交演讲集》第 2 卷，中央文献出版社，2022，第 279 页。
② 《习近平谈治国理政》第 4 卷，外文出版社，2022，第 470 页。
③ 《习近平重要讲话单行本》（2022 年合订本），人民出版社，2023，第 133 页。

话代替冲突，以协商代替胁迫，以共赢代替零和"①，坚决反对极限施压、恃强凌弱等霸道霸凌行径，坚决摒弃零和博弈、阵营对抗的冷战思维，始终坚持以自身发展为全球经贸良性发展和大国关系止跌企稳注入正能量。所以，在全球经济治理体系变革进程中，中国始终秉持开放包容、平等协商的态度，积极探寻与包括美国在内的世界各国展开对话合作的路径，从而形成推动全球经济治理体系变革的合力。

中美两国作为全球前两大经济体和综合实力最为强大的两个国家，对全球经济治理体系变革和人类前途命运负有重大责任使命，如果双方深化合作，则可以在推动全球经济治理体系变革中有效解决诸多全球性问题。这既符合双边利益，也符合世界各国利益。所以，美国是否合作以及合作的程度在很大程度上决定了全球经济治理体系变革的结果。虽然双方在全球经济治理体系变革问题上还存在一定分歧，尤其是美国对中国等行为体推动全球经济治理体系变革还严重缺乏正确认知，但无论从美国自身的问题来看，还是从全球性问题的治理来看，美国都离不开中国的合作与支持。正如西方学者赫德利·布尔（Hedley Bull）所认为的那样，美国更倾向与大国协调与合作，一方面是因为美国依赖大国维持现有国际秩序，另一方面是因为美国实力衰落使其不得不同大国进行合作②。同时，中国积极寻求与美国在承担全球经贸大国责任上的协调与合作，形成彼此认同的合作模式。为国际社会贡献优质公共产品既是承担大国责任的重要体现，更是全球经济治理体系变革所关涉的核心问题。中国提供的公共产品不仅始终对美国开放，而且中国"也愿参与美国提出的多边合作倡议"③，更是多次强调既没有超越或取代美国的想法，也不会走国强必霸的歪路。因此，地球有足够空间容纳中美两国，双方不仅不存在"修昔底德陷阱"，而且完全可以在对话合作中弥合关

①　《习近平外交演讲集》第 2 卷，中央文献出版社，2022，第 256 页。
②　Hedley Bull, *The Anarchical Society: A Study of Order in World Politics*, Bloomsbury Publishing, 2012, p. 286.
③　习近平：《汇聚两国人民力量　推进中美友好事业——在美国友好团体联合欢迎宴会上的演讲》，人民出版社，2023，第 7 页。

于全球经济治理体系变革的分歧，进而形成推动全球经济治理体系变革的合力。总之，世界越是不稳定，全球经济治理体系越是面临困难，中美双方越是需要在全球经济治理体系变革上加强协调与合作，进而在为全球经济增长和变乱交织的世界注入稳定性和正能量的过程中造福世界。基于此，有关构建新型国际关系的主张，不仅超越了当前大国关系结盟对抗、弱肉强食的旧思维、旧道路，而且为促进大国关系良性发展进而增进国际社会在全球经济治理体系变革上的协调合作提供了新思维、新方案。

其二，建立国际经济新秩序，凸显全球经济治理体系多边治理机构的核心作用。二战后建立的现行国际经济秩序及其架构由于种种原因已经无法进行有效的全球经济治理。因而，全球经济治理体系变革必然要对国际秩序及其架构进行调整。由于全球经济治理体系变革的关键是兼顾公平和效率，充分反映世界政治经济形势和国际权力格局的新变化，因此，中国从真正的多边主义出发，倡导共商共建共享的全球治理观，主张建立新型国际经济秩序，即在开放、包容、普惠、平衡、共赢的基础上，建立一个充分反映全球权力结构的多元化趋势、更能体现公平与共赢的国际经济新秩序。中国既不承认少数国家所宣称的"基于规则的国际秩序"，也不认可某些主体从一己之私出发任意解构或定义国际经济秩序，更坚决反对少数西方大国主导下的"中心-边缘"结构的霸权国际经济秩序。同时，针对WTO、IMF等机制的困境，中国不仅坚定支持WTO、IMF在国际经贸事务中的核心地位，而且主张对包括WTO、IMF在内的全球多边经济治理机构在结构、规则等方面进行必要且合理的改革。对此，中国立足于当前全球多边经济治理机构的治理困境，着眼于世界各国的根本利益，总体上认为全球多边经济治理机构改革应在维护政府间谈判主渠道地位的基础上，坚持民主协商原则，创建制度化的治理结构、程序性规则以及可以对大国关系进行有效管控的约束机制。具体而言，在WTO改革上，应提高WTO的行政效率，遏制单边主义，维护以规则为基础的多边贸易体制，保障争端解决机制的有效运行；重启WTO的谈判职能，重振WTO的权威性和有效性；增强多边贸易体制的包容性，提高发展中参与体的话语权、规则制定权①。在 IMF 改革上，应提升新兴经济体和发展中国家的份额占比，完善投票权分配机制，使其更加公正合理；增强发展中国家话语权，在决策过程中给予发展中国家更多的参与机会，提高 IMF 决策过程的效率和透明度；强化 IMF 全球金融稳定职能，推动 IMF 在政策制定上更加注重全球经济的平衡发展，从而实现全球经济的协调共进。同时，WTO 和 IMF 应加强与二十国集团、亚太经合组织等多边机制的协调合作，做到各司其职、各安其位进而在增强自身应对全球经济下行压力和贸易保护主义能力的基础上更好地促进全球经贸合作，在聚焦集体性行动中开创人类更加美好的未来。这既是实现全球经济治理体系有效治理的保障，更是真正实现全球经济治理体系变革的必由之路。

二　推动全球经济治理体系建设与完善，打造合作、稳定与开放的世界经济

在全球化深入发展面临严峻挑战且全球经济格局深度调整的国际现实下，构建人类命运共同体内含的中国方案为全球经济治理体系的变革指明了正确的方向。

其一，"完善全球经济治理，建设合作型世界经济"②。中国立足于当前全球经济治理体系的困境，顺应实现世界共同发展这一目标，积极推动已制定的二十国集团全面增长战略并倡导"建立强劲、可持续、平衡和包容增长框架"③。由于全球经济高度互联互通，因而这一增长框架的设定着眼于全人类的共同福祉与长远发展，旨在超越传统的以少数西方大国的国家利益为核心的经济治理模式。为此，各国需摒弃狭隘的利己主义思维，"秉持命运共

---

①　参见 China's Proposal on WTO Reform, World Trade Organization, http://images. mofcom. gov. cn/sms/201905/20190524101255283. pdf。

②　习近平：《携手构建公正合理的全球治理体系——在二十国集团领导人第十九次峰会第二阶段会议关于"全球治理机构改革"议题的讲话》，《人民日报》2024 年 11 月 20 日。

③　习近平：《携手构建公正合理的全球治理体系——在二十国集团领导人第十九次峰会第二阶段会议关于"全球治理机构改革"议题的讲话》，《人民日报》2024 年 11 月 20 日。

同体意识，扛起历史责任，展现历史主动，推动历史进步"①，"多一些合作桥梁，少一些'小院高墙'"②，共同营造开放、包容、非歧视的国际经济合作环境，推动普惠包容的经济全球化，加强在全球减贫、粮食安全、数字经济等各领域务实合作，进而让新技术、新产业、新业态赋能全球共同发展、共同繁荣、共同现代化，从而在建设一个共同发展的公正世界进程中缩小南北差距，使全球经济治理体系变革的美好愿景化为现实。

当前，着力加强全球经济伙伴关系成为推动构建人类命运共同体，提升全球经济治理体系治理效能的关键环节。在财政、金融、货币以及结构性改革等多方面强化宏观政策协调，是基于人类命运共同体理念对全球经济相互依存关系深刻认知的具体行动。在全球经济一体化的浪潮中，各国财政政策的松紧、货币政策的扩张与收缩以及金融市场的监管措施等，都会通过国际贸易、资本流动等渠道产生广泛的外溢效应。若缺乏有效的宏观政策协调，它们将极易引发全球经济的波动与失衡，对全球经济乃至全人类的福祉造成严重损害。以培育新质生产力和提高全要素生产率为例，这不仅是单个国家提升自身经济竞争力的必然要求，更是从构建人类命运共同体层面为世界经济开拓广阔发展空间的战略举措。新质生产力的培育往往伴随着科技创新与产业变革，各国在科技研发、人才交流、产业合作等方面的协同努力，可以加速全球科技创新的步伐，推动新兴产业在全球范围内的布局与发展，从而使世界各国能够共享科技进步与经济增长的红利，促进人类社会整体的进步与发展。

充分发挥二十国集团财长和央行行长会议机制的作用，是构建人类命运共同体，推动全球经济治理体系完善与变革的重要支撑。该机制作为全球主要经济体之间宏观政策协调的核心平台，在应对全球经济危机、稳定国际金融市场等方面具有不可替代的作用。从人类命运共同体理念出发，这一机制

---

① 《习近平出席二十国集团领导人第十九次峰会并发表重要讲话》，《人民日报》2024 年 11 月 20 日。

② 《习近平出席二十国集团领导人第十九次峰会并发表重要讲话》，《人民日报》2024 年 11 月 20 日。

应成为各国宏观政策协调的"稳定器"，各国财长和央行行长在此平台上进行平等、深入的交流与协商，以达成符合全球经济整体利益的政策共识。例如，在当前全球经济复苏面临严峻挑战的现实下，各国应通过该机制共同制定并实施大规模的经济刺激计划，协调降息、量化宽松等货币政策以及财政赤字扩大等财政政策，从而为促进全球经济增长提供动能支持。同时，通过这一机制做大做强全球发展机构，践行联合国 2030 年可持续发展目标，是人类命运共同体理念在国际经济关系中的直接体现。这样一来，无论是发达国家还是发展中国家，都能够在公平的基础上参与全球经贸，充分发挥自身的比较优势，实现资源的优化配置与互利共赢。这有助于打破传统的经济霸权与贸易壁垒，从而构建一个更加和谐、有序的全球经济合作秩序。

国际金融机构和商业债权人积极参与对发展中国家减缓债行动，是人类命运共同体理念在全球经济治理体系中促进南北平衡发展的重要实践。发展中国家在全球经济体系中面临着诸多特殊的困难与挑战，沉重的债务负担严重制约了其经济发展的活力与潜力。从构建人类命运共同体的高度来看，国际金融机构和商业债权人作为全球经济资源配置的重要主体，有责任和义务在"深化减贫、粮食安全、数字经济"① 以及债务等各领域为发展中国家提供支持。国际金融机构和商业债权人通过参与减缓债行动，可以有效缓解发展中国家的财政压力，使其能够将更多的资源投入基础设施建设、教育、医疗等关乎民生与经济长远发展的领域。这不仅有利于发展中国家自身的发展，也有助于缩小南北经济差距，促进全球经济均衡发展目标的实现。当发展中国家经济得到充分发展时，它们就会在全球经济治理中发挥更大的作用，为推动构建人类命运共同体贡献更多的力量，从而形成一个良性的全球经济发展循环。

"营造风清气正的营商环境，坚持对腐败零容忍，加强追逃追赃国际合

---

① 《习近平出席二十国集团领导人第十九次峰会并发表重要讲话》，《人民日报》2024 年 11 月 20 日。

作"①，是维护全球经济治理体系公正廉洁的关键举措。就全球经贸而言，腐败行为具有跨国性、隐蔽性和危害性大的特点。腐败分子通过跨国转移资产、利用国际金融体系漏洞进行洗钱等非法活动，不仅会严重损害本国的经济利益和社会公平正义，也会对全球经济治理体系的公信力和稳定性造成极大的冲击。因此，各国应携手合作，共同打击跨国腐败行为。各国通过加强追逃追赃国际合作，追回被非法转移的资产，能够有效维护国际金融秩序的稳定，保障各国企业在公平公正的环境中开展经济活动。这不仅有助于增强国际投资者对全球经济治理体系的信心，吸引更多的国际投资与贸易往来，也可以促进全球经贸良性发展，从而为深化各方的人类命运共同体意识奠定坚实的经济基础。

总之，以构建人类命运共同体为引领的全球经济治理体系变革的中国方案，从宏观战略规划到微观政策实施、从发达国家到发展中国家的全方位考量，充分彰显了中国在全球经济治理体系中变革的大国担当与智慧贡献，从而使构建一个更加公平、公正、包容、可持续的全球经济治理新体系成为可能。

其二，"完善全球金融治理，建设稳定型世界经济"②。鉴于既有全球经济治理体系的治理困境，重塑全球金融治理秩序，从而促进世界各国在金融领域的平等合作与共同发展，一是要增加发展中国家的话语权与代表性，为打造多元平等的金融治理机制奠定基石。关于全球金融治理，中国倡导世界各国在全球金融治理中秉持多元平等的原则，充分尊重各国在世界经济中的地位与贡献，并坚决主张"按照各方商定的时间表和路线图，开展世界银行股权审议，推进国际货币基金组织份额占比调整"③，这是调整全球金融治理架构方案中的关键步骤，不仅是对发展中国家在全球经济格局中日益增长影

---

① 习近平：《携手构建公正合理的全球治理体系——在二十国集团领导人第十九次峰会第二阶段会议关于"全球治理机构改革"议题的讲话》，《人民日报》2024 年 11 月 20 日。

② 习近平：《携手构建公正合理的全球治理体系——在二十国集团领导人第十九次峰会第二阶段会议关于"全球治理机构改革"议题的讲话》，《人民日报》2024 年 11 月 20 日。

③ 习近平：《携手构建公正合理的全球治理体系——在二十国集团领导人第十九次峰会第二阶段会议关于"全球治理机构改革"议题的讲话》，《人民日报》2024 年 11 月 20 日。

响力的认可，更是为了确保全球金融治理决策能够充分吸纳不同发展水平国家的经验与诉求，从而更有成效地应对全球性挑战。因此，发展中国家话语权的增强，能够有效打破传统金融治理格局中少数西方大国的权力垄断，促进各国在金融规则制定、政策协调以及资源分配等方面的平等对话与互利合作，从而为推动构建人类命运共同体奠定坚实的金融治理基础。

二是倡导世界各国共同维护国际金融市场稳定，形成全球金融协同治理的新格局。国际金融市场的稳定，不仅从根本上关乎全球经济的运行状态以及全球经济治理体系的有效性，也是人类命运共同体价值目标在金融领域的直接体现。由于全球经济的高度关联性，各国货币政策调整的外溢影响往往具有全球性，特别是西方发达国家由于其在国际货币体系中的主导地位，其货币政策变动对全球所产生的影响相对更为深刻。因此，西方发达国家应承担起维护国际金融市场稳定的首要责任。同时，倡导西方发达国家在制定货币政策时，充分运用宏观审慎政策框架，深入评估政策调整对全球金融市场的潜在冲击，并通过加强与他国的政策沟通与协调机制，有效缓解其货币政策外溢带来的负面影响。此外，在国际金融市场稳定的监测上，中国倡导各国共同建立多层次、全方位的体系，实时跟踪全球金融市场的动态变化，及时发现潜在的系统性风险因素。在全球金融危机应对上，各国应加强对话合作，共同制定危机应急预案，在流动性支持、汇率稳定干预以及金融机构救助等方面协同行动，进而形成维护全球金融市场稳定的合力，从而在促进全球经济治理体系平稳运行过程中更好发挥治理效能。

三是"完善金融风险监测、预警、处置体系"[1]，筑牢全球金融安全网。金融风险的复杂性与传导性使得完善的监测、预警和处置体系成为实现全球金融有效治理的关键所在。基于此，各国应摒弃国家主义的狭隘利益观，加强跨境金融风险防控合作。首先，构建全球统一的金融风险数据共享平台。各国应整合各自的金融监管数据资源，包括银行资产质量、证券市场交易数

---

[1]　习近平：《携手构建公正合理的全球治理体系——在二十国集团领导人第十九次峰会第二阶段会议关于"全球治理机构改革"议题的讲话》，《人民日报》2024年11月20日。

据、保险行业风险指标等，建立标准化的数据接口与数据格式，实现金融风险信息的实时共享与互通。其次，共同开发基于全球视角的金融风险预警模型，综合考虑宏观经济变量、金融市场指标以及地缘政治因素等多维度信息，对系统性金融风险进行精准预测与早期识别，提前预警潜在的金融风险传导节点。最后，在金融风险处置方面，中国呼吁制定具有法律约束力的国际金融风险处置公约，明确各行为体在危机应对中的责任与义务，包括资金援助规模、危机管理机构的协调机制以及金融机构重组与破产清算的国际规则等。各国通过建立快速响应的国际金融风险处置团队，在危机爆发时能够迅速介入，采取果断措施阻断风险传播链条，防止局部金融风险演变为全球金融危机，从而为全球金融体系构筑起坚固的安全防护网，保障金融领域稳定与安全。

四是"加强数字货币、税收等领域合作"①，开拓全球金融治理新领域。当前，数字货币作为一种创新性的金融工具正深刻改变着全球金融格局。同时，税收政策作为各国国家财政与经济调控的重要手段，对全球经济的良性发展具有重要影响。因此，中国积极推动各国在数字货币和税收等新兴领域开展深度合作，倡导各国加强数字货币监管政策的协调与合作，共同制定数字货币发行、流通与交易的国际规则，共同开展数字货币技术研发与创新试点，探索数字货币在跨境支付、国际贸易结算以及全球金融普惠等方面的应用潜力，促进数字货币在合法合规、安全有序的轨道上发展，从而在为全球金融创新注入新动力过程中增强全球经济治理体系的治理效能。此外，就税收而言，国际税收合作对于维护各国税收主权、促进全球税收公平以及打击跨国企业避税行为，进而维护全球金融秩序稳定至关重要。为此，各国应加强税收信息交换机制建设，通过建立全球税收信息共享数据库，实现企业跨境经营税收信息的实时共享。同时，共同制定国际税收协调规则，针对跨国公司转移定价、利润转移等避税行为制定统一的认定标准与处罚措施，以此

---

① 习近平：《携手构建公正合理的全球治理体系——在二十国集团领导人第十九次峰会第二阶段会议关于"全球治理机构改革"议题的讲话》，《人民日报》2024 年 11 月 20 日。

确保各国能够在全球经济增长中公平地获取税收收益，为全球公共服务提供充足的财政支持。

五是"加快落实《二十国集团可持续金融路线图》"①，推动全球绿色金融协同发展。中国积极倡导国际社会加快落实《二十国集团可持续金融路线图》。西方发达国家应通过设立绿色气候基金、提供优惠贷款与技术援助等方式，帮助发展中国家提升绿色技术水平，培育绿色产业，降低绿色转型成本。西方发达国家应充分履行其在气候变化领域的资金承诺与技术转让义务，从而满足发展中国家在绿色转型过程中的巨大融资需求。同时，全球金融市场应积极响应绿色发展需求，创新绿色金融产品与服务，各国金融机构应加大对绿色债券、绿色信贷、绿色保险等绿色金融产品的研发与推广力度，拓宽发展中国家绿色融资渠道；共同打造国际绿色金融认证与标准统一体系，提高绿色金融市场的透明度与公信力，吸引全球社会资本积极参与绿色金融投资。可以说，有关全球绿色金融协同发展的中国方案，既有助于促进全球绿色产业的蓬勃兴起，推动世界经济向绿色低碳模式转型，又有利于以全球金融治理秩序化、规范化推动全球经济治理体系进步与完善，必将为全球经济治理体系变革注入强大动力，从而使各国在更加公平、高效、可持续的经济治理框架下携手共进，共创人类绿色繁荣新未来。

总之，人类命运共同体理念内含的关于全球治理的中国方案，为解决当前全球金融治理面临的诸多问题提供了新思路、新选择。这一方案充分体现了人类命运共同体理念所蕴含的平等、合作、共赢与可持续发展的价值理念，不仅有助于构建更加公平、高效、可持续的全球金融治理新秩序，也为世界各国在金融领域的合作提供了广阔的空间与明确的方向。因此，在未来的全球金融治理实践中，各国应秉持人类命运共同体理念，加强国际合作与协调，以集体性行动推动全球金融治理进步与完善，从而以此实现全球经济的繁荣稳定和全球经济治理体系的渐进性变革。

---

① 习近平：《携手构建公正合理的全球治理体系——在二十国集团领导人第十九次峰会第二阶段会议关于"全球治理机构改革"议题的讲话》，《人民日报》2024 年 11 月 20 日。

其三，"完善全球贸易治理，建设开放型世界经济"①。全球贸易治理是全球经济治理体系的关键构成与核心驱动力量。其在优化资源配置、稳定市场秩序、促进国际合作规则制定、助力新兴经济体发展以及应对全球性挑战等多方面，深刻影响全球经济治理体系的结构、效能及其变革进程，因而在全球经济治理体系变革中占据着重要地位。人类命运共同体理念内含的中国方案为消解全球贸易治理赤字、建设开放型世界经济指明了方向。

一是就全球贸易治理的全局而言，中国始终将发展置于国际经贸议程的核心位置，使之成为驱动全球经济协同发展的关键引擎。为此，中国毫不动摇地推进贸易与投资自由化便利化进程，主张通过削减贸易壁垒、简化投资流程、加强跨境基础设施建设等多维度协同举措，构建起一个宽松、高效且有序的全球贸易与投资环境。这不仅有助于激发世界经济的内生增长活力，拓宽各国经济发展的边界，也有助于推动世界各国在相互依存、休戚与共的经济格局中携手共进，共同为完善全球贸易治理贡献力量。

二是就 WTO 这一全球贸易治理核心机制的改革而言，中国始终秉持反对单边主义与保护主义的鲜明立场，坚决维护多边贸易体制，致力于构建公平公正的国际经济秩序。鉴于部分行为体出于自身私利而大肆推行单边主义的行径——此类行径严重损害了国际贸易规则的一致性、连贯性与权威性，破坏了国际社会所秉持的平等合作原则，以及部分行为体借助贸易保护主义手段构建贸易壁垒，阻碍全球贸易的自由流通，对全球经济的相互关联性与整体性造成极大破坏的现实，中国积极倡导各国携手共进，共同推动 WTO 争端解决机制迅速恢复其正常运转功能，借助公正、透明且高效的仲裁机制解决国际贸易争端。同时，中国坚决主张将《促进发展的投资便利化协定》深度融入世界贸易组织的规则框架体系之中，以此为全球投资活动提供更为规范、完善的制度性指引，促进国际资本在全球范围内的合理流动与有效配置，助力各国经济发展协同共进。此外，鉴于数字经济在当代全球经济格局

---

① 习近平：《携手构建公正合理的全球治理体系——在二十国集团领导人第十九次峰会第二阶段会议关于"全球治理机构改革"议题的讲话》，《人民日报》2024 年 11 月 20 日。

中的崛起态势及其在全球经济治理体系中的重要作用，各国应共同为数字贸易的蓬勃发展制定统一的规则蓝本，就电子商务协定达成广泛共识，进而在数字经济时代平等参与、共享机遇，实现经济的数字化转型与升级，从而最大限度提升全球经济治理体系的公平性与普惠性。

三是就 WTO 规则体系的动态调整而言，中国倡导建立开放包容、公平公正且具有前瞻性的全球经贸规则。一方面，针对长期困扰多边贸易体制的未决议题，诸如农业补贴、知识产权保护等复杂领域，中国积极推动各国开展广泛而深入的讨论与磋商，力求突破传统思维定式与利益格局的束缚，找到契合各方利益最大公约数的有效解决方案，以填补多边贸易体制在规则覆盖面上的严重缺陷，进而促进全球贸易治理规则朝着更加公平、合理、包容的方向演进，保障各国在全球贸易体系中的合法权益，从而使全球贸易规则在构建与完善上更好地契合人类命运共同体理念。另一方面，中国积极主动地探索制定面向未来的新型贸易规则。随着全球经济格局的深度调整、科技革命的加速推进以及新兴产业的蓬勃兴起，诸如人工智能、量子计算、生物技术等前沿领域的贸易规则亟待构建，前瞻性研究与新规则的制定能够确保多边贸易体制在未来全球经济竞争与合作的舞台上始终保持权威性、有效性与相关性，引领全球贸易治理沿着人类命运共同体理念所倡导的可持续发展、合作共赢的时代方向不断前行，从而为全球经济治理体系的变革奠定坚实的规则基础。在此基础上，中国强调要高度警惕并坚决避免将经济问题政治化、泛安全化的不良倾向。在国际贸易领域中，经济与政治虽然相互交织，但各国应恪守经济规律与贸易规则，避免将贸易问题作为政治博弈的工具，人为地割裂全球市场的有机联系。将经济问题政治化不仅会严重破坏全球贸易的公平性与自由性，更会引发全球经济秩序的混乱与动荡，从而严重损害世界各国的整体利益。同时，中国坚决反对部分主体"以绿色低碳为名、行保护主义之实"①。绿色低碳发展作为全球经济可持续发展的必然趋

①　习近平：《携手构建公正合理的全球治理体系——在二十国集团领导人第十九次峰会第二阶段会议关于"全球治理机构改革"议题的讲话》，《人民日报》2024 年 11 月 20 日。

势，各国应在平等、公正的基础上，共同探索绿色贸易规则的制定与实施，从而促进全球贸易与环境保护的良性互动与协同发展。

四是就全球贸易治理中全球产业链供应链的稳定性而言，鉴于当前全球产业链供应链因部分行为体大肆推行保护主义而面临的各种风险挑战，世界各国应通过加强政策沟通、信息共享、技术合作以及应急协同机制建设等，共同提升全球产业链供应链的韧性与稳定性，增强其应对各种外部冲击与风险的能力，共同践行《产业链供应链韧性与稳定国际合作倡议》，共同构建一种更具平等性、包容性和建设性的产业链供应链伙伴关系，进而打破传统产业链供应链中的不平等权力结构与排他性壁垒，从而最大限度保障全球经济治理体系的稳定性。

总之，在全球贸易治理中，中国始终以更加积极的姿态、务实的行动推动世界各国在这一问题上展开全方位、多层次的深度合作。各国在贸易治理领域的协同努力，不仅有助于重塑全球贸易规则，使其更契合公平、包容与可持续发展的要求，而且有助于重新平衡全球经济格局中的力量分布，增强全球经济治理体系的多元性与代表性，进而提升其应对复杂多变局势的能力，从而在为充满不确定性和不稳定性的全球经济注入更多确定性的过程中，引领全球经济治理体系朝着更加公正、高效、稳定的方向变革与发展。

三 深化拓展平等开放、互利合作的全球伙伴关系，弥合多元主体间的矛盾分歧

推进全球经济治理体系的变革离不开科学理念的引领，人类命运共同体理念顺应国际经济形势发展的潮流，秉承合作共赢的发展主张，为推动现行全球经济治理体系的进步与完善，化解各方的矛盾分歧，贡献了中国智慧、中国方案。

首先，坚持全球治理的价值理念，在国家主义和全球主义的张力中寻求合作共赢之路。从当前的全球经济治理体系来看，民族国家是国际交往中的主体力量，也是全球经济治理体系中的主要行为体，实现国家利益最大化仍然是目前民族国家在国际交往中奉行的根本原则。全球性挑战的严峻性和国

家治理的频繁失灵，促使我们不得不反思以往国家利益最大化的个体理性所具有的狭隘性，从而诉诸全球共同发展的集体理性。当前西方发达国家主导的全球经济治理体系恰恰忽视了被发展中国家置于优位的国家利益，以致民族国家始终处于国家主义和全球主义对立状态，导致全球经济治理体系中的利益失衡。中国倡导在全球治理中理性权衡利益分配，既要立足于国家主义的现实，又要在国家主义和全球主义之间寻求平衡，在两者的张力中尽可能地增进全球利益，实现全球的合作共赢。在这个意义上，全球主义的价值理念可以防止国家主义过度膨胀而造成巨大威胁，适当的国家主义又可以避免过分发展全球主义而对民族国家主权造成干涉。在全球经济治理体系中实现国家主义和全球主义的平衡，既是对当前西方发达国家主导的全球经济治理体系过度强调国家利益优先的修正，又是立足国家特殊利益增进人类共同利益的共赢之路。人类命运共同体理念在两者的对立统一中谋求全球的合作共赢，为推动全球经济治理体系变革提供了明确的方向。

其次，树立合作共赢的理念，在发达国家与发展中国家之间的分歧中寻找利益平衡点。现行西方发达国家主导的全球经济治理体系治理困境频现的一个重要原因就在于全球治理参与主体长期存在的利益失衡。发达国家与发展中国家的利益失衡致使以集体性行动为基础的全球经济治理难以为继。基于此，中国倡导在全球经济治理体系中坚持正确的义利观，树立合作共赢的发展理念，倡导在追求本国利益时兼顾他国利益，既要做大共同利益的蛋糕，又要分好共同利益的蛋糕，真正认清各主体间"一荣俱荣、一损俱损"的利益连带效应，"在竞争中合作，在合作中共赢"[1]，坚决反对以牺牲他国人民利益换取自身利益的霸权行径。同时，中国倡导构建共商共建共享的全球经济治理格局，充分回应广大发展中国家和非政府组织在全球经济治理体系中的利益诉求，确保各参与主体在全球经济治理体系中权利平等、地位平等、机会平等、话语平等以及规则平等，真正在全球经济治理体系中实现各方利益的最大公约数。

---

[1]　《十八大以来重要文献选编》上，中央文献出版社，2014，第357页。

　　再次，统筹国内国际两个大局，以区域经济治理推动全球经济治理。作为亚洲的重要组成部分，作为世界第二大经济体和全球经济增长的引擎，作为全球经济治理体系变革的主要参与者、贡献者、推动者，中国实行的各类对内、对外方针政策无疑会对亚洲经济治理、全球经济治理产生巨大的影响。当前，国际形势发生了前所未有的深刻变化，全球性经济挑战的威胁日趋严峻，亚洲乃至世界的目光纷纷转向中国，更加重视中国政府的作为。可以说，中国对国内的经济治理、参与亚洲的经济治理越发彰显出全球意义，是全球经济治理的重要组成部分。全球经济治理依靠地区经济治理，地区经济治理影响全球经济治理。中国坚持统筹国内国际两个大局，依照从铸牢中华民族命运共同体到迈向亚洲命运共同体，再到推动建设人类命运共同体的治理理路，坚持把中国经济发展与亚洲经济发展、世界经济发展结合起来，把中国人民利益与亚洲人民利益、世界人民利益结合起来。按照这一基本治理思路，顺应经济全球化大趋势，中国坚持以扩大自主开放和对不发达国家的单边开放破解部分主体的保护主义，坚持以优化区域开放布局到完善推进更高水平开放型经济新体制，并始终坚持"同各方一道，以开放纾发展之困、以开放汇合作之力、以开放聚创新之势、以开放谋共享之福，推动普惠包容的经济全球化"①，建设开放繁荣美好世界。正可谓"唯有益天下，方可惠本国"②。所以，中国在国内经济治理、区域经济治理中取得的成功，不仅在一定程度上减轻了国际社会参与全球经济治理的负担，也使中国有更多的精力参与全球经济治理建设，是一国以自身发展推动建设开放型世界经济的典范，更是中国以单边开放重塑全球经济秩序的新举措。相比欧美发达国家国内治理的失败而导致其主导的全球经济治理体系和治理机构的困境日益加剧而言，中国倡导以区域经济治理推动全球经济治理的基本理路，明确地表达了区域经济治理对全球经济治理的根基性作用，也同样暗示了欧美发达国家只有取得国内治理上的成功才能在全球经济治理体系中更具自信力、影

---

①　和音：《"零关税待遇"彰显扩大高水平开放决心》，《人民日报》2024 年 12 月 3 日。
②　和音：《"零关税待遇"彰显扩大高水平开放决心》，《人民日报》2024 年 12 月 3 日。

响力和领导力。

最后，以"一带一路"为契机，同共建国家共同构建经济全球化新格局，探索全球经济治理体系新秩序。当前包括中国在内的众多发展中国家深感全球化利益失衡造成的诸多困难和治理困境。因此，中国顺应共享经济全球化发展成果的普遍要求，顺应全球经济治理体系变革的时代趋势，顺应全球人民过美好生活的强烈愿望，"始终秉持和平合作、开放包容、互学互鉴、互利共赢的丝路精神，始终坚持共商共建共享的原则"①，以"一带一路"倡议作为同共建国家在新的历史条件下构建经济全球化新格局、挖掘增长新动力、实现合作共赢的治理创新平台。自"一带一路"倡议实施以来，共建各国就合作理念、合作重点、合作形式达成了广泛的共识，在既有的双边、多边发展机制基础上，着力构建全球互联互通的伙伴关系，"政策沟通、设施联通、贸易畅通、资金融通、民心相通"②，共同打造政治互信、经济融合、文化包容的利益共同体、责任共同体、文明共同体和命运共同体。"一带一路"倡议在探索内部治理机制的同时，也在不断影响和塑造全球经济治理机制，有效地降低了欧美发达国家单边主义、保护主义带来的重大风险，极大地提高了共建国家的自主性和灵活性。当前，"共建'一带一路'已经进入高质量发展新阶段"③。为此，中国继续"坚持共商共建共享、开放绿色廉洁、高标准惠民生可持续的指导原则……坚持高质量发展和高水平安全相结合、政府引导和市场运作相结合、科学布局和动态优化相结合、量的增长和质的提升相结合……统筹推进重大标志性工程和'小而美'民生项目建设，统筹巩固传统领域合作和稳步拓展新兴领域合作，完善推进高质量共建

---

① 《习近平在第四次"一带一路"建设工作座谈会上强调 坚定战略自信 勇于担当作为 全面推动共建"一带一路"高质量发展》，《人民日报》2024 年 12 月 3 日。
② 习近平：《决胜全面建成小康社会 夺取新时代中国特色社会主义伟大胜利——在中国共产党第十九次全国代表大会上的报告》，人民出版社，2017，第 60 页。
③ 《习近平在第四次"一带一路"建设工作座谈会上强调 坚定战略自信 勇于担当作为 全面推动共建"一带一路"高质量发展》，《人民日报》2024 年 12 月 3 日。

'一带一路'机制"①，从而以此为全球经济"拓展更高水平、更具韧性、更可持续的共赢发展新空间"②。可以说，"一带一路"倡议在实践中真实地勾画了人类命运共同体的理想愿景，为新型全球化的出场提供了现实指引，也为"更加公正合理的国际政治新秩序从'一带一路'建设进程中自然成长起来，添加了有益的养分"③。实践证明，这条开放、普惠、共赢之路既为完善全球经济治理开拓了新实践，也十分符合共建国家的治理期待。需要明确的是，"一带一路"倡议是中国政府同共建国家实现合作共赢、携手应对全球经济治理挑战的重要平台，绝非中国对外称强称霸的战略工具，诚如习近平所说："共建'一带一路'倡议源于中国，但机会和成果属于世界。"④

四 加快构建中国话语体系和叙事体系，提升中国在全球经济治理体系变革中的国际话语权

国际话语权作为一种以非暴力、非强制方式改变他国思想和行为的影响方式⑤，主要包括话语体系和叙事体系两大方面，其中话语体系是叙事体系的价值指引，叙事体系是话语体系的具体表现，二者共同反映一个国家在国际社会中的地位和影响力⑥。当前，中国作为全球第二大经济体，虽然在全球经济治理体系变革中发挥着越来越重要的作用，但在西方话语霸权的长期压制和歪曲下，中国在全球经济治理体系变革中的国际话语权并未随着国际地位的显著提高而得到应有的提升。中国在参与乃至引领全球经济治理体系变革中的感召力和影响力仍有待增强。为此，在加速提升国家硬实力的基础

---

① 《习近平在第四次"一带一路"建设工作座谈会上强调 坚定战略自信 勇于担当作为 全面推动共建"一带一路"高质量发展》，《人民日报》2024 年 12 月 3 日。

② 《习近平在第四次"一带一路"建设工作座谈会上强调 坚定战略自信 勇于担当作为 全面推动共建"一带一路"高质量发展》，《人民日报》2024 年 12 月 3 日。

③ 王镭等主编《"一带一路"合作共赢》，社会科学文献出版社，2017，第 18 页。

④ 习近平：《开放共创繁荣 创新引领未来：在博鳌亚洲论坛 2018 年年会开幕式上的主旨演讲》，人民出版社，2018，第 13 页。

⑤ 江涌：《中国要说话，世界在倾听——关于提升中国国际话语权的思考》，《红旗文稿》2020 年第 5 期。

⑥ 刘瑛：《加快构建中国话语和叙事体系》，《光明日报》2023 年 6 月 30 日。

上，中国应加快构建在全球治理变革中的话语体系，进而形成与"综合国力和国际地位相匹配的国际话语权"①。但需要明确的是，中国提升国际话语权并非"另起炉灶"，而是在参与全球经济治理体系变革的过程中，将中国的智识资源和核心利益诉求嵌入其中，进而在展现中国国际领导力的过程中提升全球经济治理体系变革国际话语权，具体如下。

其一，提升中国在全球经济治理体系变革中的理念话语权，加强中国价值理念等智识元素对全球经济治理体系变革的引领。面对全球性挑战威胁加剧，以及人类共命运、同利益的现实，中国提出了推动构建人类命运共同体的价值理念，为全球经济治理体系变革提供了全新的价值理念和方案选择。当前，人类命运共同体理念内含的共商共建共享的全球治理观，共同、综合、合作和可持续的新安全观，合作共赢的共同发展观，和平、发展、公平、正义、民主、自由的全人类共同价值等诸多价值理念，不仅得到越来越多国家的认同，更是与部分美西方发达国家的零和博弈、自私自利形成了鲜明对比。因此，中国在持续推动构建人类命运共同体的基础上，既要不断为全球经济治理体系提供中国原创的价值理念，更要将这些价值理念通过多种方式融入全球经济治理体系变革实践之中，与全球经济治理体系变革正在进行的一系列行动结合起来，进而在不断增进国际社会对中国价值理念认同感的过程中提升中国的理念话语权。

其二，提升中国在全球经济治理体系变革中的制度话语权，推动全球经济治理体系机制变革创新。制度话语权指向以制度化的方式影响全球经济治理体系变革，是中国深度参与全球经济治理体系变革的有力保障②。为此，中国可以从以下两个方面入手。一是积极推动现行全球经济治理体系机制变革，增加中国和广大发展中国家在全球经济治理体系多边机构中的占有份额，并积极参与全球经济治理体系多边机构的人事安排，从而使其更好地体现国际力量对比变化。二是发挥中国自身优势，创建全球经济治理体系新机

---

① 《习近平著作选读》第1卷，人民出版社，2023，第38页。
② 高奇琦：《深度参与全球经济治理的保障 提高我国制度性话语权》，《人民日报》2016年2月3日。

制，提升全球经济治理体系变革议题设置和主导能力。比如中国在"一带一路"框架下创建的"一带一路"国际合作高峰论坛以及涉及一系列专业领域的多边对话合作平台，不仅在发展议题的设置和引领上发挥了重要作用，有效凝聚了广大发展中国家的合作共识，而且中国还凭借创始国议程设置的有利地位，进一步阐述了中国在信息网络、人工智能、绿色发展、能源等问题治理上的主张，有力促进了利益相关方的团结与合作，进一步凝聚了全球经济治理体系变革共识。未来，在全球经济治理体系变革上，中国应进一步"积极主导议题选择，不断扩大议题利益相关方，强化自身议题联盟的形成，推动议题进入议程"①，进而不断提升自身在全球经济治理体系变革中的制度话语权。

其三，提升中国在全球经济治理体系变革中的学术话语权，形成中国原创的全球经济治理体系变革理论。关于全球经济治理体系变革的学术研究不仅能为中国在全球经济治理体系变革中的国际话语权提升提供理论支撑，而且"还能从学术角度捍卫中国的国家形象"②。为此，一方面，学术界需对中国推动全球经济治理体系变革所面临的一系列重大问题做出科学回答，诸如我国应如何看待全球经济治理机制，全球经济治理机制"究竟是国家间权力政治失灵之处的补充"③，还是其本身就是多主体进行合作的全球舞台；我国应如何处理国家利益与超国家利益性质的国际规范和法律之间的关系，并在此基础上与不同行为体开展更加广泛的合作；学术界如何将党中央关于全球经济治理体系变革的高度政治化的话语转化成学术话语，并搭建具有中国特色的全球经济治理体系变革理论框架；等等。这些问题在很大程度上影响着中国在全球经济治理体系变革中作用的发挥和话语权。另一方面，学术界应从我国推动全球经济治理体系变革的实践中总结规律性的认识，提出新概念、新观点，并加强对中国优秀原创研究成果的国际传播，使中国的全球经

---

① 吴志成、李冰：《全球治理话语权提升的中国视角》，《世界经济与政治》2018 年第 9 期。

② 江时学：《论中国的国际话语、话语权及话语力》，《国际关系研究》2023 年第 3 期。

③ 俞正樑等：《全球治理体系变革和建设的研究重点与路径建议》，《国际观察》2021 年第 3 期。

济治理体系变革理念、理论与实践进入全球学术视野，成为重要研究主题①，使中国原创的全球经济治理体系变革理论成为世界全球经济治理知识体系的重要组成部分，进而在丰富世界全球经济治理理论的过程中提升全球经济治理体系变革学术话语权。

其四，提升中国在全球经济治理体系变革中的传播话语权，讲好中国推动全球经济治理体系变革的故事。"任何领域话语权的提升除了影响到具体的治理行动外，也会塑造国际认知。"② 因此，要增强中国在全球经济治理体系中的影响力和感召力，就必须提升中国在全球经济治理体系变革中的传播话语权。一是讲好中国推动全球经济治理体系变革实践的故事。中国在以构建人类命运共同体推动全球经济治理体系变革的实践中，积累了大量的生动故事。例如：从"一带一路"倡议基础设施建设项目带动共建国家经济发展与就业增长，到亚投行在全球新兴市场基础设施融资中发挥关键作用；从中国积极倡导 WTO 改革，提出建设性方案，到在应对全球金融危机、公共卫生事件时提供物资援助、开展政策协调与经验分享等，都充分彰显了中国的积极作为、责任担当以及实践成效。充分讲好和传播好这些生动故事，有助于展现真实、立体、全面的大国形象，使国际社会读懂中国，从而增强传播内容的可信度与感染力，提升中国传播话语权。二是创新传播话语表达。一方面，需将中国传统文化中的智识元素，如"和为贵""义利观"等融入全球经济治理体系变革的传播话语中，赋予其时代内涵并进行国际化表达。另一方面，积极借鉴国际经济治理领域的前沿话语和流行概念，对中国推动全球经济治理体系变革的实践与理念进行重新包装与阐释，使中国的传播话语既具中国特色又符合国际传播语境，进而有效提高我国关于全球经济治理体系变革话语的传播效率与国际社会对中国传播话语接受度。三是构建政府、企业、媒体以及个人等多元主体协同参与的传播格局。就政府而言，外交部门、商务部门等应在国际外交舞台、国际经贸合作谈判等场合系统阐述中国

---

① 孙吉胜：《全球治理体系变革中的中国国际话语权构建》，《当代世界》2022 年第 10 期。

② 孙吉胜：《全球治理体系变革中的中国国际话语权构建》，《当代世界》2022 年第 10 期。

关于全球经济治理体系变革的政策主张，发挥政策引领与官方信息发布的主渠道作用。就企业而言，企业在海外运营过程中应切实践行人类命运共同体理念，充分展示中国企业在全球经济合作中的责任担当。就媒体而言，媒体应发挥信息传播与舆论引导的专业优势，利用传统媒体与新媒体平台，创新报道形式与内容，如采用深度报道、专题节目、互动式新媒体等多种形式讲述中国推动全球经济治理体系变革的价值追求与生动实践。就个人而言，鼓励海外华人华侨、留学生以及普通民众在日常国际交往中积极传播中国推动全球经济治理体系变革的相关信息，从而以个体的力量凝聚国际民间层面的广泛共识，进一步夯实中国推动全球经济治理体系变革的国际群众基础，使世界各国人民能够从多元视角、从基层互动中深入了解中国在全球经济治理体系变革进程中的角色担当与积极贡献。可以说，多元主体协同参与的传播格局不仅可以形成全方位、多层次、宽领域的传播合力，逐步打破西方单方主导的话语壁垒，在全球经济治理体系变革的传播领域构建起具有中国特色的传播话语权，而且有助于中国在全球经济治理体系变革中更好地发挥作用，进而为全球经济治理体系变革朝着更加公平、多元、高效方向推进奠定坚实的话语权根基。

人类命运共同体理念内含的中国方案作为与现行西方治理方案完全不同的新方案，虽不寻求"另起炉灶"或推倒重来，但会坚决推动全球经济治理体系朝着更加公正合理的方向发展。加之当前我们所面临的仍然是美西方发达国家主导下的国际经济秩序，这意味着在一定时期中国方案将以嵌入西方治理方案的方式进行落实。由于美西方阻碍力量依然强大，因而中国方案在与西方治理方案的博弈和互塑过程中还将面临诸多挑战，但随着变革力量的壮大和西方治理方案的失效，中国方案必将在引领全球经济治理体系变革进程中发挥更大作用。

综上所述，伴随世界百年未有之大变局的深刻演进，现行全球经济治理机制愈发失效，国际经济权力格局深刻调整，进一步加速了旧国际经济秩序的瓦解和全球经济治理体系的变革进程。伴随这一大变革大调整过程的展开，各行为体围绕世界经济秩序和全球经济治理体系变革的竞争愈发激烈。

相比现行西方经济治理方案弱肉强食、赢者通吃的丛林法则，推动构建人类命运共同体所内含的以平等互利、合作共赢、包容普惠理念为指导，以实现各方共同利益为现实指向，以建立"五个世界"进而开创人类美好未来为终极归宿的中国方案，不仅勾画了全球经济治理体系变革的理想愿景和宏伟蓝图，而且为全球经济治理体系变革的实现提供了新理念、新思维、新路径，其落实必然招致有些国家的阻挠和反对。这就要求我国在参与全球经济治理体系变革的实践中，既应始终将自身的发展寓于世界发展之中，加强与不同行为体的合作对话，进而在以自身的发展和实力的增长影响世界的过程中为全球经济治理体系变革创造有利条件；又应"做实发展中国家的伙伴关系和价值同盟，集体发声发力"①，共同影响和引导全球经济治理体系的演变，从而壮大国际社会推动全球经济治理体系变革的力量。

---

① 何亚非：《全球治理的中国方案》，五洲传播出版社，2019，第196页。

第五章　全球安全治理体系变革面临的挑战及中国方案

　　世界由"大发展大变革大调整时期"① 进一步转向"新的动荡变革期"②，是以习近平同志为核心的党中央对当前国际形势和全球安全治理发展趋势的重大科学判断。在当前异常严峻的国际安全形势下，一方面，国际局势和大国关系强烈动荡，世界不稳定性与不确定性因素增加，全球安全治理赤字、和平治理赤字持续加重，全球安全治理及其体系变革面临极大挑战，"世界又一次站在历史的十字路口"③；另一方面，动荡又强烈呼唤和催生变革，成为国际秩序和全球安全治理体系变革的"撬动性"力量。鉴于当前国际局势总体更趋紧张的形势及其对全球安全治理体系变革的深刻影响，加之推动世界和平发展、保障世界安全稳定，进而实现人类对更加美好世界追求这一客观要求和必然趋势，中国方案秉持持久和平和普遍安全的价值理念，展现了不同于既有西方安全治理体系的新图景，为破解人类和平困境、安全困境提供了中国智慧，"为世界更好发展指明前进方向"④，从而在科学回答

---

① 习近平：《决胜全面建成小康社会 夺取新时代中国特色社会主义伟大胜利——在中国共产党第十九次全国代表大会上的报告》，人民出版社，2017，第58页。

② 习近平：《高举中国特色社会主义伟大旗帜 为全面建设社会主义现代化国家而团结奋斗——在中国共产党第二十次全国代表大会上的报告》，人民出版社，2022，第26页。

③ 《习近平著作选读》第1卷，人民出版社，2023，第49页。

④ 中央党史和文献研究院国家高端智库、新华社国家高端智库：《人类文明新形态的世界意义》，新华网，https://f2.xhinst.net/group2/M00/00/A5/CgoMnmcrJ5uEVvlDAAAAAGWbz30229.pdf。

世界需要什么样的全球安全治理体系，怎样推动全球安全治理体系变革的世界之问、时代之问中，为国际社会提供了不同于现行西方治理方案的中国方案选择。

第一节　全球安全治理体系变革面临的挑战

伴随世界百年未有之大变局的加速演进，国际安全形势日益趋向严峻，世界进入了一个风险与冲突、不稳定性与不确定性因素相互交织，地缘政治格局与全球安全态势深度融合的新动荡变革期。在错综复杂的国际安全形势下，全球乱象丛生，各种安全威胁交织共振，联合国机制愈发失效，全球安全治理面临空前困难，世界又一次处于何去何从的十字路口。

一　全球安全治理体系和平赤字加剧

2024 年 9 月，联合国秘书长古特雷斯（António Guterres）在第 79 届联合国大会上向世界发出警告：当前全球"正慢慢走向难以想象的境地，走向一个有可能吞噬世界的火药桶……"①。这既表明当前国际安全形势的严峻程度，也暴露出全球安全治理体系的严重问题，以致全球安全治理体系的和平赤字持续加重。

其一，全球合作型安全文化加速裂解。合作型安全文化即国际社会成员所形成的以新集体安全观——强调"国家的共同责任、国家之间的合作协力、多边主义的有效实施"② ——来共同应对国家安全威胁和提供全球安全保障的共识。在当前异常严峻的国际安全形势下，以美国为代表的部分行为体，其安全取向愈发向国家中心主义回归，由此导致了"安全的内向化"。美国将自身绝对安全作为目标，将国家军事实力的绝对增长视为实现该目标

---

① 转引自中央党史和文献研究院国家高端智库、新华社国家高端智库《人类文明新形态的世界意义》，新华网，https://f2.xhinst.net/group2/M00/00/A5/CgoMnmcrJ5uEVvlDAAAAAGWbz30229.pdf。

② 秦亚青：《新冠肺炎疫情与全球安全文化的退化》，《国际安全研究》2021 年第 1 期。

的途径，同时将国家安全视为一种封闭体系，进而将安全开放体系视为威胁的根源，并极力规避过去由其所主导的国际多边治理机构和相关条约的责任与义务，以致国际社会应对全球安全威胁的合作意愿严重弱化。由于全球安全的高度关联性和安全现实的极度脆弱性，美国安全取向的外溢效应致使越来越多的国家趋向"安全内向化"，从而国际社会形成了一种反集体安全文化的瓦解效应。同时，美国"安全内向化"的另一个现实表现就是在国际交往中设定潜在的敌人或对手身份。在这种二元对立的身份政治框定下，国家安全威胁不再被视为全球性的和跨国性的安全挑战，而是在很大程度上被视为来自敌对者的威胁。这不仅严重瓦解了国际社会实现集体安全的合作基础和合作的可能性，而且导致国际社会成员之间的交往变为零和博弈，甚至引发不同程度的冲突和对抗，以致国际社会多年来形成的合作型安全文化在退向"冲突型安全文化"①的过程中加速裂解。

其二，深刻的结构性地缘政治分歧与此起彼伏的局部冲突。冷战后，美国为巩固单极世界霸权，一方面，渐进加强对俄罗斯在战略空间上的挤压；另一方面，加紧在中东地区扩大势力范围并打压包括伊朗在内的一些反对力量。为实现在全球竞争和领导方面处于最具实力的地位②这一战略目标，美国通过政治围堵、脱钩断链、极限施压、单边制裁等方式极力打压、遏制中国，并大肆渲染"中国威胁论"，将中国视为"最重要的战略竞争对手和最大地缘政治挑战"。结构性地缘政治分歧及其所引发的潜在和现实局部冲突，导致国际社会围绕全球安全治理所进行的合作努力濒临中断，使全球安全面临严峻挑战。

其三，大国战略竞争严重制约全球安全治理体系变革进程。全球安全治理体系的良性发展及其变革的稳步推进所必需的基本支柱之一就是大国的协

---

① 秦亚青：《美国大选与世界格局的走向》，《现代国际关系》2020年第12期。

② 参见 Secretary Antony J. Blinken Remarks to the Johns Hopkins School of Advanced International Studies (SAIS), "The Power and Purpose of American Diplomacy in a New Era", U. S. Department of state, https://2021 - 2025. state. gov/secretary-antony-j-blinken-remarks-to-the-johns-hopkins-school-of-advanced-international-studies-sais-the-power-and-purpose-of-american-diplomacy-in-a-new-era/。

调与合作，这也是过去全球安全治理体系可以实现有效治理的重要原因。然而，伴随国际力量对比的深刻调整和国际格局的加速重构，大国间的战略竞争愈发激烈，使得原本就不坚固的大国合作变得更加脆弱。一方面，从美西方利益集团同俄罗斯的竞争来看，双方围绕俄乌冲突和建立世界新秩序所展开的激烈较量，不仅严重破坏了各方原有的合作基础，也大大弱化了各方的战略互信和进一步对话合作的可能性。另一方面，从中美战略竞争来看，双方作为全球安全治理体系中综合实力与影响力最大的两个行为体，二者的关系走向和战略安排在很大程度上决定了全球安全治理体系变革的未来。然而，美国将中国视为最大的竞争对手和"步步紧逼的挑战"，全力实施竞争性对华战略。美国不仅打造所谓的"民主技术联盟"与中国进行地缘技术竞争，而且以"餐桌菜单论"来描述中美关系，并以此强制他国选边站队，更是在组建更多更大反华联盟的基础上，在中国周边营造战争环境，妄图把世界性战争引入亚太地区，从而最大限度阻止中国掌握全球安全治理体系变革主导权，避免任何可能削弱其霸权的全球安全治理体系机制的调整。以大国协调与合作为重要支撑的全球安全治理体系变革正面临极为严峻的挑战。

实现全球和平既是世界各国人民的共同追求，也是全球安全治理体系的核心目标。然而，从各方面来看，威胁全球和平的负面因素依然在积聚，全球和平赤字仍在加重，因而，全球安全治理体系的变革既迫切，又任重道远。

二 全球安全治理体系安全赤字凸显

安全事关世界各国人民的根本利益，也是实现各国共同发展和共同繁荣的前提和基础，更是全球安全治理体系的价值目标。当前，国际形势发生重大变化，全球安全格局也处在深刻变动中，在诸多因素的共同影响下，全球面临多重安全危机，安全治理赤字进一步加重，以致全球安全治理体系变革困难重重。

其一，美西方国家霸权霸道霸凌行径危害深重。长期以来，在诸多全球事务的治理中，美西方国家凭借其在全球政治、经济、军事等方面的优势地位，频频实施霸权霸道霸凌行径，以致越来越多的国家和人民认识到此种霸权霸道霸凌行径已经成为世界动荡不安的最大根源。从政治层面来看，此种霸权霸道霸凌行径，一是表现为肆意干涉他国内政。美西方国家常常以所谓的"人权""民主""自由"等为借口，肆意干涉他国内政，通过各种非政府组织和媒体渠道以及资金支持等手段，在目标国家内部煽动颜色革命，制造社会动荡。二是在全球组建形形色色的排他性政治联盟，这些小圈子既是美西方国家推行霸权的重要工具，也是影响全球安全的不稳定因素。从经济层面来看，此种霸权霸道霸凌行径，一是表现为经济上的掠夺与剥削。美西方国家利用自身在技术、金融等方面的优势，通过制定不平等的贸易规则在全球经贸中形成一种不公平的贸易剪刀差，从而以此在国际贸易中获取巨额收益。二是滥用全球金融霸权。美西方国家凭借美元的国际储备货币地位，可以轻易地利用货币政策的外溢效应，在将自身危机转嫁给全球的过程中收割世界各国财富。从军事层面来看，此种霸权霸道霸凌行径，一是表现为武装干涉与侵略。美西方国家为弱化敌对国家的威胁和攫取特殊利益，在全球范围内建立军事基地，频繁发动对外军事干预行动，不仅加剧了地区的紧张局势，也进一步加重了全球安全治理体系的负担。二是大搞军备竞赛。美西方国家为维持世界霸权地位，频频与他国展开激烈军备竞赛，增加军事开支，并将大量武器倾销到其他国家和地区，尤其是一些热点地区，不仅加剧了地区冲突的激烈程度，也对全球安全造成重大威胁。从文化层面来看，此种霸权霸道霸凌行径，一是表现为文化输出与渗透，即美西方国家通过电影、音乐等文化产品向全球传播西方的政治理念和意识形态，并对他国文化进行虚假叙事，试图塑造他国民众对西方文化的价值认同。二是文化霸权与文化歧视，即美西方国家始终站在西方中心主义的视角，以文明优越和文明野蛮二元对立思维歧视他国文化，从而为全球安全带来了诸多潜在的不稳定因素。总之，美西方国家的种种霸权霸道霸凌行径，既是诸多局部冲突和战乱的根源，并大有引发更为严重的全球安全危机的可能，也严重削弱了相关国际治理组织在全球安全治理体系中的权威性和公信力，更是"从根本上破坏了国家主权平等原则和世界和平稳定"①，这对于安全治理体系变革的破坏性是巨大的。

其二，传统安全威胁和非传统安全威胁交织叠加。传统安全威胁主要是指国家面临的军事威胁及威胁国际安全的军事因素。传统安全威胁与国家主权具有高度关联性，主权国家往往通过发展军事技术、扩充军备、建立军事同盟等方式来解决国家乃至国际社会面临的军事威胁。非传统安全威胁以经济安全、金融安全、生态环境安全、信息安全、资源安全、恐怖主义、武器扩散、疾病蔓延、跨国犯罪、走私贩毒、非法移民等为代表。随着全球安全格局的深刻调整，传统安全威胁不仅没有消失，反而在大国战略竞争和地缘政治因素的影响下呈现出新的特点，所带来的安全威胁程度也更为显著。同时，非传统安全威胁迅速演变并在全球范围加速蔓延，呈现出高度不确定性、跨国性、突发性和联动性特点，对全球安全、全球安全治理体系造成了严峻挑战。就网络信息安全而言，随着信息技术的飞速发展，全球范围内网络攻击、网络诈骗、数据泄露等问题频繁发生，严重损害了国家主权和安全。就跨国性传染病而言，新型传染病的出现和传播给全球公共卫生安全带来了巨大挑战。就粮食安全而言，全球应对粮食危机网络（Global Network Against Food Crises，GNAFC）在其所发布的《全球粮食危机报告》指出，"2023 年 59 个国家和地区的近 2.82 亿人面临严重的突发性饥饿问题，比上一年增加了 2400 万人"②，而且面临严重粮食安全问题的人数仍在以惊人的速度增长。当前，传统安全威胁与非传统安全威胁相互交织、相互影响，形成了一种复杂且严峻的全球安全态势，即传统安全威胁加剧非传统安全问题，非传统安全威胁引发传统安全反应，从而严重威胁全球安全稳定。由于现行全球安全治理体系主要是基于传统安全威胁构建的，因而在应对非传统

---

① 中央党史和文献研究院国家高端智库、新华社国家高端智库：《人类文明新形态的世界意义》，新华网，https://f2.xhinst.net/group2/M00/00/A5/CgoMnmcrJ5uEVvlDAAAAAGWbz30229.pdf。

② 转引自中央党史和文献研究院国家高端智库、新华社国家高端智库《人类文明新形态的世界意义》，新华网，https://f2.xhinst.net/group2/M00/00/A5/CgoMnmcrJ5uEVvlDAAAAAGWbz30229.pdf。

安全威胁以及两者交织叠加的复杂安全问题时，无论是在协调行动，还是在资源整合，抑或在规则制定等方面都面临着空前困难，这对于全球安全治理体系变革而言是一个不小的挑战。

其三，极端组织和恐怖主义依然猖獗。"恐怖主义是人类社会的公敌，是对世界和平安全的重大威胁"[①]，长期以来，全球范围内部分地区存在的地缘政治冲突、极端贫困和社会分化、文化冲突与认同危机以及经济全球化进程带来的负面影响，为极端组织和恐怖主义的滋生提供了土壤。虽然自国际社会加强反恐合作以来，国际反恐行动取得明显实效，但随着世界百年未有之大变局的加速演进和地缘冲突的加剧，极端组织和恐怖主义的活动急剧增加，伴随人类技术的革新和普遍应用，恐怖主义活动与新兴技术的结合越发紧密，产生的危害也愈发难以掌控。从现实来看，恐怖主义活动，无论是在中东、非洲还是欧美地区，都造成了大量平民的伤亡。"澳大利亚经济与和平研究所（IEP）发布的《2023 年全球恐怖主义指数报告》表明，南亚、中东、非洲等地恐情复杂，阿富汗连续四年成为受恐怖主义影响最大的国家，巴基斯坦大规模恐袭频发，叙利亚、伊拉克、也门等国受战乱影响，再次沦为暴恐集散地。非洲萨赫勒地区恐怖主义急剧上升，2022 年萨赫勒地区因恐怖主义死亡的人数超过南亚、中东因恐怖主义死亡人数的总和。"[②] 恐怖袭击不仅造成人员伤亡，也严重侵蚀了国际社会多年来艰难形成的全球安全文化，严重破坏了国际社会的团结合作基础，更是对地区和全球安全造成严重冲击。在地区层面，极端组织与恐怖主义活动极大破坏了地区的稳定与和平进程；在全球层面，极端组织与恐怖主义活动极易引发国际安全危机，甚至导致大国关系紧张，进而严重削弱国际社会应对恐怖主义威胁的能力，从而进一步加剧全球安全治理体系的赤字和挑战。因此，从各方面来看，极端组织和恐怖主义的存在对于全球安全治理体系变革的实现都是极具破坏性的。

[①] 中央党史和文献研究院国家高端智库、新华社国家高端智库：《人类文明新形态的世界意义》，新华网，https://f2.xhinst.net/group2/M00/00/A5/CgoMnmcrJ5uEVvlDAAAAAGWbz30229.pdf。

[②] 中央党史和文献研究院国家高端智库、新华社国家高端智库：《人类文明新形态的世界意义》，新华网，https://f2.xhinst.net/group2/M00/00/A5/CgoMnmcrJ5uEVvlDAAAAAGWbz30229.pdf。

综上所述，安全赤字持续加重已成为当前国际社会面临的严峻挑战。对此，国际社会应以创新之理念、合作之精神、有效之机制，推动全球安全治理体系变革，强化国际法和全球安全治理机构的权威性与约束力，从而使全球安全治理体系在应对纷繁复杂的全球安全挑战中切实保障全人类的福祉与未来。

三　全球安全治理体系中部分行为体坚持狭隘的国家主义

伴随国际权力格局的整体演进和全球性挑战的不断增多，自二战后世界各国积极以集体行动应对全球性安全挑战的全球主义价值理念，逐渐让位于只顾自身利益的国家主义，以致在全球安全治理体系变革这一最需要国际社会协调与合作的问题上，部分主体或是零和博弈，或是缺乏意愿，从而使全球安全治理体系变革面临空前的合作困境。

其一，全球安全治理体系变革主要行为体对抗式制度体系的负外部性。随着全球性挑战的日益增多，全球安全治理体系参与主体已经由主权国家扩展至包括跨国公司、非政府组织在内的诸多行为体，但从行为体可调配的资金、技术、人才和资源来看，国家仍然是全球安全治理体系中的主要行为体，也是推动全球安全治理体系变革的主要行为体。新动荡变革期，全球安全治理体系面临极大困难，全球安全治理体系改革进展缓慢，表面上是主要行为体自顾自保、合作意愿衰减、义务分配困难所致，而其深层根源则在于主要行为体国内对抗式制度体系的负外部性。所谓对抗式制度体系的负外部性，即在"按照制衡和分立原则安排国内政党、行政、立法、央地关系的制度模式"[1] 下，国家参与全球安全治理体系变革的意愿和能力被国内日益增加的政治极化和各方力量的相互否决所限制，以致其参与全球安全治理体系变革往往缺乏连贯性和稳定性。可以说，受对抗式制度体系负外部性的影响，全球安全治理体系变革所必需的集体性行动，与部分主要行为体所确立的优先事项相冲突，部分主要行为体在推动全球安全治理体系变革的责任承

---

[1]　苏长和：《大变局下的全球治理变革：挑战与前景》，《当代世界》2021 年第 7 期。

担、承诺以及协调方面充满随意性、脆弱性和反复性，即要么无法做出明确和连贯的承诺与行动，要么因国内政治分裂而无法履行承诺，要么以各种名义拒绝合作，要么无视全球安全治理体系多边机构和具有重大约束力国际协议的权威性，选择随意加入或退出。对抗式制度体系的负外部性在大国对外政策中成为常态时，其对全球安全治理体系变革带来的冲击将更为严重。

其二，全球安全治理体系变革需要的国际合作与行为体的国家利益相互矛盾。全球安全治理体系变革是国际社会共同的事情，需要多方合作才能实现。然而，在世界新的动荡变革期，部分行为体以国家安全为由将国际合作泛安全化，并将全球安全治理体系变革所需要的国际合作与国家利益视为非此即彼或可以相互取代的对立关系，甚至认为合作就是对国家利益或国家主权的损害。因此，在当前最需要行为体合作推动全球安全治理体系变革的新动荡变革期，部分行为体要么缺乏合作和提供全球公共产品的意愿，要么无视全球安全治理体系困境，大搞地缘政治和地缘经济竞争，强势推行单边主义、贸易保护主义，构建以自身为核心的排他性小圈子，以致全球安全治理体系变革的紧迫性与优先性常常与行为体确立的优先事项和优先利益安排相冲突。正如美国学者雷纳·鲍曼（Rainer Baumann）所认为的那样，美国极力反对违背其国家利益的治理形式，从而成为制约和阻碍全球治理发展的重要力量[1]。这种狭隘自利的利益观，对于推动全球安全治理体系变革的集体性合作是极具破坏性的。

其三，全球安全治理体系变革行为体信任赤字的加剧与价值共识的深刻分歧。推动全球安全治理体系变革从根本上来说是为了有效应对人类面临的各种安全挑战，以达到实现人类共同安全的价值目标。这不仅需要多种行为体的跨国合作，更需要行为体间彼此互信和存在价值共识。可以说，彼此互信和秉持共同价值理念是各国深化合作的前提和基础。然而，在当前全球安全形势极度不稳定、燃爆点较多的复杂情况下，在最需要国际社会共同推动

---

[1] Rainer Baumann, "Incompatible Conceptions of Global Order? Empire, Hegemony, and Global Governance", Paper Prepared for Presentation at the 6th Pan-European Conference of the Standing Group on International Relations in Turin, 2007, pp. 12–15.

全球安全治理体系变革的时期，部分行为体的对外政策急剧地朝国家主义方向变更，"同时迷恋种种不同类型的沙文主义"①，要么零和博弈，要么围圈筑墙，不仅大国之间缺乏战略互信，而且小国之间、强国与弱国之间、国家与全球安全多边治理机构和非政府组织之间也由于不同原因缺乏互信，以致全球安全治理体系多年来建立在互信基础上的合作型价值共识正在深刻的分歧中加速消失。比如，面对当前全球经济增速进一步放缓并且失衡和分化趋势愈益明显这一全球性挑战，行为体本应秉承合作共赢、命运与共的价值理念建设开放型世界经济，共同营造有利于全球经济增长的国际安全环境，并推动全球安全治理体系多边治理机构改革以最大限度发挥其治理效能。但部分行为体要么采取更为保守主义的立场，要么从大国博弈的视角来看待全球安全治理体系变革，并将全球经贸问题政治化、武器化、泛安全化，以致国际社会所期待的多方安全合作日益呈现出碎片化的发展趋势。行为体间互信的缺失和价值共识的深刻分歧，相对于全球安全治理体系变革的其他挑战而言，其所带来的破坏性是更为大的。

总之，全球安全治理体系部分行为体坚持狭隘的国家主义的行径，已经成为阻碍全球安全治理体系变革的主要挑战之一。为此，全球安全治理体系变革的实现迫切需要各国秉持全球安全共同体意识，以更加开放、包容、合作的姿态参与全球安全治理，共同为人类的安全福祉贡献力量。唯有如此，才能确保世界各国在一个安全、稳定、和谐的世界中实现共同发展与进步。

四　全球安全治理体系核心机制失效

当前，无论是从层出不穷且异常严峻的全球安全威胁来看，还是从对这些安全威胁的治理结果来看，它们都无不暴露出全球安全治理体系核心机制失效这一极为严重的问题，这主要表现在以下几个方面。

其一，联合国机制面临效能低下的挑战。长期以来，联合国被视为"全

---

① 时殷弘：《全球治理和开明秩序面对的倾覆危险》，《世界经济与政治》2017年第6期。

球公共事务管理的核心"①，以联合国为核心的国际组织既是战后国际秩序的核心制度安排，也是全球安全治理体系赖以发挥治理效能的核心机制，在全球安全事务的治理中具有权威性和合法性。然而，当前大国围绕地缘政治的战略竞争日益加剧，联合国机制面对巴以冲突等严峻的安全挑战，既缺乏有效管理大国关系的完善机制，也没有管控单边主义大行其道的约束机制，更没有符合多极体系的全球安全治理机制，以致其赖以发挥作用的大国协调机制由于地缘政治分歧和大国关系剧烈动荡而愈发失效，从而使其安全治理效能和权威大打折扣。正因为如此，联合国秘书长古特雷斯指出，联合国安理会正陷入有史以来最严重的分歧之中，我们的世界正在进入一个混乱时代，其危险且不可预测②。

其二，国际军控与裁军机制瓦解。国际军控与裁军机制作为全球安全治理体系的重要组成部分，曾在全球安全领域取得了一系列重要治理成果，如《不扩散核武器条约》《禁止化学武器公约》等。这些成果不仅构建起了相对稳定且多层次的国际军控架构，为全球安全秩序的维护提供了重要的制度性保障，而且在一定程度上抑制了军备扩张的无序态势，降低了大规模杀伤性武器扩散的风险，推动全球安全形势朝着可控且稳定的方向发展。然而，随着国际政治经济格局的深度调整以及部分国家战略意图的转变，这些有效的军控机制遭遇了史无前例的严峻挑战。部分国家基于狭隘的地缘政治诉求以及对军事优势的过度追逐，摒弃了国际合作的基本准则与共同安全的理念，相继退出既有军控协议或者蓄意违反协议条款，从根本上动摇了国际军控体系赖以存在的信任基础与规则秩序，削弱了国际社会通过长期努力构建起来的军控规范的权威性与约束力。这不仅直接导致了全球部分地区军事对抗急剧升温，引发了周边国家的安全恐慌，而且在全球范围内加剧了军事紧张局势，使得原本处于相对稳定状态的核威慑平衡面临被打破的风险，从而

---

① 刘建飞、谢剑南：《全球治理体系变革与中美新型大国关系建构》，《太平洋学报》2018 年第 1 期。

② 《古特雷斯：联合国安理会功能失调，世界进入"混乱时代"》，"环球时报"百家号，https://baijiahao.baidu.com/s? id=17903218898845648808wfr=spider&for=pc。

导致全球安全治理体系及其变革在军控这一关键层面陷入了规则失效、秩序混乱、前景堪忧的艰难困境。

其三，集体安全机制失效。集体安全机制作为全球安全治理体系中的关键环节，旨在对任何蓄意破坏全球和平稳定的国家形成有效制衡，以此维系全球安全秩序的稳定。然而，各国独特的地缘政治位置、战略目标的差异，导致彼此的利益诉求存在冲突，加之部分国家出于对自身实力损耗、地缘政治平衡等问题的顾虑，集体安全机制在双重因素的影响下，在实际执行进程中面临重重障碍，越发暴露出其固有的脆弱性与局限性，难以切实发挥治理效能。以俄乌冲突为例，国际社会期望借助集体安全机制和平解决冲突，然而部分行为体基于自身特殊利益考量，阻碍集体安全机制作用的发挥，致使集体安全机制无法迅速、果断且协调一致地发挥作用，难以对冲突双方乃至"拱火方"形成足够的约束。这直接导致冲突持续发酵，不仅给欧洲地区的政治稳定、经济发展、社会民生造成了沉重打击，而且在全球范围内引发了能源价格波动、粮食供应紧张、地缘政治格局深度调整等一系列连锁反应，严重冲击了全球安全格局的稳定态势，而这也恰恰反映出全球安全治理体系变革在协调各方利益、凝聚集体行动意志以及强化机制执行效能等方面面临的重大挑战。

综上所述，从各方面来看，全球安全治理体系核心机制的失效已经成为阻碍其变革的重大挑战。这就要求国际社会必须共同努力，推动全球安全治理理念的创新、加强彼此间的协调与合作、完善和创新全球安全治理机制，进而共同构建一个更加公正、合理、有效的全球安全治理体系，实现普遍安全。

第二节　全球安全治理体系变革的中国方案

一个稳定且有效的全球安全治理体系应当具有四个基本特征，即有制度化的治理结构、追求共同利益、调节不平等实力、弥合分歧和调和价值冲突。然而，由美西方发达国家所主导的现行全球安全治理体系过度强调霸权国家的特殊利益，存在严重的"结构性困境"和价值冲突，以致全球安全赤字加重，进而越发陷入治理失灵的窘境。中国是全球安全治理体系的重要参与者和建设者，当前越来越多全球性安全问题的解决离不开中国的参与。其中中国提出的推动构建人类命运共同体的方案将在全球安全治理体系的变革中发挥重要作用。

一　完善和创新全球安全治理机制，重塑全球安全治理体系的权威性与合法性

全球安全治理机制是全球安全治理体系赖以发挥治理效能的载体。鉴于全球安全治理体系变革因其治理机制失效而受阻的问题，中国主张完善和创新全球安全治理机制，进而在重塑全球安全治理体系的权威性与合法性过程中实现有效的安全治理。

其一，坚定维护联合国在国际安全事务中的核心作用。联合国作为现行全球安全治理体系最具权威性与合法性的全球多边治理机构，曾在全球安全治理中发挥至关重要的作用。然而，面对日益增多的全球性安全挑战以及成员国价值分歧的加剧，联合国机制越来越面临"无能为力"的窘境，以致治理效能式微。究其原因，问题并不在于联合国机制本身，而是部分成员国的单边主义和"另起炉灶"使《联合国宪章》的宗旨和原则未得到有效履行，导致联合国行动能力十分有限，现行全球安全治理体系的权威性与合法性被严重弱化。中国作为联合国的创始成员国和国际秩序的建设者、维护者，在推动全球安全治理体系变革中，必须充分考虑如何提升联合国机制的治理效能，进而重塑全球安全治理体系的权威性与合法性。中国坚决维护联合国在全球安全治理体系中的权威地位及其在国际安全事务中的核心作用，"坚定维护以联合国为核心的国际体系，坚定维护以联合国宪章宗旨和原则为基石的国际关系基本准则"[1]，并加大在资金、技术、人员等方面对联合国及其所属治理机构的支持和供给，从而始终保障联合国在全球安全治理体系中的领

---

[1]　《习近平著作选读》第 1 卷，人民出版社，2023，第 571 页。

导地位。

其二，推动全球安全治理机制完善和创新。鉴于传统安全威胁与非传统安全威胁相互交织所带来的严峻挑战，国际社会应共同推动全球安全治理机制完善和创新，从而有效应对复杂多变的国际安全形势。就网络安全挑战而言，鉴于网络空间的无边界性以及网络威胁的跨国性、迅捷性，中国倡导各国摒弃国家主义的狭隘理念，以集体性行动制定具有普适性、权威性的网络安全规则与精细、统一的技术标准，以此为全球网络安全活动划定清晰的行为边界与规范准则；同时，着力构建一套高效、敏捷的全球网络安全应急响应机制，以确保在面对突发网络安全威胁时可以快速有效应对。此外，中国着力推动前沿技术领域的交流与共享，培养造就一批具备深厚专业知识与实践技能的高素质网络安全人才队伍，形成全方位、多层次的网络安全防护网络，切实维护全球网络空间的稳定与安全秩序，"让互联网更好造福各国人民"①、造福世界。就生物安全挑战而言，生物安全威胁作为非传统安全威胁的表现之一，其所带来的安全挑战相比传统安全威胁要更为严峻，破坏性也更大。鉴于生物科技的迅猛发展，中国倡导国际社会强化全球生物安全监管架构，进一步明晰并细化生物武器研发、试验、生产、储存、使用等各环节的监管流程与规范；加强国际监督与核查机制建设，确保各国严格履行生物安全相关国际公约与协定，杜绝任何形式的生物武器扩散与滥用行为；持续提升全球范围内应对生物安全突发事件的综合能力，完善生物监测预警体系，增强应急物资储备与调配能力，加强医疗应急救援队伍建设以及促进生物安全信息的国际共享与交流，以确保全球在面临生物安全危机时，能够迅速、科学且有效地采取防控措施，最大程度地减轻其对全球民众健康以及国际社会稳定所构成的安全威胁。就传统军事安全挑战而言，鉴于当前此起彼伏的局部冲突、战乱及其所引发的一系列连锁反应对全球安全形势造成的冲击，中国积极支持国际军控与裁军机制建设，支持进一步强化对大规模杀伤性武器的管控与核查，严格限制其数量、性能及部署范围，降低核冲突风

---

① 《习近平书信选集》第 1 卷，中央文献出版社，2022，第 164 页。

险，避免因军备竞赛引发的安全困境与战略误判；同时，通过对话协商和互利合作，推动各国在军事力量发展上保持克制与理性，积极营造稳定、可预测的全球军事安全环境，进而在推动国际安全格局的长期稳定与可持续发展过程中稳步实现全球安全治理体系的变革。

二　坚持政治解决区域热点问题，以区域治理填补现行全球安全治理体系的治理赤字

全球安全治理体系的善治依赖区域安全治理，区域安全治理影响全球安全治理体系的治理成效。当前，世界百年未有之大变局加速演进，区域热点问题此起彼伏，特别是中东安全问题和俄乌冲突持续发酵，由此所带来的严峻挑战已经超出地域界限而愈发具有全球性威胁，加之现行全球安全治理体系的治理失灵，世界各国的目光纷纷转向中国，期待中国可以发挥更大作用。基于此，作为全球安全治理体系变革的参与者，世界和平发展的倡导者、推动者，以及区域热点问题的斡旋者，中国高举和平、发展、合作、共赢旗帜，始终坚持推动构建人类命运共同体，"努力促进世界和平安宁和人类共同进步。面对世界动荡冲突，中国将坚定做和平的力量；面对分裂对抗风险，中国将坚定做团结的力量"[①]。面对区域安全治理赤字，中国积极践行全球安全倡议，始终将区域安全治理统合到全球安全治理的框架中，始终秉持劝和促谈的客观公正立场，坚持政治解决中东安全问题和俄乌冲突等区域热点问题，主张共同、综合、合作、可持续的安全观，倡导走对话而不对抗、结伴而不结盟、共赢而非零和博弈的新型安全之路。中国坚决反对大搞地缘政治竞争，推动区域热点问题持续升温的损人利己行径，并愿意根据各国意愿，积极为区域热点问题的妥善解决持续贡献中国力量。在中国的斡旋、努力下，沙特阿拉伯与伊朗达成"世纪和解"；"巴勒斯坦14个派别高级别代表在北京举行和解对话，签署《关于结束分裂加强巴勒斯坦民族团结

[①] 《王毅出席2024年国际形势与中国外交研讨会并发表演讲》，外交部网站，https://www.mfa.gov.cn/wjbzhd/202412/t20241218_11498021.shtml。

的北京宣言》"①。此外，中国"同巴西联合发布关于政治解决乌克兰危机的'六点共识'，会同全球南方国家发起'和平之友'小组"②，为寻求全球和平之路汇聚共识。这为中东地区其他热点问题乃至俄乌冲突的和平解决带来了新希望、新选择与新方案，更以有效的区域安全治理填补了现行全球安全治理体系的治理赤字，从而进一步彰显了中国的国际影响力以及友善、可靠的国际形象，增强了人类命运共同体理念的国际感召力，进而使各地区在持续促进区域长治久安和稳定繁荣的过程中，不断提升全球安全治理体系的有效性。

三　加强与不同行为体的协调与合作，形成推动全球安全治理体系变革的合力

无论我们怎样看待全球安全治理，全球安全治理体系的良性发展及其变革的实现一定是在不同行为体的和平合作中实现的，因为全球安全治理体系变革是国际社会共同的事情，单打独斗是行不通的。当前，全球安全治理体系变革遭遇极大困难恰恰是部分行为体不合作所致。因此，世界越是剧烈动荡变革，我们在推动构建人类命运共同体过程中越是需要着重考虑如何增进不同行为体的协调与合作，进而在同各方的"携手共进"和互利共赢中稳步实现全球安全治理体系变革。

1. 加强与美国的协调与合作，形成推动全球安全治理体系变革的合力

全球安全治理体系变革的实现客观上需要中美两国的合作。然而，伴随双方关系的变化和由此引发的战略竞争，全球安全治理体系变革进程缓慢并充满了诸多不确定性。实际上，全球化的深度发展使双方具有"高度一体化和相互依赖的特点"③。因此，"中西对立"并不是双方发展的唯一选择，

---

① 吴志成、李德鹏：《世界局势动荡演进 中国外交奋发有为》，《光明日报》2024年12月24日。
② 王毅：《勇立时代潮头，展现责任担当——在2024年国际形势与中国外交研讨会上的演讲》，外交部网站，https://www.mfa.gov.cn/wjbzhd/202412/t20241218_11496987.shtml。
③ 〔英〕巴里·布赞：《划时代变迁中的大国关系》，节大磊译，《国际政治研究》2014年第1期。

"合则两利、斗则俱伤"①，合作共赢才是实现双方共同利益的最佳选择，也有利于推进全球安全治理体系的变革。

其一，理性面对现行全球安全治理体系，在中美共"进"中实现合作共赢。当前，由美西方发达国家主导的全球安全治理体系尽管存在种种缺陷，但仍然是国际社会应对全球性安全挑战唯一所能依赖的体系，因而依然被国际社会寄予厚望。这意味着全球安全治理体系的变革必然要建立在符合各方利益最大公约数的基础上。所以，包括中国在内的广大发展中国家对全球安全治理体系的变革并非"另起炉灶"，只是对现行全球治理体系诸多缺陷进行修正。这是因为不仅"维持现有体系所需要的条件比创建它们时低"②，而且全球安全治理体系的良性发展符合各方共同利益，没有一个国家"愿意采取反体系立场"③。因此，依靠并变革现行全球安全治理体系是国际社会的最佳选择。这样一来，中国要在全球安全治理体系变革中发挥更加积极的作用或推动全球安全治理体系变革取得实质性进展，不仅要理性地面对美国主导下的现行全球安全治理体系，更要将中国的治理理念、治理价值、治理方式、治理方案等智识资源合理地嵌入其中。尽管中美双方围绕全球安全治理体系变革存在分歧，有些分歧短期内还难以解决，但双方仍存在深厚的合作基础，而且彼此也都认识到合作共赢才能创造美好未来，反之，只能给世界带来灾难。所以，中国作为国际秩序的建设者与维护者，主张中美双方在全球安全治理体系变革进程中尊重彼此核心关切，并通过议程性、选择性等多种合作形式，在气候变化、生物多样性、国际安全、全球经贸、禁毒等全球性问题以及各自所关心问题的治理方面保持对话与协调，进一步深化在全球层面、区域层面和双边层面合作的广度和深度，在寻求双方利益最大公约数的基础上形成彼此认同的合作模式，从而"营造更全面的合作机遇，开辟更

---

① 中共中央宣传部：《习近平新时代中国特色社会主义思想学习问答》，学习出版社、人民出版社，2021，第 414 页。

② Robert O. Keohane, *After Hegemony: Cooperation and Discord in the World Political Economy*, Princeton University Press, 2005, p. 49.

③ 林利民：《当前大国合作及其发展前景析论》，《现代国际关系》2003 年第 3 期。

广阔的共赢空间"①。"宽广的太平洋有足够空间容纳中美两个大国。"② 这样，就可以在避免现行全球安全治理体系出现较大震荡的情况下，以合作的方式实现全球安全治理体系变革的整体立新不破旧和局部破旧立新③。

其二，理性看待现行全球安全治理体系的治理机制，积极推动全球安全治理机制的创新、改革与完善。尽管美西方国家主导下的现行全球安全治理体系越来越不适应国际社会发展的需要，但其内含的一些全球安全治理机制在过去几十年国际事务的解决中发挥了关键作用。所以，在推动全球安全治理体系变革中，我们要理性地看待现行全球安全治理体系的治理机制，不仅要看到这些机制在哪些方面需要改革和完善，也要看到在哪些方面需要予以维护和建设。实际上，全球安全治理机制的创新、改革与完善所关涉的核心问题就在于国际社会成员是否有意愿提供以及可以提供什么样的公共产品。虽然美国极力反对可能对其霸权带来任何削弱的全球安全治理机制的改革，但正如美国学者约翰·伊肯伯里（G. John Ikenberry）所指出的，美国的霸权源于其持续为国际社会提供公共产品，二者是共生的关系④。由于没有一个国家可以单方面为全球提供公共产品，美国也不例外，因而只能依赖国际合作。对此，美国学者约瑟夫·奈（Joseph S. Nye）指出："在美国单方面无法得到想要的结果的领域，美国必须与其他国家合作。"⑤ 这表明，推动全球安全治理机制的创新、改革与完善，符合各方的共同利益。所以，在推动构建人类命运共同体过程中，中国在同包括美国在内的多元主体强化既有双边和多边机制性合作的基础上，不仅以全球安全倡议、"金砖+"、"和平之友"小组等形式实现了全球安全治理机制的创新，而且坚决维护联合国安理会的

---

① 刘建飞、谢剑南：《全球治理体系变革与中美新型大国关系建构》，《太平洋学报》2018 年第 1 期。

② 国纪平：《任何挑战都挡不住中国前进的步伐》，《人民日报》2019 年 5 月 13 日。

③ 俞正樑等：《全球治理体系变革和路径建设的研究重点与路径建议》，《国际观察》2021 年第 3 期。

④ G. John Ikenberry, *Liberal Leviathan: The Origins, Crisis, and Transformation of the American World Order*, Princeton University Press, p. 281.

⑤ Joseph S. Nye, "The American National Interest and Global Public Goods", *International Affairs*, Vol. 78, No. 2, 2002, p. 238.

权威性与合法性，始终致力于以《联合国宪章》的制度规则协调各行为体间的利益关系，坚定不移做全球安全治理机制公正合理的推动者、实践者、引领者，提升全球安全治理机制的有效性。只有最大限度保障全球安全治理机制的公平正义，才能有效增强国际社会成员的供给意愿，进而形成有效的双边和多边治理机制，从而在和平合作中推动全球安全治理体系的变革。

其三，重建中美双方的价值共识，持续推动构建人类命运共同体。理念是行动的先导，也是我们"理解冲突本质和合作可能性的根本"①。全球安全治理体系的有效性及其变革的实现归根结底需要大国间具有实质性的集体目标，并通过集体性行动来实施这些目标，从而在形成价值共识的基础上达成大国合作与互信。尽管全球安全治理体系变革不只涉及中美关系，但中美作为世界上最大的两个经济体，在资金、人才、技术的调配以及全球公共产品的供给上相对优势明显，双方能否形成价值共识并展开有效合作在很大程度上决定了全球安全治理体系变革的未来。所以，中国作为全球发展的贡献者、全球安全和国际秩序的维护者，在推动全球安全治理体系变革的过程中始终立足于中美双方的共同利益与全球整体利益，尊重彼此核心关切，在敏感问题上展开沟通对话，妥善管控双方分歧，并就全球性问题和区域热点问题治理的优先级、责任分担、方案、目标等同美国加强协调与合作。同时，中国在推动构建人类命运共同体过程中，始终秉持安全不可分割和合作共赢原则，坚持"弘扬和平、发展、公平、正义、民主、自由的全人类共同价值"②，认为中美双方不仅在推动构建全球"均衡、有效、可持续的安全架构"③和人类命运共同体中负有重大责任，而且在促进世界和平发展、繁荣稳定上负有历史使命。尽管双方在部分领域存在分歧和竞争，但中国坚决反对大搞集团政治、阵营对抗和极限施压的冷战思维，因为这样只会弱化双方已有的价值共识并给世界带来灾难。所以，深化人类命运共同体意

---

① 〔英〕安德鲁·赫里尔：《全球秩序与全球治理》，林曦译，中国人民大学出版社，2018，第51页。
② 《中共中央关于党的百年奋斗重大成就和历史经验的决议》，人民出版社，2021，第60页。
③ 《习近平谈治国理政》第4卷，外文出版社，2022，第451页。

识，在维护共同利益中求同存异，推动全球性安全问题妥善解决，实现合作共赢，是双方唯一现实的选择，也是推动全球安全治理体系变革的必由之路。

其四，构建共商共建共享的全球安全治理体系，形成推动全球安全治理体系变革的合力。推动全球安全治理体系变革需要国际社会共同参与。由于美国"捍卫"全球治理体系的主要目的是维系其所倡导的自由主义国际秩序，即维护其在全球治理体系中的霸权地位，所以美国对包括中国在内的一些国家推动全球安全治理体系变革的态度是矛盾的。一方面，美国在全球安全问题和区域安全问题的治理上离不开中国的支持和参与；另一方面，美国又极力抵制挑战其霸权地位的全球安全治理体系变革，从而成为阻碍全球安全治理体系变革的主要力量。实际上，虽然中国推动全球安全治理体系变革不寻求取代美国的领导地位，但也不可能被美国所主导，进而损害自身的发展权益。因而，双方需要"共同寻求如何容纳彼此"[①]，正如澳大利亚学者休·怀特（Hugh White）所认为的那样，美国与中国共同分享权力将是一种双赢选择[②]。所以，全球安全治理体系的变革应当建立在各方利益最大公约数的基础上。基于此，中国致力于构建共商共建共享的全球安全治理体系，真正践行多边主义，坚决推动变革全球安全治理体系中不公正不合理的安排，稳步推进全球安全治理多边机构改革并切实反映国际格局的变化，"主张各国不分大小、强弱共同参与国际事务，共同书写国际规则"[③]，共同建设国际体系，共享全球化发展成果，特别是要增强新兴市场国家和发展中国家在全球安全治理体系中的代表性和发言权，最大限度地保障各国在全球安全治理体系中的"权利平等、机会平等、规则平等"[④]，进而在增进共同利益中有效降低各国负外部性政策对全球安全治理体系变革的阻力，"使关于全球治理体系变革

---

① 〔美〕杰弗里·贝德、刘洋：《选择跟中国对抗是惰性思维》，《环球时报》2015年9月2日。

② H. White, *The China Choice: Why We Should Share Power*, Oxford University Press, 2013, pp. 103-104.

③ 张骥：《人类命运共同体与全球治理体系的变革》，《社会主义研究》2021年第6期。

④ 《习近平谈治国理政》第2卷，外文出版社，2017，第539页。

的主张转化为各方共识，形成一致行动"①，从而实现各方的互利共赢。

2. 加强与欧盟的协调与合作，推动建立真正多边主义的全球安全治理体系

欧盟作为全球安全治理体系的重要行为体，不仅是全球安全规则制定的参与者、安全事务的协调者，也是多边主义的倡导者，同时，在全球安全治理体系中也具有较大的话语权和决策权。因而，从各方面来看，欧洲都是中国推动全球安全治理体系变革的重要协调对象，"一个更加健康、稳定的中欧关系符合双方根本利益和世界普遍期待"②。基于此，就理念层面而言，在全球安全治理体系变革问题上，中欧双方应在全球安全治理体系变革上加强战略沟通，以长远和战略眼光看待全球安全治理体系变革，妥善处理双方矛盾分歧，积极寻求共赢方案，从而共同朝着推动构建人类命运共同体的方向前行。就全球安全治理机制建设而言，完善双方在全球安全治理体系变革关键议题上的对话机制，加强双方在网络安全、太空安全、极地安全等新兴安全领域的协调合作。同时，双方应共同推动联合国安理会改革体现公平正义、确保各国共享改革成果，并且在联合国框架下积极推动真正多边主义合作协调平台的构建，或在既有平台的基础上强化双方在全球安全治理体系变革上的集体性行动，比如共同发起关于全球安全治理体系变革的多边合作倡议或建立一个专门的"中欧全球安全治理协调小组"，从而进一步增强全球安全治理体系的有效性。就全球安全威胁层面而言，双方应共同应对传统安全威胁和非传统安全威胁，通过联合开展外交斡旋劝和促谈，推动俄乌冲突、巴以冲突紧张局势降温，加强反恐合作，共同打击跨境犯罪活动，从而最大限度减轻全球安全治理体系的负担。总之，中国和欧盟作为全球安全治理体系中的两大力量，在全球安全治理体系变革问题上应求同存异、相向而行，共同推动全球安全治理体系朝着公平合理、开放包容、权威有效的方向变革，进而在打造真正多边主义的全球安全治理体系中造福中欧和世界。

---

① 习近平：《论坚持推动构建人类命运共同体》，中央文献出版社，2018，第384页。

② 王毅：《勇立时代潮头，展现责任担当——在2024年国际形势与中国外交研讨会上的演讲》，外交部网站，https://www.mfa.gov.cn/wjbzhd/202412/t20241218_11496987.shtml。

3. 加强与金砖国家的协调与合作，壮大发展中国家推动全球安全治理体系变革的力量

金砖国家作为新兴市场国家和广大发展中国家的代表，是全球安全治理体系变革的主要参与者和推动者，其强势崛起不仅有力冲击了美西方国家单方主宰下的全球安全治理格局，而且在全球安全治理体系中扮演着越来越重要的角色。中国作为金砖国家的创始国和核心力量，在推动构建人类命运共同体的过程中，首先应与其他成员围绕彼此的核心利益和广大发展中国家的共同利益，逐步将金砖机制打造成一个兼顾经济合作和政治合作的机制化平台，并发挥成员各自优势在更多层级、更广领域、更大范围开展合作，进而在"构建更加全面、紧密、务实、包容的高质量伙伴关系"① 的基础上提升金砖国家的整体实力，这是金砖国家在全球安全治理体系变革中发挥影响力的前提。其次，中国应着重加强与金砖其他成员在全球安全治理体系变革上的协调与合作，努力消除成员在全球安全治理体系变革方向、进程等问题上的分歧，塑造成员在全球安全治理体系变革中的共同利益愿景，以此增进金砖国家内部的战略互信，提升凝聚力和行动合力。同时，在此基础上与金砖成员共同推动构建人类命运共同体，共同弘扬共商共建共享的全球治理观，共同落实《联合国2030年可持续发展议程》和相关全球倡议，共同为国际社会贡献公共产品，从而切实增强金砖国家在全球安全治理体系变革中的影响力和引领力。最后，稳步推进"金砖+"扩员进程。"金砖+"扩员是顺应新兴市场国家和发展中国家群体性崛起大趋势的必然选择，这不仅将显著提升金砖国家在全球治理改革中的代表性、发言权和竞争力，而且将进一步冲击美西方国家单方主宰下的霸权治理和强权政治，从而深刻改变发展中国家与发达国家在全球安全治理体系变革中的权力格局。因此，未来中国要毫不动摇推进金砖扩员进程，加强内部团结合作，在不断壮大金砖国家综合实力过程中使全球安全治理体系变革的主导权持续向发展中国家转移，进而为全

---

① 习近平：《构建高质量伙伴关系 开启金砖合作新征程——在金砖国家领导人第十四次会晤上的讲话》，《人民日报》2022年6月24日。

球安全治理体系变革注入更多确定性因素。

4. 加强与"全球南方"国家的协调与合作，汇聚推动全球安全治理体系变革的磅礴力量

"全球南方"主要指"寻求改革不公正的全球经济结构，对冲大国战略竞争、推动形成多极化体系的国家集合体"①。这一概念的提出表征着新兴市场国家和广大发展中国家在国际事务中地位的上升，反映出国际力量对比的深刻变化，正是在这个意义上，"全球南方"的群体性崛起成为世界百年未有之大变局深刻演变的鲜明标志。由于"全球南方"国家在美西方国家主导的国际体系中整体处于弱势地位，而且具有相似的发展经历，所以这些国家普遍对现有全球治理体系感到不满，并有较强的政治自主性以及推动全球治理体系变革的强烈意愿。

当前，"全球南方"国家整体实力显著增强，已经"从世界经济'存量边区'到'增量重镇'，全球南方国家占世界经济比重已提升到40%以上，世界经济重心逐步向全球南方转移。过去20年，全球南方国家对世界经济增长的贡献率高达80%。从平均增速来看，2000年至2023年，新兴经济体与发展中经济体经济增速的平均值为5.2%"②。此外，部分"全球南方"国家不仅在人工智能、绿色科技等新一轮科技产业革命领域居于前列，而且其共同发布的《关于共筑新时代全天候中非命运共同体的北京宣言》《中非合作论坛—北京行动计划（2025—2027）》《金砖国家领导人第十六次会晤喀山宣言》等文件，为完善全球治理体系并推动其变革贡献了"全球南方"方案。正是在这个意义上，"全球南方"已经成为推动全球安全治理体系变革的积极动能和坚实力量。但由于"全球南方"国家地理分布广泛，发展水平、利益诉求以及政策偏好差异较大，其在全球安全治理体系变革上的影响力还不够强。基于此，中国倡导"全球南方"国家加强内部团结合作，妥善处理矛

---

① 陈积敏、王寅鸽：《美国等西方国家"全球南方"战略及其对中国的影响》，《国外理论动态》2024年第4期。

② 吴晓丹：《回眸2024·国际风云｜团结合作，全球南方聚力发展振兴》，中国青年网，https://news.youth.cn/js/202412/t20241225_15731677.htm。

盾分歧，通过一些常态化机制就全球安全问题进行深入的讨论和协商，形成统一的立场和行动方案。同时，"全球南方"国家要充分利用联合国安理会、联合国大会等国际平台，积极参与国际安全规则制定，推动落实全球安全倡议，推动联合国安理会改革更好地反映"全球南方"国家乃至全球大多数国家的利益。此外，中国倡导"全球南方"国家加强自身安全能力建设并加强跨领域的安全合作，特别是加强在网络安全、太空安全、气候变化安全等领域的协调合作，从而以此提升全球安全治理体系的有效性。总之，中国作为"全球南方"的天然一员，将始终心系"全球南方"、扎根"全球南方"，随着"全球南方"共识的凝聚和整体实力的进一步提升，"全球南方"必将汇聚成推动全球安全治理体系变革的磅礴力量。

四　共同落实全球倡议，推动世界走向和平、安全和繁荣

鉴于当前全球安全治理体系的失效和世界的动荡不安，中国在推动构建人类命运共同体过程中，相继提出全球发展倡议、全球安全倡议、全球文明倡议和全球人工智能治理倡议，为国际社会推动全球安全治理体系变革提供了新路径、新选择。首先，全球发展倡议秉持合作共赢和普惠包容的理念，认为发展是共同发展而不是只有少数国家的发展或两极分化的发展，倡导国际社会共同凝聚促进发展的国际共识，共同营造有利于发展的国际安全环境，共同培育全球发展新动能，共建平等、均衡的全球发展伙伴关系；坚决反对部分主体将发展政治化、泛安全化、武器化，进而谋求单方面发展的狭隘行径，倡导以各国的共同发展繁荣化解南北发展失衡所带来的诸多安全问题，从而为实现全球普遍安全奠定共同发展基础。其次，全球安全倡议基于全球安全不可分割原则，以构建全球安全共同体为目标，以"共同、综合、合作、可持续的安全观"[①] 为理念指引，倡导世界各国在追求自身安全过程中兼顾他国合理安全关切，并坚决反对集团政治和称霸扩张的冷战思维，进

---

① 习近平：《携手迎接挑战 合作开创未来——在博鳌亚洲论坛 2022 年年会开幕式上的主旨演讲》，人民出版社，2022，第 5 页。

而在共建对话而不对抗、结伴而不结盟、共赢而非零和的新型安全之路的基础上，以共同安全破解部分主体追求绝对安全所造成的全球安全赤字，推动全球安全治理体系变革。再次，全球文明倡议基于当前部分国家文明隔阂加剧和由此产生的国际交往困境而提出，倡导世界各国共同尊重世界文明多样性、弘扬全人类共同价值、重视文明传承和创新、加强国际人文交流合作①，坚决反对部分主体以文明优越与文明野蛮的二元对立思维大搞分裂对抗的狭隘行径，倡导以文明交流超越文明隔阂、以文明互鉴超越文明冲突、以文明包容超越文明优越，这不仅有力消解了西方"文明冲突论"的话语统摄，更为国际交往的良性发展和全球安全治理体系的变革提供了新型文明观。最后，全球人工智能治理倡议坚持发展与安全并重原则，认为各国无论大小、强弱均有发展人工智能的权利，倡导国际社会在联合国框架下成立国际人工智能治理机构，共同推动人工智能朝着增进人类福祉和有利于全球安全的方向发展，共同防范和打击恐怖主义、极端势力和跨国有组织犯罪集团恶用滥用人工智能技术危害全球安全的行为；逐步建立健全人工智能法律规章制度，保障各国在人工智能应用过程中的数据安全，并坚决反对以人工智能干涉他国内政和构建排他性集团的霸权行径，这为化解大国地缘技术竞争和全球数字安全治理赤字提供了建设性解决思路。总之，全球倡议不仅在深刻回答世界应实现什么样的发展、怎样实现共同发展，世界需要什么样的安全理念、怎样实现共同安全，世界需要什么样的文明交往观、怎样实现文明交往，世界需要什么样的人工智能治理、怎样推动人工智能治理等一系列世界之间、历史之间、时代之间的过程中，为动荡不安的世界注入了稳定性和确定性，更是在理念、实践、制度等层面为促进发展、保障安全、繁荣文明进而推动全球安全治理体系变革提供了优质公共产品和完全不同于西方治理方案的中国方案选择。

综上所述，中国作为全球安全治理体系变革的主要参与者、推动者和引

---

① 习近平：《携手同行现代化之路——在中国共产党与世界政党高层对话会上的主旨讲话》，人民出版社，2023，第8页。

领者，越是接近参与全球安全治理体系变革的战略目标，推动全球安全治理体系变革面临的阻力和不确定性风险就越大，"来自外部的打压遏制"① 也就越是成为变革进程中的常态。因此，世界越是剧烈动荡变革，外部的风险挑战越是严峻，中国越是要保持战略理性和战略稳定。这就要求我国必须立足于"中华民族伟大复兴战略全局和世界百年未有之大变局"②，始终"坚持胸怀天下"③，推动构建人类命运共同体，并始终以不冲突不对抗、相互尊重、合作共赢为原则处理大国关系，加强同不同行为体的协调与合作，从而凝聚各方价值共识，为全球安全治理体系变革营造良好的国际环境。

---

① 习近平：《高举中国特色社会主义伟大旗帜　为全面建设社会主义现代化国家而团结奋斗——在中国共产党第二十次全国代表大会上的报告》，人民出版社，2022，第26页。
② 习近平：《在党史学习教育动员大会上的讲话》，人民出版社，2021，第14页。
③ 《中共中央关于党的百年奋斗重大成就和历史经验的决议》，人民出版社，2021，第68页。

第六章　推动构建人类命运共同体的
重大意义

　　当今世界正处于百年未有之大变局，面对复杂严峻的国际形势，中国共产党人站在人类历史发展的战略高度，提出推动构建人类命运共同体。推动构建人类命运共同体是具有鲜明中国特色、明显时代特征，引领人类发展进步的新理念，是引领全球治理体系变革，进而应对关乎人类前途命运严峻挑战的中国方案。为此，习近平指出，"我们呼吁，各国人民同心协力，构建人类命运共同体，建设持久和平、普遍安全、共同繁荣、开放包容、清洁美丽的世界"①。这不仅为国际社会推动全球治理体系变革提供了全新的价值理念和方案选择，更为世界发展和人类命运何去何从指明了科学方向。

第一节　对全球治理体系变革的重大意义

　　全球治理体系变革，既是推动构建人类命运共同体的内在要求和价值追求，也是开创人类美好未来的必然选择。当前，国际政治经济秩序正在经历深刻变革，单边主义、贸易保护主义等问题突出，全球治理体系面临严峻挑战。因此，"加强全球治理、完善全球治理体系是大势所趋，也是各国面临的共同任务"②。推动构建人类命运共同体，为全球治理提供了新的理念与价

---

① 《习近平著作选读》第 2 卷，人民出版社，2023，第 48 页。
② 《习近平书信选集》第 1 卷，中央文献出版社，2022，第 198 页。

值导引，促进了多元参与主体的协调与合作，推动了全球治理规则和机制的进一步完善发展，为维护全人类共同利益、实现全人类共同价值的国际认同铺筑了一条光明大道。

一　为全球治理体系提供新的理念和价值导引

面对层出不穷的全球性挑战，全球治理体系变革的重要性日益凸显。由于利益的高度关联性和威胁的全球性，"世界各国利益和命运更加紧密地联系在一起，形成了你中有我、我中有你的利益共同体"[①]，人类命运共同体理念应运而生。这一理念是以习近平同志为核心的党中央在对世界发展趋势深刻把握基础上所提出的极具前瞻性与建设性的中国方案。该理念契合了世界各国人民对于和平、发展、合作、共赢的普遍期许，为各国突破冷战思维的禁锢，探寻全新的、更具建设性的对话与合作模式提供了新的理念和价值导引，从而为全球治理体系的良性发展指明了前进方向。

一方面，推动构建人类命运共同体，内蕴相互尊重的治理理念。相互尊重是世界各国参与全球治理体系的前提，也是世界各国彼此交往和构建新型大国关系的基础。马克思恩格斯在《德意志意识形态》中指出，"由于开拓了世界市场，使一切国家的生产和消费都成为世界性的了"[②]。虽然资本主义空前地解放和发展了社会生产力，将世界各国带入了一个相互依赖、密切交往的全球化进程中，但是我们也应该看到，在资本逻辑增殖的策动下，资产阶级奴役了人类、制造了战争、破坏了自然，给人类社会发展带来了沉重灾难。纵观人类历史发展进程，无论是威斯特伐利亚体系、维也纳体系，还是凡尔赛-华盛顿体系，抑或雅尔塔体系，其都是建立在以美西方国家为中心的基础上的，这些国际秩序并不能实现各国的平等合作，也无法充分彰显全人类的共同利益和诉求。当前，部分国家在全球治理体系中依旧奉行大国主义、强权政治，固守"修昔底德陷阱"的旧思维，认为新兴大国的崛起必然

[①]　《习近平关于总体国家安全观论述摘编》，中央文献出版社，2018，第241页。
[②]　《马克思恩格斯文集》第2卷，人民出版社，2009，第35页。

会对现有大国造成挑战，进而威胁其国际地位，这进一步凸显了资本主义发展模式的狭隘性。基于此，习近平强调，"大家一起发展才是真发展，可持续发展才是好发展。要实现这一目标，就应该秉承开放精神，推进互帮互助、互惠互利"①。推动构建人类命运共同体有利于营造平等对话的国际环境，促使各国摒弃冷战思维和强权政治，在相互尊重的基础上"走出一条'对话而不对抗，结伴而不结盟'的国与国交往新路"②。

另一方面，推动构建人类命运共同体，为全球治理体系变革提供了科学的价值导引。人类命运共同体理念将全人类视为一个休戚与共的命运整体，致力于弘扬全人类共同价值和增进各国共同利益。相比于美西方国家主导下的全球治理体系的霸道霸凌、零和博弈、利益失衡，人类命运共同体理念超越了国家、民族、种族、文化以及意识形态的界限，旨在增进世界人民福祉。具体来看，就政治层面而言，中国致力于推动全球治理体系的民主化，倡导各国不论大小、强弱、贫富，一律平等，在国际事务治理中均拥有平等的发言权和决策权。这不仅有助于打破少数美西方国家长期以来单方主导全球治理体系的格局，也可以有效提升新兴经济体和发展中国家在全球治理体系中的代表性和话语权，从而在推动全球治理体系朝着更加民主、平等的方向发展中增强新兴经济体和发展中国家参与全球治理的合法性和有效性。就经济层面而言，相比于在现行全球经济治理体系下部分主体推行贸易保护主义、大搞经济制裁等零和博弈的行径，中国致力于促进全球经济的可持续发展，倡导世界各国加强经济合作，推动贸易和投资的自由化便利化，共同打造真正的多边主义贸易体制，实现各国的共同繁荣和进步。就安全层面而言，中国坚决反对部分美西方国家追求自身绝对安全的霸道霸凌行径和自私自利的狭隘理念，摒弃传统的以军事联盟和军备竞赛为主要手段的安全思维，倡导共同安全、综合安全、合作安全和可持续安全的新安全理念，主张各国在互信、互利、平等、协作的基础上，共同应对诸如恐怖主义、跨国犯

---

① 《习近平关于尊重和保障人权论述摘编》，中央文献出版社，2021，第167页。
② 《习近平外交演讲集》第1卷，中央文献出版社，2022，第287页。

罪、网络安全、公共卫生安全等非传统安全问题，共同制定和遵守全球安全规则，进而实现世界各国的共同安全。就文化层面而言，中国坚决反对现行全球治理体系中部分主体所秉持的文明隔阂、文明冲突、文明优越的狭隘理念，倡导不同文化在交流互鉴中营造一个开放、包容、和谐的文化环境，让各国文化在交流互动中绽放光彩，共同推动人类文明的进步，进而在促进各国人民相知相亲与增进彼此文化认同中凝聚全球治理体系变革的价值共识。就生态层面而言，中国坚决反对现行全球治理体系在生态治理责任划分上"一刀切"的标准，呼吁各国树立全球生态意识，承担共同但有区别的责任，共同应对气候变化、生物多样性保护、环境污染等全球性生态挑战，这就为各国以集体性行动应对全球生态问题提供了价值基础。总之，从各方面来看，人类命运共同体理念都为全球治理体系变革提供了全面、系统、科学的价值导引，为解决当今世界面临的各种全球性问题提供了新理念和新方案。这一理念顺应了时代发展的潮流，反映了人类社会的共同愿望和利益诉求，因而具有强大的生命力和广阔的发展前景。

二　促进多元参与主体的协调与合作

当前，全球性挑战日益增多，各种严峻考验接踵而至。"越是面临全球性挑战，越要合作应对，共同变压力为动力、化危机为生机"[①]，推动构建人类命运共同体，不仅可以有效凝聚多元主体共同参与全球治理体系的共识，而且其所倡导的平等互利、开放包容、合作共赢观，也有助于促进多元主体在全球治理体系中的协调合作。

如前所述，当前全球治理体系变革面临空前困难是因为行为体缺乏集体性行动。具体而言，既是因为美西方国家主导下的全球治理体系存在严重的等级性和排他性，也是因为美西方国家始终是借"治理"之名行霸权主义和攫取特殊利益之实，多元主体严重缺乏参与全球治理体系的意愿。然而，一个有效且具有合法性的全球治理体系必然是以多元主体的协调合作为基础

---

① 《习近平著作选读》第 1 卷，人民出版社，2023，第 106 页。

的。所以，在推动全球治理体系变革的过程中，中国既不将自己的价值观和政治制度强加给他国，不搞意识形态对抗，不拉帮结派，始终倡导各国"在追求本国利益时兼顾他国合理关切，在谋求自身发展中促进各国共同发展，不断扩大共同利益汇合点"①，同时，也不搞唯我独尊、不搞封闭排他，而是始终践行多边主义和共商共建共享的全球治理观，始终"以开放的眼光、开阔的胸怀对待世界各国人民的文明创造"②，始终致力于做大共同利益的"蛋糕"，在多元主体的不平衡发展中寻找利益平衡点，坚决反对以损害他国利益来换取自身利益的霸权行径，从而以此弥合各方的矛盾分歧。由此可见，人类命运共同体视域下的全球治理体系同既有全球治理体系，代表了两种根本不同的治理理念、治理方案、前途命运和未来世界愿景。也正因为如此，世界上越来越多的国家认识到构建人类命运共同体是世界各国人民的前途和希望所在。推动构建人类命运共同体不仅有助于化解各方在全球治理体系中的矛盾分歧，也有助于促进多元主体在全球治理体系变革中的协调与合作，是增进多元主体协调合作的一剂"良方"。

三　推动全球治理规则和机制的进一步完善发展

面对层出不穷的全球性挑战和全球治理体系的失效，"世界命运应该由各国共同掌握，国际规则应该由各国共同书写，全球事务应该由各国共同治理，发展成果应该由各国共同分享"③。"人类命运共同体"的提出，为全球治理体系变革提供了新理念、新方案，对于进一步完善全球治理体系的规则和机制也具有重要意义。

一方面，有助于推动全球治理体系多边合作机制的民主化与公平化。长期以来，美西方国家主导下的全球治理体系不仅存在严重的结构性失衡问题，也存在着一种权力分布不均的现象。这使发展中国家在国际事务的治理中长期处于边缘地位，其合理诉求和正当利益难以得到充分的重视与有效的

---

① 《习近平外交演讲集》第 1 卷，中央文献出版社，2022，第 34 页。
② 《习近平外交演讲集》第 2 卷，中央文献出版社，2022，第 93 页。
③ 《习近平外交演讲集》第 2 卷，中央文献出版社，2022，第 18 页。

保障，进而导致全球治理体系无法全面、均衡地反映国际社会的多元利益格局。而人类命运共同体理念深刻蕴含着国际关系民主化的价值追求，中国坚定主张构建一种全新的、更加均衡与包容的全球治理体系权力格局，确保每一个国家，无论其领土面积大小、经济发展程度高低以及军事力量强弱，都能够在国际规则的制定过程中拥有平等的话语权，充分表达自身的利益诉求与政策主张，从而有力地推动全球治理朝着更加公正、合理的方向演进。现实表明，随着人类命运共同体理念的国际传播及其国际认同度的提升，越来越多的发展中国家政治自主性显著增强，通过参与各类多边合作机制、推动国际组织的改革进程以及积极参与全球议题的协商讨论等方式，逐步提升自身在国际规则制定中的影响力，成为推动全球治理体系变革的积极力量，为全球治理体系规则和机制的调整注入了强劲动力。

另一方面，有助于提升全球治理体系规则和机制包容性与有效性。从现行全球治理体系来看，其关注的重点主要集中于经济和政治领域，在治理议题设定与参与主体的覆盖范围上存在着明显的局限性，因而已经无法有效应对复杂多变的全球性挑战，无法满足国际社会的治理需要。而人类命运共同体理念的提出，为全球治理体系规则和机制的发展完善提供了新思路与新方向。中国秉持着开放、包容的价值理念，积极推动多边合作机制突破传统的议题边界，广泛涵盖环境、人权、科技伦理等一系列新兴且关键的领域。通过将这些多元且重要议题纳入多边合作的框架之中，全球治理体系的规则和机制能够更加全面、系统地回应国际社会面临的各种挑战。与此同时，更多非国家行为体有机会参与到全球治理体系建设中来，不仅可以极大地丰富治理体系的主体构成，也可以使全球治理体系的规则和机制在决策制定、资源调配以及执行监督等方面更加灵活高效，进而大大提升全球治理体系的有效性。

综上所述，面对现行全球治理体系的种种困境，中国始终发挥负责任的大国作用，始终致力于同各方一道持续推动构建人类命运共同体，共同为全球治理体系良性发展贡献优质公共产品，从而在推动全球治理体系变革中开创人类更加美好未来。

第二节　对中国的重大意义

推动构建人类命运共同体，既是应对层出不穷的全球性挑战的必然选择，也是以习近平同志为核心的党中央面对"世界怎么了、我们怎么办"①的时代之问提出的中国方案；既是实现人类社会共同发展的全新选择，也是新时代中国特色大国外交的总目标，高度彰显了我国外交工作的中国特色、中国风格和中国气派。从我国来看，推动构建人类命运共同体，有助于为实现中华民族伟大复兴提供良好的外部保障，助力我国国际影响力和感召力的提升，有效增进中国原创价值理念的国际认同，开创新时代中国特色大国外交的新局面。

一　为实现中华民族伟大复兴提供良好的外部保障

习近平指出，"一百年来，中国共产党团结带领中国人民进行的一切奋斗、一切牺牲、一切创造，归结起来就是一个主题：实现中华民族伟大复兴"②。这充分彰显了我国外交工作的战略目标。中华民族是伟大的民族，有着光辉灿烂的文明，为人类文明进步发展做出过不可磨灭的贡献。鸦片战争后，中国逐渐沦为半殖民地半封建社会，中华民族遭遇了前所未有的劫难。从那时起，实现中华民族伟大复兴，就成为亿万中华儿女最伟大的梦想。为了实现这一伟大梦想，无数仁人志士前仆后继，寻求民族独立、人民解放的光明大道。十月革命一声炮响，给中国送来了马克思列宁主义，燃起了中国人民实现民族独立和人民解放的新希望。在中国共产党的带领下，中华民族实现了从站起来、富起来到强起来的伟大飞跃。立足近代中国充满苦难的发展史，习近平强调，"我们要坚持走和平发展道路，但决不能放弃我们的正当权益，决不能牺牲国家核心利益。任何外国不要指望我们会拿自己的核心利益

---

① 《习近平著作选读》第 1 卷，人民出版社，2023，第 561 页。
② 《习近平著作选读》第 2 卷，人民出版社，2023，第 477 页。

做交易，不要指望我们会吞下损害我国主权、安全、发展利益的苦果"①。

构建人类命运共同体正是立足于这一历史发展进程并趋向实现中华民族伟大复兴这一伟大梦想而提出的宏大时代课题。可以说，推动构建人类命运共同体，为实现中华民族伟大复兴提供了良好的外部保障。具体而言，从政治层面看，构建人类命运共同体为民族复兴伟业的实现提供了和平稳定的国际政治环境保障。中国在推动构建人类命运共同体过程中，始终秉持和平共处五项原则，积极发展同世界各国的友好合作关系，通过多边外交、双边合作等多种途径，参与全球治理的讨论和决策，为广大发展中国家发声，积极推动全球治理体系的完善和变革。这充分展现了中国始终坚持胸怀天下的责任担当，赢得了国际社会的广泛赞誉，为中国集中力量进行国内建设和发展营造了和平稳定的国际政治环境。从经济层面看，构建人类命运共同体为民族复兴伟业的实现提供了有力的物质支撑。中国通过"一带一路"倡议等实践平台与共建国家加强政策沟通，推进基础设施互联互通，促进贸易投资便利化，深化金融合作，加强人文交流，不仅推动了共建国家的经济发展，也为中国企业开拓了广阔的国际市场，促进了中国相关产业的升级和优化。此外，中国积极推动全球经济治理体系变革，推动多边贸易体制的完善和区域经济合作的深化，这有助于中国充分利用全球资源和市场，提高经济发展的质量和效益，从而为中华民族伟大复兴奠定坚实的物质基础。从文化层面而言，构建人类命运共同体为民族复兴伟业的实现奠定了民心基础。在这一过程中，中国不仅向世界展示中华文化的独特魅力，传播中国的价值观和发展理念，也积极吸收借鉴其他国家的优秀文化成果，增进各国人民之间的相互了解，减少文化误解和冲突，实现民心相通，从而为中华民族伟大复兴营造良好的文化氛围和外部舆论环境。从安全层面来看，构建人类命运共同体为民族复兴伟业的实现提供了安全保障。民族复兴伟业的实现离不开一个安全的国际环境。中国在践行总体国家安全观的过程中，加强同各方的国际安全合作，积极推动全球安全治理体系变革，从而为实现中华民族伟大复兴提供

---

① 《习近平关于总体国家安全观论述摘编》，中央文献出版社，2018，第259页。

总体安全的外部环境。总之，民族复兴伟业的实现离不开世界的稳定，世界的稳定也离不开中国的发展进步。

二　助力我国国际影响力和感召力的提升

推动构建人类命运共同体是新时代中国特色大国外交的崇高目标，也是中国致力于建设持久和平、普遍安全、共同繁荣、开放包容、清洁美丽世界的不懈追求。这就要求我国在这一过程中，"准确把握国际形势变化的规律，既认清中国和世界发展大势，又看到前进道路上面临的风险挑战"①，进而助力人类命运共同体构建不断取得新突破，提升我国国际影响力和感召力。

中华优秀传统文化中蕴含着丰富的"以和为贵""和而不同""天下大同""亲仁善邻"等价值理念，这就决定了以中华优秀传统文化为思想养分的人类命运共同体理念，既不是对外推行霸权的工具，也不是进行意识形态渗透的工具，而是致力于实现世界和平发展、增进各国人民福祉的科学价值理念。因而，中国始终高举和平、发展、开放、包容、合作、共赢的鲜明旗帜，致力于构建新型大国关系，推动国际关系民主化，始终"坚持按照亲、诚、惠、容的理念，深化同周边国家的互利合作，努力使自身发展更好惠及周边国家"②，推动全球治理体系变革，进而开创人类美好未来。当前，人类命运共同体理念得到了国际社会的广泛响应和高度赞同，正在逐渐从理念转化为行动。中国已和世界上 180 多个国家建立了外交关系，与 110 多个国家和地区建立了伙伴关系，加入了多个政府间国际组织和 600 多项国际公约③，无论是维护国际公平正义还是完善全球治理，无论是推动共同发展还是解决全球、区域热点问题，人类命运共同体的构建都发挥着重要作用。在中国和世界各国的共同推动下，人类命运与共的理念多次被写入联合国大会决议和

① 《习近平谈治国理政》第 3 卷，外文出版社，2020，第 424 页。
② 《习近平外交演讲集》第 1 卷，中央文献出版社，2022，第 157 页。
③ 王毅：《为和平发展尽力　为团结进步担当——在第 77 届联合国大会一般性辩论上的演讲》，外交部网站，https://www.mfa.gov.cn/web/ziliao_674904/zt_674979/ywzt_675099/2020/kjgzbdfyyq_699171/202209/t20220925_10771110.shtml。

多边文件，网络安全、气候变化、卫生健康等各领域命运共同体的目标陆续确立。"目前已有 82 个国家加入'全球发展倡议之友小组'，119 个国家和国际组织支持全球安全倡议，第 78 届联大一致通过中方提出的决议，设立文明对话国际日。"① 2024 年，"中国又同巴西宣布'携手构建更公正世界和更可持续星球的中巴命运共同体'"②；同塞尔维亚启动构建新时代中塞命运共同体，实现命运共同体建设在欧洲的突破。放眼全球，"越来越多的国家加入到构建命运共同体行列中。特别是中国同非洲领导人一致同意共筑新时代全天候中非命运共同体，表明了中非 28 亿多人民风雨同舟、携手同行的共同心愿。中国同中亚、中国同东盟、中国同澜湄流域各国、中国同阿拉伯国家、中国同拉美和加勒比国家等区域性命运共同体建设相继展开，不断拓展和合共生的文明新境界"③。这表明，推动构建人类命运共同体已成为各方共襄盛举的宏伟事业。当前，"中国正在推动落实丝绸之路经济带、二十一世纪海上丝绸之路、孟中印缅经济走廊、中国—东盟命运共同体等重大合作倡议，中国将以此为契机全面推进新一轮对外开放"④，进一步助推人类命运共同体建设。可以说，人类命运共同体建设取得的重大突破，既源于国际社会对人类命运共同体理念的认同和接受，又是中国国际影响力和感召力显著提升的结果。因此，伴随人类命运共同体的构建，中国的国际影响力和感召力将得到更大程度的提升，从而不断开创新时代中国特色大国外交新局面，为强国建设、民族复兴伟业实现，为人类和平和进步事业作出新的更大贡献。

三 有效增进中国原创价值理念的国际认同

"党的十八大以来，我们提出践行正确义利观，推动构建以合作共赢为

---

① 王毅：《勇立时代潮头，展现责任担当——在 2024 年国际形势与中国外交研讨会上的演讲》，外交部网站，https://www.mfa.gov.cn/wjbzhd/202412/t20241218_11496987.shtml。
② 王毅：《勇立时代潮头，展现责任担当——在 2024 年国际形势与中国外交研讨会上的演讲》，外交部网站，https://www.mfa.gov.cn/wjbzhd/202412/t20241218_11496987.shtml。
③ 王毅：《勇立时代潮头，展现责任担当——在 2024 年国际形势与中国外交研讨会上的演讲》，外交部网站，https://www.mfa.gov.cn/wjbzhd/202412/t20241218_11496987.shtml。
④ 《习近平外交演讲集》第 1 卷，中央文献出版社，2022，第 157 页。

核心的新型国际关系、打造人类命运共同体，打造遍布全球的伙伴关系网络，倡导共同、综合、合作、可持续的安全观，等等。这些理念得到国际社会广泛欢迎"①，人类命运共同体理念作为多元文明共同发展、共同繁荣的现实表征，摒弃了现行资本逻辑单向性发展的理念，开创了一种全新的现代化模式，被越来越多的国家和人民所接受、认可。

一方面，人类命运共同体理念在国际合作中得到充分彰显。面对层出不穷的全球性挑战，中国坚持推动构建人类命运共同体，以高度的责任感和使命感与各国开展务实合作，展现出对国际责任的有力担当，这鲜明体现了中国传统文化中"义"的价值观念。在中国传统文化中，"义"具有在困境或危机面前坚守正道、果敢担当的道德意涵，其超越了个体或国家的狭隘利益诉求，着眼于对公共福祉与人类整体命运的关怀。中国推动构建人类命运共同体，鲜明体现出中国超越国家主义的全球视野与大国担当，并在国际社会产生价值辐射效应。人类命运共同体理念既为国际社会提供了一个理解中国原创价值理念的清晰视角，使中国原创价值理念的内涵、结构与实践逻辑得以直观呈现，成为国际社会理解中国原创价值理念的鲜活样本，又有效促进了国际社会对中国原创价值理念的认知深化与态度转变，消解了部分主体存在的认知偏见与价值隔阂，逐步构建起对中国原创价值理念的信任基础。随着实践的深入与互动的增加，这种信任进一步发展为广泛且具有深度的认同，涵盖了从理念认知到行为模式认可，再到价值追求共鸣的多个维度。这一认同机制不仅提升了中国在全球治理体系中的话语权，也为全球治理体系变革提供了中国智识资源，更在全球价值理念的交流互鉴与融合共生中，塑造出以人类命运共同体为引领和价值支撑的新型合作范式。

另一方面，人类命运共同体理念在促进民心相通中推动各国产生价值共鸣。推动构建人类命运共同体的系列实践，使全球文化交流、教育合作以及民间交往等多元互动形式呈现出愈发频繁且深入的发展态势。随着各类交流与合作活动的持续推进和深入开展，越来越多的国家和人民得以深入了解中

---

① 《习近平谈治国理政》第 2 卷，外文出版社，2017，第 450 页。

华优秀传统文化的丰富内涵和独特魅力。在这一过程中，中华优秀传统文化及其内蕴的价值理念也在与国外受众的既有认知结构和价值体系相互接触与融合的过程中，找到了契合点和连接纽带。这不仅构成了国际社会民心相通的重要驱动力，也为多元价值理念产生共鸣提供了肥沃的土壤。首先，显著增进了各国人民对中国的亲近感，打破了文化隔阂与误解所造成的心理壁垒，使国外民众在情感上更加倾向于与中国进行友好交流与合作。其次，极大地增加了各国人民对中国的了解，这种了解不仅仅局限于文化艺术和生活方式等层面，更深入到价值理念的核心领域，国际社会更加全面、深入地认识和理解了中国的发展理念和价值追求。最后，这一系列效应共同作用，为包括人类命运共同体在内的中国原创价值理念在国际社会得到广泛认同奠定了坚实而广泛的民意基础，进而为中国在全球治理体系变革中发挥更加积极、建设性的作用提供了有力的民意支持和文化软实力保障。

综上所述，中国推动构建人类命运共同体的实践，不仅为世界的和平与发展贡献了力量，也使得自身的价值理念在国际社会中得到了广泛传播和认可。因此，在未来实践中，应进一步丰富和传播中国原创价值理念，为建设更加美好的世界贡献更多的中国智慧和力量，助推人类社会走向更加繁荣、和谐、美好的未来。

第三节　对世界的重大意义

中国的发展离不开世界，世界的发展也离不开中国。伴随中国经济的快速发展和国家综合实力的不断提升，今日之中国，不仅已经成为更具国际影响力、创新引领力、道义感召力的负责任大国，而且"同世界的互动正在呈现重要的趋势性进展和变化。一是中国的政策主张尤其是习近平主席提出的重大理念倡议，越来越得到国际社会的欢迎和支持。二是应对各种全球性挑战，解决重大热点难点问题，越来越期待和离不开中国的积极参与。三是中国式现代化的世界意义日益彰显，越来越多国家理解并认同中国走出的成功发展道路"①。所以，推动构建人类命运共同体所描绘的和平、安全、繁荣、进步的光明前景，对于处在历史十字路口的世界具有重大意义。

一 促进世界和平与稳定

面对世界的动荡不安，习近平指出："战争是一面镜子，能够让人更好认识和平的珍贵。今天，和平与发展已经成为时代主题，但世界仍很不太平，战争的达摩克利斯之剑依然悬在人类头上。我们要以史为鉴，坚定维护和平的决心。"② 基于此，中国坚持推动构建人类命运共同体，走和平发展道路，促进世界和平稳定。这既是中国的崇高目标，也是推动构建人类命运共同体的题中应有之义。

当前，世界进入新的动荡变革期。全球经济增长动能不足，贫富两极分化日益严重；金融安全、网络安全、生态环境安全等全球性安全问题日益凸显，各种"灰犀牛"和"黑天鹅"事件层出不穷；大国地缘政治分歧加剧，局部战乱此起彼伏。种种倾向表明，全球和平安全形势依然严峻。对此，习近平指出："为了和平，我们要牢固树立人类命运共同体意识。偏见和歧视、仇恨和战争，只会带来灾难和痛苦。相互尊重、平等相处、和平发展、共同繁荣，才是人间正道。"③ 所以，中国作为"世界和平的建设者、全球发展的贡献者、国际秩序的维护者"④，在推动构建人类命运共同体过程中，面对世界的动荡冲突，始终坚持胸怀天下，坚定做维护世界和平的力量，中国坚决反对弱肉强食、赢者通吃的霸权逻辑，坚定"维护以联合国宪章宗旨和原则为核心的国际秩序和国际体系，积极构建以合作共赢为核心的新型国

① 王毅：《勇立时代潮头，展现责任担当——在 2024 年国际形势与中国外交研讨会上的演讲》，外交部网站，https://www.mfa.gov.cn/wjbzhd/202412/t20241218_11496987.shtml。

② 《习近平在纪念中国人民抗日战争暨世界反法西斯战争胜利 70 周年系列活动上的讲话》，人民出版社，2015，第 4 页。

③ 《习近平在纪念中国人民抗日战争暨世界反法西斯战争胜利 70 周年系列活动上的讲话》，人民出版社，2015，第 4 页。

④ 《习近平著作选读》第 2 卷，人民出版社，2023，第 143 页。

际关系"①，致力于推进世界和平与发展的崇高事业，在此基础上，着力推动中美双边关系朝着稳定、健康、可持续的方向发展，不断深化中俄全面战略协作和全方位务实合作，"推动中欧关系沿着独立自主、相互成就、造福世界方向稳步向前"②，进而始终以中国自身的稳定性为全球战略稳定提供有力支撑。同时，面对世界的对抗分裂，中国坚定做团结、包容的力量。因而，中国在推动全球治理体系变革过程中，坚持真正的多边主义，坚定维护以联合国为核心的国际体系、以国际法为基础的国际秩序、以《联合国宪章》宗旨和原则为基础的国际关系基本准则，努力弘扬全人类共同价值，妥善处理同他国之间的矛盾分歧，共谋和睦相处、共同发展的光明正道。总之，中国推动构建人类命运共同体的实践及其所取得的一系列突破，不仅有助于引领和平发展、合作共赢的时代潮流，也有利于汇聚推进人类和平和发展事业的磅礴力量。

二　实现各方利益的最大公约数

构建人类命运共同体是中国特色大国外交的崇高目标，中国致力于在推动全球治理体系变革中增进世界人民福祉，实现各方利益的最大公约数。

在人类命运共同体理念引领下，中国以"一带一路"倡议为抓手，通过加强与共建国家在"道路联通、贸易畅通、资金融通、政策沟通、民心相通"③ 等方面的合作，共同打造多边主义开放合作平台，有力促进了多国的经济发展，实现了多国资源的优化配置、产业升级和经济结构的调整，开拓了新的市场发展空间，也为促进全球经济复苏注入了新动能。当前，在共建国家的共同推动下，"'一带一路'合作网络从亚欧大陆延伸到非洲和拉美，150 多个国家、30 多个国际组织和中国签署'一带一路'合作文件。中国举办了三届'一带一路'国际合作高峰论坛，与合作伙伴在铁路、港口、金

①　《习近平谈治国理政》第 2 卷，外文出版社，2017，第 446 页。
②　王毅：《勇立时代潮头，展现责任担当——在 2024 年国际形势与中国外交研讨会上的演讲》，外交部网站，https://www.mfa.gov.cn/wjbzhd/202412/t20241218_11496987.shtml。
③　《习近平外交演讲集》第 1 卷，中央文献出版社，2022，第 240 页。

融、税收、能源、绿色发展、绿色投资、减灾、反腐败、智库、媒体、文化等 20 多个领域建立了多边对话合作平台"①，真正将全球共同发展、共同繁荣的美好愿景转化为现实。由此可见，"一带一路"倡议虽然源于中国，但它超越了国家、种族和意识形态的界限，使各国能够共享发展成果，由此实现各方利益的最大公约数。

中国不仅始终坚持以自身发展为世界提供新机遇，而且始终坚持同国际社会一道推进"公正合理、开放共赢、人民至上、多元包容、生态友好、和平安全的现代化"②。针对不断扩大的全球发展赤字，中国积极推动全球发展事业，不断扩大单边对外开放，主动对接国际高标准经贸规则，推进亚太自贸区进程，坚定不移推进贸易和投资自由化便利化；支持全球发展八项行动，在减贫、粮食安全、科技创新等关键领域加强同各国合作，协助其他国家建立适合本国国情的减贫机制和模式，给予所有建交的最不发达国家 100%税目产品零关税待遇。这在全球范围内有力地促进了社会公平正义和共同发展的实现，不仅使惠及世界的"幸福路"越走越宽广，也为实现各方利益的最大公约数开辟了新道路。

综上所述，面对国际局势变乱交织、地缘冲突延宕升级、"脱钩断链"愈演愈烈等全球乱象，中国始终"以博大的人文情怀观照人类命运，以兼容并蓄的胸襟超越隔阂冲突，以和合共生的愿景凝聚发展合力"③，从而在全球汇聚起构建人类命运共同体的广泛共识和强大动力。尽管全球治理体系变革还面临诸多挑战，但随着人类命运共同体建设不断取得新突破，中国必将为动荡不安的世界注入更多稳定性因素，必将为人类文明进步发展和全人类福祉的增进做出更大贡献。

---

① 《第三届"一带一路"国际合作高峰论坛主席声明》，《人民日报》2023 年 10 月 19 日。
② 王毅：《勇立时代潮头，展现责任担当——在 2024 年国际形势与中国外交研讨会上的演讲》，外交部网站，https://www.mfa.gov.cn/wjbzhd/202412/t20241218_11496987.shtml。
③ 和音：《天人合一，共建清洁美丽世界——解码中国特色大国外交的文化基因⑤》，《人民日报》2024 年 12 月 27 日。

结语　在推动全球治理体系变革中
开创人类美好未来

全球的未来决定中国的未来，中国的未来影响全球的未来。当前"世界之变、时代之变、历史之变"① 以前所未有的方式展开。面对国际形势的"乱云飞渡"，现行全球治理体系面临空前困难，既无法满足全球化时代的发展需求，更无法有效增进世界人民福祉，全人类正处于历史的十字路口，何去何从取决于世界各国的选择。是和平还是战争？是发展还是衰退？是开放还是封闭？是合作还是对抗？人类文明发展的罗盘和世界发展的大趋势已指明人类社会的发展方向，世界各国只有携手推动构建人类命运共同体，才能开创更加美好的未来。

当前，国际局势变乱交织、地缘冲突延宕升级、"脱钩断链"愈演愈烈、行为体矛盾分歧加剧，致使全球治理体系及其变革遭遇极大困难。中国提出的人类命运共同体理念所内含的平等互利观、共同发展观、繁荣进步观、共同安全观、可持续发展观以及合作共赢观为推动全球治理体系变革提供了中国方案。这一方案的核心目标与实践路径就是推动构建人类命运共同体，倡导世界各国和平共处、和谐共生，推动建设一个持久和平的世界；促进世界各国共同发展、合作共赢，推动建设一个普遍安全的世界；为世界各国进步和可持续发展奠定物质基础，推动建设一个共同繁荣的世界；促进世界各国

---

① 习近平：《高举中国特色社会主义伟大旗帜 为全面建设社会主义现代化国家而团结奋斗——在中国共产党第二十次全国代表大会上的报告》，人民出版社，2022，第60页。

交流互鉴，丰富和发展人类政治文明，推动建设一个开放包容的世界；参与、贡献、引领全球生态文明建设，推动建设一个清洁美丽的世界①。总体来看，这一方案就是在深刻回答建设一个什么样的世界、如何建设这个世界，建设一个什么样的全球治理体系、怎样建设全球治理体系的时代之问中开创人类和平、发展、安全、繁荣、进步的美好未来。所以，推动构建人类命运共同体既是中国特色大国外交的崇高目标，也是中国的不懈追求。尽管在这一进程中面临着种种挑战，但中国始终保持从容自信，始终致力于与世界各国携手推动人类命运共同体建设取得更大突破，从而更好地造福世界。

在此基础上，我们还需要对推动全球治理体系变革的中国方案有一个明确的认知，即人类命运共同体理念内含的中国方案并非对现行西方治理方案的替代，只是为全球治理体系变革提供了一种可能性选择。鉴于全球治理体系变革面临的多重困境，越来越多的西方国家和学者提出，"华盛顿共识"并不能适用于全球，国际社会迫切需要全球治理理念的创新。人类命运共同体理念内含的全球治理观与"华盛顿共识"有着质的不同，因此其内含的全球治理体系变革方案被西方战略家视为对现行全球治理体系的颠覆，被视为建立一个去美国中心化、去西方中心化的以中国为主导的替代性方案。实际上，无论是从人类制度的多样性来看，还是从中国在国际体系内的发展目标，抑或从中国在全球治理体系中的角色定位来看，人类命运共同体理念内含的中国方案都是"内嵌"于现行全球治理体系中的，而非全盘否定基础上的替代性方案。

从人类社会制度的多样性来看，自人类社会产生以来，制度从来都是多元共存的，不存在只有一种制度的时代。长期以来，部分国家基于自身发展的绝对优势，对自身的发展方式、发展道路、政治体制的科学性、完美性深信不疑，认为以此为基础的全球治理体系是应对全球性问题的最佳方案。为此，其不遗余力地建立一个制度"同质化"的世界，当出现一个与自身有着

---

① 中央党史和文献研究院国家高端智库、新华社国家高端智库：《人类文明新形态的世界意义》，新华网，https://f2. xhinst. net/group2/M00/00/A5/CgoMnmcrJ5uEVvlDAAAAAGWbz30229. pdf。

质的不同的治理方案时便产生被替代的危机感。事实上，多元文明滋养了多元化的制度，有多少种文明，就有多少种制度、治理方案。同时，治理方案的差异并非必然导致相互替代，完全可以在相互影响和塑造中形成符合国际社会治理期待的新方案。人类命运共同体理念作为众多治理方案的一种，虽然主张对现行全球治理体系的诸多弊端进行变革，但其前提是对多元文明和制度的肯定，强调的是民主与共赢而非冲突与对抗，并不寻求建立一个制度"同质化"的世界，更非"另起炉灶"作为一个全新的替代性方案，只是提供了一个不同于现行西方全球治理方案的可能性选择。

　　作为全球治理体系变革的可能性方案选择，中国推动构建的人类命运共同体并不在"主观意愿上寻求以'自我'替代'他者'……它并不以替代传统全球治理体系而重新进入另一个'一元化'的循环为目标"①，但会积极构建多边国际制度秩序，促进全球治理体系的民主化、规范化。尽管人类命运共同体在与现行全球治理体系的互动中仍存在诸多不确定性因素，但可以肯定的是，在全球治理体系面临困境而西方治理方案又无能为力的情况下，人类命运共同体理念内含的全球治理体系变革方案不失为一个好的选择。

　　"道阻且长，行则将至；行而不辍，未来可期。"② 作为人类文明史上的新篇章，中国所推动构建的人类命运共同体既致力于增进中国人民的福祉，又积极促进世界各国的共同繁荣；既是中国实现强国建设、民族复兴伟业的康庄大道，也是中国谋求人类进步、共筑世界大同梦想的必由之路。因此，伴随全球治理体系变革进程的持续推进，人类命运共同体理念所描绘的人类社会美好愿景终将实现。

---

①　李晓霞：《全球经济治理的"替代性"选择还是"另一种"选择？——基于"中国道路"理解"一带一路"倡议》，《社会主义研究》2019 年第 2 期。

②　《习近平外交演讲集》第 2 卷，中央文献出版社，2022，第 359 页。

参考文献

一　经典文献与重要著作

《邓小平文选》第 1~2 卷，人民出版社，1994。

《邓小平文选》第 3 卷，人民出版社，1993。

《胡锦涛文选》第 1~3 卷，人民出版社，2016。

《江泽民文选》第 1~3 卷，人民出版社，2006。

《列宁选集》第 1~4 卷，人民出版社，2012。

《马克思恩格斯全集》第 1 卷，人民出版社，1995。

《马克思恩格斯全集》第 2 卷，人民出版社，2005。

《马克思恩格斯全集》第 19 卷，人民出版社，2006。

《马克思恩格斯全集》第 21 卷，人民出版社，2003。

《马克思恩格斯全集》第 23 卷，人民出版社，1972。

《马克思恩格斯全集》第 26 卷，人民出版社，2014。

《马克思恩格斯全集》第 31 卷，人民出版社，1998。

《马克思恩格斯全集》第 32 卷，人民出版社，1998。

《马克思恩格斯全集》第 42 卷，人民出版社，2016。

《马克思恩格斯全集》第 44 卷，人民出版社，2001。

《马克思恩格斯全集》第 49 卷，人民出版社，2016。

《马克思恩格斯文集》第 1~10 卷，人民出版社，2009。

《马克思恩格斯选集》第1~4卷，人民出版社，2012。

〔德〕马克思：《资本论》1~3卷，人民出版社，2018。

《毛泽东选集》第1~4卷，人民出版社，1991。

《习近平谈治国理政》第1卷，外文出版社，2018。

《习近平谈治国理政》第2卷，外文出版社，2017。

《习近平谈治国理政》第3卷，外文出版社，2020。

《习近平谈治国理政》第4卷，外文出版社，2022。

习近平：《出席第三届核安全峰会并访问欧洲四国和联合国教科文组织总部、欧盟总部时的演讲》，人民出版社，2014。

习近平：《高举中国特色社会主义伟大旗帜 为全面建设社会主义现代化国家而团结奋斗——在中国共产党第二十次全国代表大会上的报告》，人民出版社，2022。

习近平：《赓续传统友谊，开创中越命运共同体建设新征程——会见中越两国青年和友好人士代表时的讲话》，人民出版社，2023。

习近平：《共倡开放包容 共促和平发展：在伦敦金融城市长晚宴上的演讲》，人民出版社，2015。

习近平：《共建创新包容的开放型世界经济：在首届中国国际进口博览会开幕式上的主旨演讲》，人民出版社，2018。

习近平：《共同创造亚洲和世界的美好未来——在博鳌亚洲论坛2013年年会上的主旨演讲》，人民出版社，2013。

《习近平关于中国特色大国外交论述摘编》，中央文献出版社，2020。

习近平：《弘扬传统友好 共谱合作新篇——在巴西国会的演讲》，人民出版社，2014。

习近平：《弘扬和平共处五项原则 建设合作共赢美好世界——在和平共处五项原则发表60周年纪念大会上的讲话》，人民出版社，2014。

习近平：《弘扬和平共处五项原则 携手构建人类命运共同体——在和平共处五项原则发表70周年纪念大会上的讲话》，人民出版社，2024。

习近平：《弘扬"上海精神" 构建命运共同体——在上海合作组织成员国元

首理事会第十八次会议上的讲话》，人民出版社，2018。

习近平：《汇聚两国人民力量 推进中美友好事业——在美国友好团体联合欢迎宴会上的演讲》，人民出版社，2023。

习近平：《加强政党合作 共谋人民幸福——在中国共产党与世界政党领导人峰会上的主旨讲话》，人民出版社，2021。

习近平：《坚定信心 共克时艰 共建更加美好的世界》，人民出版社，2021。

习近平：《坚定信心 勇毅前行 共创后疫情时代美好世界——在2022年世界经济论坛视频会议的演讲》，人民出版社，2022。

习近平：《决胜全面建成小康社会 夺取新时代中国特色社会主义伟大胜利——在中国共产党第十九次全国代表大会上的报告》，人民出版社，2017。

习近平：《论把握新发展阶段、贯彻新发展理念、构建新发展格局》，中央文献出版社，2021。

习近平：《论坚持推动构建人类命运共同体》，中央文献出版社，2018。

习近平：《命运与共 共建家园——在中国—东盟建立对话关系30周年纪念峰会上的讲话》，人民出版社，2021。

习近平：《青年要自觉践行社会主义核心价值观——在北京大学师生座谈会上的讲话》，人民出版社，2014。

习近平：《让多边主义的火炬照亮人类前行之路——在世界经济论坛"达沃斯议程"对话会上的特别致辞》，人民出版社，2021。

习近平：《深化文明交流互鉴 共建亚洲命运共同体——在亚洲文明对话大会开幕式上的主旨演讲》，人民出版社，2019。

习近平：《守望相助共克疫情 携手同心推进合作——在金砖国家领导人第十二次会晤上的讲话》，人民出版社，2020。

习近平：《同舟共济克时艰，命运与共创未来——在博鳌亚洲论坛2021年年会开幕式上的视频主旨演讲》，人民出版社，2021。

《习近平在出席金砖国家领导人厦门会晤时的讲话》，人民出版社，2017。

《习近平在联合国成立75周年系列高级别会议上的讲话》，人民出版社，

2020。

《习近平在亚太经合组织第二十八次领导人非正式会议上的讲话》，人民出版社，2021。

习近平：《携手共命运 同心促发展——在2018年中非合作论坛北京峰会开幕式上的主旨讲话》，人民出版社，2018。

习近平：《携手共命运 一起向未来——在中国同中亚五国建交30周年视频峰会上的讲话》，人民出版社，2022。

习近平：《携手构建合作共赢、公平合理的气候变化治理机制——在气候变化巴黎大会开幕式上的讲话》，人民出版社，2015。

习近平：《携手建设更加美好的世界——在中国共产党与世界政党高层对话会上的主旨讲话》，人民出版社，2017。

习近平：《携手同行现代化之路——在中国共产党与世界政党高层对话会上的主旨讲话》，人民出版社，2023。

习近平：《携手迎接挑战 合作开创未来——在博鳌亚洲论坛2022年年会开幕式上的主旨演讲》，人民出版社，2022。

习近平：《与世界相交 与时代相通 在可持续发展道路上阔步前行——在第二届联合国全球可持续交通大会开幕式上的主旨讲话》，人民出版社，2021。

习近平：《在"不忘初心、牢记使命"主题教育工作会议上的讲话》，人民出版社，2019。

习近平：《在党的群众路线教育实践活动总结大会上的讲话》，人民出版社，2014。

习近平：《在第十三届全国人民代表大会第一次会议上的讲话》，人民出版社，2018。

习近平：《在第十四届全国人民代表大会第一次会议上的讲话》，人民出版社，2023。

习近平：《在纪念毛泽东同志诞辰130周年座谈会上的讲话》，人民出版社，2023。

习近平：《在纪念孙中山先生诞辰 150 周年大会上的讲话》，人民出版社，2016。

习近平：《在经济社会领域专家座谈会上的讲话》，人民出版社，2020。

《习近平在联合国成立 70 周年系列峰会上的讲话》，人民出版社，2015。

习近平：《在庆祝改革开放 40 周年大会上的讲话》，人民出版社，2018。

习近平：《在庆祝中国共产党成立 100 周年大会上的讲话》，人民出版社，2021。

习近平：《在庆祝中国人民解放军建军 90 周年大会上的讲话》，人民出版社，2017。

习近平：《在全国抗击新冠肺炎疫情表彰大会上的讲话》，人民出版社，2020。

习近平：《在文化传承发展座谈会上的讲话》，人民出版社，2023。

《习近平在亚太经合组织第二十九次领导人非正式会议上的讲话》，人民出版社，2022。

《习近平在亚太经合组织第三十次领导人非正式会议上的讲话》，人民出版社，2023。

习近平：《在哲学社会科学工作座谈会上的讲话》，人民出版社，2016。

习近平：《在中国科学院第二十次院士大会、中国工程院第十五次院士大会、中国科协第十次全国代表大会上的讲话》，人民出版社，2021。

习近平：《在中国文联十大、中国作协九大开幕式上的讲话》，人民出版社，2016。

习近平：《在中华人民共和国恢复联合国合法席位 50 周年纪念会议上的讲话》，人民出版社，2021。

《习近平主席在出席世界经济论坛 2017 年年会和访问联合国日内瓦总部时的演讲》，人民出版社，2017。

《习近平主席在出席亚太经合组织第二十六次领导人非正式会议时的讲话》，人民出版社，2016。

《习近平著作选读》第 1~2 卷，人民出版社，2023。

二 学术著作

〔英〕阿瑟·刘易斯:《国际经济秩序的演变》,乔依德译,商务印书馆,2022。

〔美〕埃里希·弗洛姆:《健全的社会》,欧阳谦译,中国文联出版公司,1988。

〔法〕埃米尔·涂尔干:《社会分工论》,渠东译,生活·读书·新知三联书店,2000。

〔英〕安德鲁·赫里尔:《全球秩序与全球治理》,林曦译,中国人民大学出版社,2018。

〔英〕安东尼·吉登斯:《历史唯物主义的当代批判——权力、财产与国家》,郭忠华译,上海译文出版社,2010。

〔英〕安东尼·吉登斯:《现代性的后果》,田禾译,译林出版社,2011。

〔英〕安东尼·吉登斯:《资本主义与现代社会理论:对马克思、涂尔干和韦伯著作的分析》,郭忠华、潘华凌译,上海译文出版社,2018。

〔美〕奥兰·R. 扬:《全球治理的大挑战:动荡年代的全球秩序》,杨剑、徐晓岚译,格致出版社,2023。

〔美〕奥兰·扬:《复合系统:人类世的全球治理》,杨剑、孙凯译,格致出版社、上海人民出版社,2019。

〔英〕巴里·布赞、乔治·劳森:《全球转型:历史、现代性与国际关系的形成》,崔顺姬译,上海人民出版社,2020。

〔古希腊〕柏拉图:《理想国》,郭斌和、张竹明译,商务印书馆,1986。

〔英〕保罗·霍普:《个人主义时代之共同体重建》,沈毅译,浙江大学出版社,2010。

本书编委会编《人类命运共同体:百年大变局与中国大智慧》,当代世界出版社,2022。

蔡拓:《全球学与全球治理》,北京大学出版社,2018。

〔美〕查尔斯·贝兹:《政治理论与国际关系》,从占修译,上海译文出版社，2012。

陈家刚主编《全球治理：概念与理论》，中央编译出版社，2017。

陈巧玲：《人类命运共同体视阈下的文化自信自强研究》，吉林大学出版社，2023。

陈文海：《走出丛林法则——推动构建人类命运共同体是必由之路》，中国财政经济出版社，2023。

陈新明：《合作与冲突——2000 年以来俄罗斯与欧盟关系》，中国社会科学出版社，2018。

邓纯东主编《人类命运共同体思想研究》，人民日报出版社，2018。

董彪、柴勇主编《构建人类命运共同体与人的发展》，燕山大学出版社，2020。

董楠：《人类命运共同体理念的马克思主义哲学基础研究》，社会科学文献出版社，2024。

〔奥〕多丽丝·奈斯比特、〔美〕约翰·奈斯比特、〔美〕龙志安：《世界新趋势："一带一路"重塑全球化新格局》，张岩译，中华工商联合出版社，2017。

〔德〕恩斯特·卡西尔：《人论》，甘阳译，上海译文出版社，2013。

〔德〕斐迪南·滕尼斯：《共同体与社会——纯粹社会学的基本概念》，林荣远译，商务印书馆，1999。

〔美〕弗朗西斯·福山：《大断裂：人类本性与社会秩序的重建》，唐磊译，广西师范大学出版社，2015。

〔美〕弗朗西斯·福山：《历史的终结及最后之人》，黄胜强、许铭原译，中国社会科学出版社，2003。

〔美〕弗朗西斯·福山：《身份政治：对尊严与认同的渴求》，刘芳译，中译出版社，2021。

〔美〕弗朗西斯·福山：《我们的后人类未来：生物科技革命的后果》，黄立志译，广西师范大学出版社，2020。

〔美〕弗朗西斯·福山：《政治秩序的起源：从前人类时代到法国大革命》，

毛俊杰译，广西师范大学出版社，2021。

〔美〕弗朗西斯·福山：《政治秩序与政治衰败：从工业革命到民主全球化》，毛俊杰译，广西师范大学出版社，2021。

〔英〕弗里德里希·奥古斯特·冯·哈耶克：《通往奴役之路》，王明毅、冯兴元等译，中国社会科学出版社，1997。

高兰英、蒋琼：《全球治理语境下知识产权与人权的关系梳理与机制融合研究》，知识产权出版社，2023。

高奇琦主编《全球治理转型与新兴国家》，上海人民出版社，2016。

高杨：《人类命运共同体视阈下的经济全球化研究》，民族出版社，2023。

〔德〕哈拉尔德·米勒：《文明的共存：对塞缪尔·亨廷顿"文明冲突论"的批判》，郦红、那滨译，新华出版社，2002。

〔德〕海尔格·策普-拉鲁什、威廉·琼斯编著《从一带一路到人类命运共同体》，苏汉廷译，江苏人民出版社，2023。

何昌垂：《全球治理与青年使命——何昌垂文稿自选集》，法律出版社，2024。

何亚非：《全球治理的中国方案》，五洲出版社，2019。

何亚非：《选择：中国与全球治理》，中国人民大学出版社，2015。

何银：《发展和平：全球安全治理中的规范竞争与共生》，中国社会科学出版社，2020。

何英：《大国外交——"人类命运共同体"解读》，上海大学出版社，2019。

〔美〕赫伯特·马尔库塞：《单向度的人——发达工业社会意识形态研究》，刘继译，上海译文出版社，2014。

〔德〕赫伯特·马尔库塞：《现代文明与人的困境——马尔库塞文集》，李小兵等译，上海三联书店，1989。

〔美〕亨利·基辛格：《世界秩序》，胡利平等译，中信出版社，2015。

〔美〕亨利·基辛格：《重建的世界》，冯洁音等译，上海译文出版社，2015。

洪波：《人类命运共同体的"世界历史性"研究》，中国社会科学出版社，2022。

黄琦等：《读懂全人类共同价值》，人民日报出版社，2022。

贾开：《走向数字未来：新技术革命与全球治理选择》，社会科学文献出版社，2022。

江时学：《全球治理中的中国与欧盟：观念、行动与合作领域》，中国社会科学出版社，2016。

江涛等：《全球化与全球治理》，时事出版社，2017。

姜志达：《中美规范竞合与国际秩序演变》，世界知识出版社，2018。

〔美〕杰里米·里夫金：《第三次工业革命：新经济模式如何改变世界》，张体伟、孙豫宁译，中信出版社，2012。

靳诺等：《命运与担当：如何看全球治理中的中国角色》，外文出版社，2019。

靳诺等：《全球治理的中国担当》，中国人民大学出版社，2017。

景璟：《全球治理理论体系的反思与重塑》，社会科学文献出版社，2024。

〔德〕卡尔·雅斯贝斯：《历史的起源与目标》，李夏菲译，漓江出版社，2019。

李爱敏：《从无产阶级国际主义到人类命运共同体：马克思主义的国际主义思想发展研究》，中国社会科学出版社，2018。

李波：《中国在全球气候治理中的角色研究》，中国社会科学出版社，2023。

李长成：《人类命运共同体的政治哲学研究》，中国社会科学出版社，2023。

李钢：《21 世纪国际秩序与全球治理》，时事出版社，2022。

李慧明：《人类命运共同体与全球气候治理体系改革》，社会科学文献出版社，2024。

李君如、罗建波等：《人间正道：构建人类命运共同体》，外文出版社，2021。

〔德〕李斯特：《政治经济学的国民体系》，陈万煦译，商务印书馆，1961。

〔德〕理查德·内德·勒博：《国际关系的文化理论》，陈锴译，上海人民出版社，2020。

梁守德等主编《新型大国关系、国际秩序转型与中国外交新动向》，世界知识出版社，2014。

刘丰主编《美国军事干涉与国际秩序》，上海人民出版社，2016。

刘虹主编《转型时代的治理：重构全球发展动力》，上海社会科学院出版社，2023。

刘建飞：《引领——推动构建人类命运共同体》，中共中央党校出版社，2018。

刘仁山：《国际私法与人类命运共同体之构建——以〈涉外民事关系法律适用法〉实施为据》，法律出版社，2019。

刘诗琪、胡必亮：《"一带一路"与人类命运共同体》，北京师范大学出版社，2022。

刘同舫：《人类命运共同体的历史唯物主义沉思》，人民出版社，2023。

刘伟、张辉主编《全球治理——国际竞争与合作》，北京大学出版社，2017。

〔美〕刘易斯·芒福德：《技术与文明》，陈允明、王克仁、李华山译，中国建筑工业出版社，2009。

刘余莉等：《中华优秀传统文化蕴含的全人类共同价值》，浙江教育出版社，2024。

刘玉龙：《国际条约与世界秩序》，国家行政学院出版社，2014。

卢静等：《全球治理：困境与改革》，社会科学文献出版社，2016。

卢黎歌主编《新时代推进构建人类命运共同体研究》，人民出版社，2019。

路杨：《全球金融治理变革与中国的策略选择——基于国际公共产品的视角》，中国经济出版社，2021。

吕晓莉：《从行动到影响力：中国社会组织参与全球治理的路径与经验》，人民出版社，2022。

〔美〕罗伯特·吉尔平：《世界政治中的战争与变革》，宋新宁、杜建平译，上海人民出版社，2019。

罗英杰、曹玮主编《国际安全秩序治理：发展与前景》，时事出版社，2023。

〔英〕马丁·阿尔布劳：《中国与人类命运共同体：探讨共同的价值观与目标》，李潇阳、马苗苗译，新世界出版社，2023。

〔英〕马丁·阿尔布劳：《中国在人类命运共同体中的角色：走向全球领导力理论》，严忠志译，商务印书馆，2020。

马建标：《冲破旧秩序：中国对帝国主义国际体系的反应（1912—1922）》，社会科学文献出版社，2013。

马俊峰、马乔恩：《构建人类命运共同体的历史性研究》，人民出版社，2019。

〔新加坡〕马凯硕：《中国的选择：中美博弈与战略选择》，全球化智库（CCG）译，中信出版社，2021。

马卫刚：《新时代政治经济学概论：构建人类命运共同体的自由个性价值观研究》，青岛出版社，2023。

〔美〕迈克尔·桑德尔：《自由主义与正义的局限》，万俊人等译，译林出版社，2001。

〔德〕迈克尔·祖恩：《全球治理理论：权威、合法性与论争》，董亮译，社会科学文献出版社，2024。

〔美〕迈克·费瑟斯通：《消解文化——全球化、后现代主义与认同》，杨渝东译，北京大学出版社，2009。

〔美〕米尔顿·弗里德曼：《资本主义与自由》（第2版），张瑞玉译，商务印书馆，2004。

倪娜：《马克思世界历史理论与人类命运共同体构建》，人民出版社，2022。

潘从义：《人类共同价值体系构建研究》，中国社会科学出版社，2022。

庞中英：《全球治理与世界秩序》，北京大学出版社，2012。

庞中英：《重建世界秩序：关于全球治理的理论与实践》，中国经济出版社，2015。

〔西班牙〕佩德罗·巴尼奥斯：《大国战略：世界是如何被统治的》，刘洋译，浙江人民出版社，2021。

秦亚青：《全球治理：多元世界的秩序重建》，世界知识出版社，2019。

秦亚青主编《中华文化视野下的国际关系与全球治理》，上海人民出版社，2023。

仇华飞：《国际秩序演变中的中国周边外交与中美关系》，人民出版社，2015。

〔法〕让-雅克·卢梭：《社会契约论》（第3版），何兆武译，商务印书馆，

2003。

任琳等：《霸权兴衰与变动中的全球治理秩序》，中国社会科学出版社，2023。

任琳：《反思全球治理：安全、权力与制度》，中国社会科学出版社，2021。

任晓：《走向世界共生》，商务印书馆，2019。

〔美〕塞缪尔·亨廷顿、劳伦斯·哈里森主编《文化的重要作用：价值观如
　　何影响人类进步》，程克雄译，新华出版社，2010。

〔美〕塞缪尔·亨廷顿：《文明的冲突与世界秩序的重建》（修订版），周琪
　　等译，新华出版社，2010。

〔美〕塞缪尔·亨廷顿：《文明的冲突》，周琪等译，新华出版社，2017。

桑百川等：《“一带一路”倡议与全球经济治理研究》，中国商务出版
　　社，2021。

尚伟：《中国特色大国外交：打造人类命运共同体》，浙江人民出版社，
　　2018。

邵发军：《推动构建人类命运共同体的理论内涵与实践路径研究》，人民出版
　　社，2021。

邵则宪：《昭隆传统之大美：中国文化如何成为全球治理的建构者》，清华大
　　学出版社，2019。

沈传亮：《共生共荣——新时代的中国与世界》，广东教育出版社，2024。

沈伟：《国际经济秩序是如何形成的——法律、市场和全球化》，法律出版
　　社，2014。

〔英〕史蒂夫·富勒：《科学的统治：开放社会的意识形态与未来》，刘钝
　　译，上海科技教育出版社，2006。

史亚东：《全球视野下环境治理的机制评价与模式创新》，知识产权出版
　　社，2020。

释清仁：《构建人类命运共同体的理论与实践研究》，人民出版社，2022。

〔比利时〕斯文·毕斯科普：《大国战略：探究21世纪大国关系》，王宏禹、
　　张维懿译，中国科学技术出版社，2023。

宋微：《合作共赢：共建中非命运共同体研究》，研究出版社，2020。

孙宽平、滕世华：《全球化与全球治理》，湖南人民出版社，2003。

孙铁成：《应对百年变局Ⅱ：全球治理视野下的强国战略》，中国法制出版社，2023。

孙铁成：《应对百年变局：全球治理视野下的新发展理念》，中国法制出版社，2022。

孙通：《国家身份与中国国际秩序观》，中国社会科学出版社，2021。

孙学峰、李彬主编《数字时代的安全竞争与国际秩序》，清华大学出版社，2023。

〔美〕塔洛克：《官僚体制的政治》，柏克、郑景胜译，商务印书馆，2012。

汤蓓：《全球治理的组织逻辑——国际组织行政机构运作与国际公共政策》，上海人民出版社，2022。

田秀华：《人类命运共同体构建中的国家角色研究》，九州出版社，2024。

〔英〕托马斯·霍布斯：《利维坦》，黎思夏、黎廷弼译，商务印书馆，1985。

〔美〕W. 安德鲁·霍菲克编《世界观的革命》，余亮译，中国社会科学出版社，2010。

王帆、凌胜利主编《人类命运共同体 全球治理的中国方案》，湖南人民出版社，2017。

王公龙：《人类命运共同体思想——基于马克思世界历史理论的研究》，人民出版社，2023。

王辉：《国际组织与全球治理》，时事出版社，2024。

王辉耀：《命运与共：中国与全球化的未来》，全球化智库（CCG）译，中国科学技术出版社，2024。

王聚芹、饶一鸣：《历史唯物主义视域下的"人类命运共同体"探究》，黑龙江人民出版社，2021。

王孔祥：《全球治理与网络安全》，时事出版社，2022。

王时中等：《构建人类命运共同体——应对全球问题的"中国方案"》，人民出版社，2022。

王瑞彬：《人类命运共同体与应对全球气候变化研究》，首都师范大学出版社，2022。

王岩：《坚持推动构建人类命运共同体》，中共中央党校出版社，2022。

王义桅：《人类命运共同体：新型全球化的价值观》，外文出版社，2021。

王义桅：《时代之问 中国之答：构建人类命运共同体》，湖南人民出版社，2021。

王奕勋：《全球治理的东方方案：从长安到中华，从罗马到西方》，当代中国出版社，2024。

王志民、马啸主编《中华文明与人类共同价值》，清华大学出版社，2017。

〔德〕乌尔里希·贝克：《什么是全球化？全球化的曲解——应对全球化》，常和芳译，华东师范大学出版社，2008。

〔美〕小约瑟夫·奈、〔加拿大〕戴维·韦尔奇：《理解全球冲突与合作：理论与历史》（第十版），张小明译，上海人民出版社，2018。

肖冰等：《新兴大国崛起与全球秩序变革（第六卷）：国际秩序的法治化进阶》，南京大学出版社，2023。

谢波：《新时代国家安全治理话语体系研究》，清华大学出版社，2024。

谢伏瞻、〔俄〕伊·谢·伊万诺夫主编《新时代全球治理：理念与路径》，中国社会科学出版社，2022。

谢霄男：《中华传统文化对构建人类命运共同体的作用与路径研究》，人民出版社，2022。

谢喆平：《全球治理中的中国与联合国教科文组织》，商务印书馆，2021。

新华社中国民族自由人权观课题组编著《全人类共同价值的追求与探索：民主自由人权的中国实践》，新华出版社，2021。

〔日〕星野昭吉：《全球化时代的世界政治——世界政治的行为主体与结构》，刘小林、梁云祥译，社会科学文献出版社，2004。

邢广程、初冬梅主编《中俄关系：全面推进和战略协作》，中国社会科学出版社，2023。

邢悦、詹奕嘉：《国际关系通识》，北京大学出版社，2024。

熊炜主编《变革中的国际秩序与城市外交》，时事出版社，2019。

熊小果：《人类命运共同体视野下的新型空间政治研究》，西南财经大学出版社，2022。

徐艳玲等：《从马克思共同体到人类命运共同体：理论逻辑与现实向度》，学习出版社，2023。

许春华等：《嬗变与跨越——从马克思人类共同体理论到人类命运共同体理念》，学习出版社，2024。

〔英〕亚当·罗伯茨、〔新西兰〕本尼迪克特·金斯伯里：《全球治理——分裂世界中的联合国》，吴志成、张蒂、刘丰、刘兴华等译，中央编译出版社，2010。

〔古希腊〕亚里士多德：《政治学》，颜一、秦典华译，中国人民大学出版社，2003。

闫立金：《价值文明：数字技术革命与人类命运共同体》，电子工业出版社，2024。

严华、朱建纲主编《坚持推动构建人类命运共同体》，湖南教育出版社，2018。

颜晓峰等：《创造人类文明新形态》，社会科学文献出版社，2022。

杨春蕾：《共建"一带一路"与全球经济治理》，经济科学出版社，2022。

杨耕：《东方的崛起：关于中国式现代化的哲学思考》（第二版），华东师范大学出版社，2022。

杨宏伟等：《人类命运共同体：走向"自由人联合体"的当代选择》，兰州大学出版社，2024。

杨洪源等：《构建命运共同体的人类文明》，社会科学文献出版社，2022。

杨剑主编《国际秩序转型与全球治理》，上海财经大学出版社，2022。

杨抗抗：《大变局与新战略：作为世界新图景的人类命运共同体》，中央编译出版社，2023。

杨丽、丁开杰主编《全球治理与国际组织》，中央编译出版社，2017。

杨卫东：《国际秩序与美国对外战略调整》，天津人民出版社，2018。

〔德〕尤尔根·哈贝马斯：《交往与社会进化》，张博树译，重庆出版社，

1989。

于军、张弦:《"一带一路"倡议与构建人类命运共同体》,当代中国出版社,2019。

余博闻:《权力·话语·实践:全球治理深度变革的逻辑》,上海人民出版社,2023。

俞可平主编《全球化:全球治理》,社会科学文献出版社,2003。

〔美〕约翰·罗尔斯:《正义论》,何怀宏等译,中国社会科学出版社,1988。

〔美〕约翰·罗尔斯:《政治自由主义》(增订本),万俊人译,译林出版社,2011。

〔芬〕约翰内斯·乌尔佩拉:《全球环境治理的博弈》,陈凯西译,中国科学技术出版社,2024。

〔美〕约瑟夫·E.斯蒂格利茨:《让全球化造福全球》,雷达等译,中国人民大学出版社,2011。

〔美〕约瑟夫·S.奈、约翰·D.唐纳胡主编《全球化世界的治理》,王勇等译,世界知识出版社,2003。

〔美〕约瑟夫·熊彼特:《经济发展理论——对利润、资本、信贷、利息和经济周期的探究》,叶华译,中国社会科学出版社,2009。

〔美〕约瑟夫·熊彼特:《资本主义、社会主义与民主》,吴克峰等译,江苏人民出版社,2017。

〔美〕詹姆斯·C.斯科特:《国家的视角:那些试图改善人类状况的项目是如何失败的》,王晓毅译,社会科学文献出版社,2019。

〔英〕詹姆斯·伯克:《联结:通向未来的文明史》,阳曦译,北京联合出版公司,2019。

张春和:《人类命运共同体理念的价值体系研究》,人民出版社,2024。

张国军:《人类命运共同体视角下亚太经济一体化研究》,光明日报出版社,2021。

张海斌主编《国际法治与人类命运共同体》,法律出版社,2019。

张海滨等:《全球气候治理的中国方案》,五洲传播出版社,2021。

张海滨、郑如青主编《国际组织与全球治理——北京大学青年学子的思考》，北京大学出版社，2023。

张汉林等：《全球化背景下国际秩序重构与中国国家安全战略研究》，经济科学出版社，2021。

张建云：《弘扬全人类共同价值》，人民日报出版社，2024。

张立文：《中国传统文化与人类命运共同体》，中国人民大学出版社，2018。

张丽娟、张蕴岭主编《全球经济治理变革》，世界知识出版社，2021。

张全义：《从群体冲突到全球治理：认同的失范与重构》，中国社会科学出版社，2015。

张维为：《这就是中国：走向世界的中国力量》，上海人民出版社，2019。

张文显主编《全球治理与国际法》，法律出版社，2020。

张艳秋主编《人类命运共同体研究年鉴2021》，中央编译出版社，2024。

张影强等：《全球网络空间治理体系与中国方案》，中国经济出版社，2017。

张战等：《构建人类命运共同体思想研究》，时事出版社，2019。

赵建国主编《世界怎么办？：共话人类命运共同体》，外文出版社，2022。

赵可金：《全球治理导论》，复旦大学出版社，2022。

赵永刚、吴杉丽：《美德的生成与人类命运共同体——情境的视角》，武汉大学出版社，2020。

郑师渠：《近代中华民族共同体意识的自觉：以国共合作为中心的考察》，北京师范大学出版社，2024。

郑英琴：《全球公域治理：价值向度与秩序构建》，格致出版社、上海人民出版社，2021。

郑永年：《亚洲新秩序》，广东人民出版社，2018。

郑永年：《有限全球化：世界新秩序的诞生》，东方出版社，2021。

智本社：《智本论·国际秩序》，中国经济出版社，2022。

周兴旺：《文明大趋势：为什么说21世纪是中国世纪》，光明日报出版社，2023。

三 学术论文

巴殿君、范令、王胜男：《论全球治理"中国角色"的构建》，《学习与探索》2022 年第 4 期。

蔡翠红、于大皓：《中国"三大倡议"的全球治理逻辑及实践路径——基于国际公共产品供给视角的分析》，《东北亚论坛》2023 年第 5 期。

蔡拓、陈志敏、吴志成等：《人类命运共同体视角下的全球治理与国家治理》，《中国社会科学》2016 年第 6 期。

蔡拓：《全球治理的反思与展望》，《天津社会科学》2015 年第 1 期。

蔡拓：《全球治理与国家治理：当代中国两大战略考量》，《中国社会科学》2016 年第 6 期。

蔡拓、王南林：《全球治理：适应全球化的新的合作模式》，《南开学报》2004 年第 2 期。

蔡拓：《中国如何参与全球治理》，《国际观察》2014 年第 1 期。

曹德军：《全球发展倡议下的全球治理路径与中国方案》，《国际论坛》2024 年第 1 期

曹绿：《以马克思世界历史理论审视人类命运共同体》，《思想理论教育》2017 年第 3 期。

曹玉涛、徐宁：《论人类命运共同体的全人类共同价值根基》，《河南师范大学学报》（哲学社会科学版）2022 年第 4 期。

陈理：《深刻理解把握构建人类命运共同体提出的依据、内涵和实现路径》，《当代世界与社会主义》2022 年第 1 期。

陈绍锋、李永辉：《全球治理及其限度》，《当代世界与社会主义》2001 年第 6 期。

陈伟光、明元鹏：《数字货币：从国家监管到全球治理》，《社会科学》2021 年第 9 期。

陈伟光、聂世坤：《构建新发展格局：基于国家治理与全球治理互动的逻辑》，《学术研究》2022 年第 1 期。

陈伟光：《全球治理与全球经济治理：若干问题的思考》，《教学与研究》
　　2014 年第 2 期。

陈志敏：《国家治理、全球治理与世界秩序建构》，《中国社会科学》2016 年
　　第 6 期。

成海鹰：《全人类共同价值是人类文明发展的思想结晶》，《中州学刊》2023
　　年第 1 期。

丑则静：《基于全人类共同价值的全球治理价值重塑》，《天津社会科学》
　　2023 年第 5 期。

丛占修：《人类命运共同体：历史、现实与意蕴》，《理论与改革》2016 年第
　　3 期。

戴长征：《全人类共同价值与国际关系民主化的中国实践》，《教学与研究》
　　2022 年第 12 期。

戴长征：《以全人类共同价值引领人类命运共同体构建》，《国际论坛》2023
　　年第 1 期。

〔英〕戴维·赫尔德、凯文·扬：《有效全球治理的原则》，朱旭译，《南开
　　学报》（哲学社会科学版）2012 年第 5 期。

〔英〕戴维·赫尔德：《重构全球治理》，杨娜译，《南京大学学报》（哲学·
　　人文科学·社会科学版）2011 年第 2 期。

董青：《论全人类共同价值的时代意义》，《南京社会科学》2022 年第 5 期。

杜利娜、李包庚：《从"自由人联合体"到"人类命运共同体"——重读
　　〈共产党宣言〉》，《苏州大学学报》（哲学社会科学版）2018 年第
　　4 期。

冯珊：《人类命运共同体的类哲学阐释》，《东南学术》2023 年第 5 期。

傅其林：《中华优秀传统文化蕴含全人类共同价值的理论、历史与现实》，
　　《江西社会科学》2023 年第 7 期。

高惠珠、赵建芬：《"人类命运共同体"：马克思"共同体"思想的当代拓
　　新》，《上海师范大学学报》（哲学社会科学版）2017 年第 6 期。

高奇琦：《全球善智与全球合智：人工智能全球治理的未来》，《世界经济与

政治》2019 年第 7 期。

高奇琦：《全球治理、人的流动与人类命运共同体》，《世界经济与政治》
2017 年第 1 期。

龚群：《全人类共同价值三论》，《南昌大学学报》（人文社会科学版）2023
年第 3 期。

韩升、段晋云：《全人类共同价值国际弘扬的话语体系建构》，《新疆社会科
学》2022 年第 3 期。

韩升：《坚守和弘扬全人类共同价值的历史唯物主义进路》，《世界社会主义
研究》2022 年第 9 期。

韩升：《坚守和弘扬全人类共同价值的历史唯物主义意蕴》，《学术界》2022
年第 3 期。

韩升、孔艳丽：《当代全球治理价值范式的主体间性转换》，《中国高校社会
科学》2023 年第 6 期。

韩升：《民主之为全人类共同价值的世界历史意蕴》，《学术界》2022 年第
12 期。

韩升、王晨曦：《多元文化视域下全人类共同价值生成的辩证逻辑分析》，
《理论与改革》2022 年第 3 期。

韩升、王朋朋：《世界文明进步视域内全人类共同价值的阐扬理路》，《中州
学刊》2022 年第 8 期。

韩骁：《文明视野下的全人类共同价值及其哲学意蕴》，《哲学研究》2021 年
第 8 期。

郝立新、周康林：《构建人类命运共同体——全球治理的中国方案》，《马克
思主义与现实》2017 年第 6 期。

何帆、冯维江、徐进：《全球治理机制面临的挑战及中国的对策》，《世界经
济与政治》2013 年第 4 期。

何亚非：《全人类共同价值为全球治理贡献中国智慧》，《人民论坛》2021 年
第 29 期。

何增科：《全球公民社会引论》，《马克思主义与现实》2002 年第 3 期。

贺来：《马克思哲学的"类"概念与"人类命运共同体"》，《哲学研究》2016 年第 8 期。

胡鞍钢、李萍：《习近平构建人类命运共同体思想与中国方案》，《新疆师范大学学报》（哲学社会科学版）2018 年第 5 期。

胡键：《马克思世界历史理论视野下的全球治理》，《世界经济与政治》2012 年第 11 期。

胡键：《全球治理的"历史三峡"及其穿越路径》，《南京师大学报》（社会科学版）2022 年第 5 期。

胡键：《全球治理制度的生成逻辑与中国角色》，《吉首大学学报》（社会科学版）2023 年第 3 期。

〔西班牙〕胡里奥·里奥斯：《遵循全人类共同价值 构建人类命运共同体》，张敏译，《世界社会主义研究》2022 年第 9 期。

胡钰：《全人类共同价值的文明意蕴与国际传播》，《人民论坛》2023 年第 8 期。

黄力之：《全人类共同价值与人类文明基本向度的契合性》，《江苏行政学院学报》2023 年第 5 期。

黄平：《人类命运共同体与大国成长：身份、视野、价值》，《上海交通大学学报》（哲学社会科学版）2023 年第 12 期。

黄婷、王永贵：《人类命运共同体：一种世界秩序的话语表述》，《马克思主义与现实》2017 年第 5 期。

惠志斌：《全球治理变革背景下网络空间命运共同体构建》，《探索与争鸣》2017 年第 8 期。

江时学：《中国的发展中国家外交与人类命运共同体建设》，《外交评论（外交学院学报）》2023 年第 4 期。

景璟：《全球秩序及其转型：基于转型框架的分析》，《社会主义研究》2022 年第 2 期。

阚道远：《国际秩序变革视阈下的全球正义伦理转型——兼论全人类共同价值的时代意蕴》，《新疆社会科学》2022 年第 3 期。

康渝生、陈奕诺：《“人类命运共同体”：马克思“真正的共同体”思想在当代中国的实践》，《学术交流》2016 年第 11 期。

孔艳丽、韩升：《百年未有之大变局下全球治理的价值共识凝聚》，《社会主义研究》2021 年第 3 期。

寇清杰：《全人类共同价值与马克思主义普遍真理的关系探析》，《思想理论教育导刊》2022 年第 6 期。

寇清杰、肖影慧：《全人类共同价值的基本依据、核心要义与实践路径》，《北京航空航天大学学报》（社会科学版）2023 年第 2 期。

李爱龙：《从文明世界观的革命到世界文明观的建构——人类命运共同体对〈共产党宣言〉的继承与发展》，《宁夏社会科学》2023 年第 6 期。

李包庚：《世界普遍交往中的人类命运共同体》，《中国社会科学》2020 年第 4 期。

李滨：《论人类命运共同体的哲学基础——基于中外世界主义共同体思想研究的比较视角》，《世界经济与政治》2023 年第 12 期。

李丹：《论全球治理变革的中国方案》，《马克思主义研究》2018 年第 4 期。

李丹：《“一带一路”：构建人类命运共同体的实践探索》，《南开学报》（哲学社会科学版）2019 年第 1 期。

李丹：《中国特色大国外交的传承与创新：命运共同体的视角》，《理论与改革》2020 年第 2 期。

李慧明：《人类命运共同体与国际秩序转型》，《世界经济与政治》2021 年第 8 期。

李荔、张爱武：《近年来关于“全人类共同价值”研究述评》，《理论视野》2023 年第 3 期。

李梦云：《建设人类命运共同体的文化构想》，《哲学研究》2016 年第 3 期。

李晓兰：《理论·实践·逻辑·价值：习近平关于构建人类命运共同体重要论述的四维阐释》，《经济社会体制比较》2024 年第 3 期。

李晓曈：《全人类共同价值的政治哲学分析——内涵意蕴、本质特征及现代性超越》，《理论探索》2022 年第 3 期。

李欣：《全球治理制度变迁与中国的战略选择——以渐进制度变迁为基础的新分析框架》，《社会主义研究》2024 年第 4 期。

李永胜、王彦琦：《以全人类共同价值引领文明交往的三点思索》，《理论探索》2023 年第 1 期。

李永胜、张玉容：《论全人类共同价值对"普世价值"的超越》，《西安交通大学学报》（社会科学版）2022 年第 6 期。

李志斐：《总体国家安全观与全球安全治理的中国方向》，《中共中央党校（国家行政学院）学报》2022 年第 1 期。

梁昊光：《"一带一路"十周年：全球治理新平衡》，《智库理论与实践》2023 年第 5 期。

廖凡：《全球治理背景下人类命运共同体的阐释与构建》，《中国法学》2018 年第 5 期。

林伯海：《论全人类共同价值与人类命运共同体的辩证关系》，《马克思主义研究》2021 年第 11 期。

林伯海、邢斐：《全人类共同价值对马克思主义人类发展理论的贡献》，《马克思主义理论学科研究》2023 年第 7 期。

林伯海、杨伟宾：《马克思主义视域下全人类共同价值探赜》，《思想理论教育》2023 年第 1 期。

凌胜利、李汶桦：《全球治理变革背景下的中国国际制度创建》，《国际关系研究》2021 年第 5 期。

刘传春：《人类命运共同体内涵的质疑、争鸣与科学认识》，《毛泽东邓小平理论研究》2015 年第 11 期。

刘方平：《全球治理视域下人类命运共同体建构》，《西南民族大学学报》（人文社科版）2018 年第 4 期。

刘明：《全球治理语境中的世界共同体观念——主题、类型及其治理逻辑》，《南开学报》（哲学社会科学版）2022 年第 4 期。

刘培东、吴志成：《新时代中国共产党的全球文明观论析》，《太平洋学报》2024 年第 6 期。

刘同舫：《构建人类命运共同体对历史唯物主义的原创性贡献》，《中国社会科学》2018 年第 7 期。

刘同舫：《人类命运共同体的文化构建及其世界意义》，《浙江社会科学》2023 年第 7 期。

刘同舫：《"新唯物主义"与人类命运共同体的哲学根基》，《北京师范大学学报》（社会科学版）2023 年第 4 期。

刘新华：《海洋安全治理面临的挑战与中国的应对之道》，《社会主义研究》2024 年第 3 期。

刘洋：《人类命运共同体：世界现代性问题的中国智慧与方案》，《马克思主义研究》2017 年第 11 期。

刘勇、王怀信：《人类命运共同体：全球治理国际话语权变革的中国方案》，《探索》2019 年第 2 期。

刘再起、王蔓莉：《"一带一路"战略与中国参与全球治理研究——以话语权和话语体系为视角》，《学习与实践》2016 年第 4 期。

刘贞晔：《全球治理与国家治理互动的理论来源及其理想形态》，《西北师大学报》（社会科学版）2023 年第 2 期。

刘志刚：《从"文明冲突论"到人类命运共同体——中西方对待文明冲突的不同逻辑》，《学术界》2021 年第 10 期。

卢德友：《"人类命运共同体"：马克思主义时代性观照下理想社会的现实探索》，《求实》2014 年第 8 期。

卢静：《当前全球治理的制度困境及其改革》，《外交评论（外交学院学报）》2014 年第 1 期。

卢静：《当前全球治理困境与改革方向》，《人民论坛》2022 年第 2 期。

吕晓莉：《全球治理：模式比较与现实选择》，《现代国际关系》2005 年第 3 期。

罗会钧、查云龙：《人工智能时代的全球治理转型与中国应对》，《上海交通大学学报》（哲学社会科学版）2023 年第 12 期。

马超、陈亚丽：《国内外全球治理研究的现状、热点与前沿对比分析》，《西南民族大学学报》（人文社会科学版）2023 年第 1 期。

马超：《论新时代中国在全球治理中的贡献》，《学习与探索》2022 年第
　　4 期。

马晨晨：《人类命运共同体的全球治理观》，《中南民族大学学报》（人文社
　　会科学版）2024 年第 3 期。

马纯红：《基点·共识·功能：全人类共同价值与人类命运共同体的中国话
　　语表达》，《吉首大学学报》（社会科学版）2023 年第 1 期。

〔美〕马丁·休伊森、〔新西兰〕蒂莫西·辛克莱：《全球治理理论的兴起》，
　　张胜军译，《马克思主义与现实》2002 年第 1 期。

马平：《弘扬中华文明蕴含的全人类共同价值》，《人民论坛》2022 年第
　　22 期。

马忠才：《中华文明的和平性：人类命运共同体理念的文化底色》，《中央民
　　族大学学报》（哲学社会科学版）2023 年第 4 期。

〔美〕迈克尔·爱德华兹：《公民社会与全球治理》，王玉强、陈家刚译，
　　《马克思主义与现实》2002 年第 3 期。

门洪华：《应对全球治理危机与变革的中国方略》，《中国社会科学》2017 年
　　第 10 期。

明浩：《“一带一路”与“人类命运共同体”》，《中央民族大学学报》（哲
　　学社会科学版）2015 年第 6 期。

牟琛、蔡文成：《构建人类命运共同体：一项全球性社会运动的设想与实
　　践》，《国际观察》2023 年第 5 期。

牛海彬：《“全球南方”是国际秩序演变的重要推动力量》，《当代世界》
　　2023 年第 11 期。

欧阳康：《全球治理变局中的“一带一路”》，《中国社会科学》2018 年第
　　8 期。

彭冰冰：《论“人类命运共同体”的实质、内涵与意义》，《贵州社会科学》
　　2017 年第 4 期。

乔茂林：《构建人类命运共同体的世界历史理论渊源与当代价值》，《经济社

会体制比较》2020年第5期。

秦龙、刘禹杉：《马克思世界历史理论与人类命运共同体的耦合——历史、理论与实践》，《南开学报》（哲学社会科学版）2022年第2期。

秦亚青：《全球治理趋向扁平》，《国际问题研究》2021年第5期。

秦亚青、魏玲：《新型全球治理观与"一带一路"合作实践》，《外交评论（外交学院学报）》2018年第2期。

曲星：《人类命运共同体的价值观基础》，《求是》2013年第4期。

任剑涛：《找回国家：全球治理中的国家凯旋》，《探索与争鸣》2020年第3期。

任琳：《全球治理赤字与治理体系新态势》，《人民论坛》2023年第12期。

阮宗泽：《人类命运共同体：中国的"世界梦"》，《国际问题研究》2016年第1期。

桑建泉、陈锡喜：《论全人类共同价值及其对构建人类命运共同体的价值引领》，《湖北社会科学》2021年第9期。

桑建泉、陈锡喜：《全人类共同价值的世界意义：历史确证、理论创新与价值引领》，《浙江社会科学》2022年第3期。

邵发军：《习近平"人类命运共同体"思想及其当代价值研究》，《社会主义研究》2017年第4期。

沈昊驹：《全球治理视域下代际正义的三个基本理论问题》，《伦理学研究》2023年第3期。

沈伟、李况然：《全球治理赤字的当代分析和中国路径》，《江淮论坛》2022年第6期。

沈湘平：《论人类文明新形态与全人类共同价值——基于特殊性与普遍性关系的视角》，《哲学研究》2022年第4期。

石晨霞：《全球治理机制的发展与中国的参与》，《太平洋学报》2014年第1期。

石云霞：《习近平人类命运共同体思想科学体系研究》，《中国特色社会主义研究》2018年第2期。

宋才发：《人类文明新形态蕴含的全人类共同价值》，《河北大学学报》（哲学社会科学版）2023 年第 1 期。

宋婧琳、张华波：《国外学者对"人类命运共同体"的研究综述》，《当代世界与社会主义》2017 年第 5 期。

苏长和：《全球治理的危机与组织变革》，《当代世界》2022 年第 10 期。

孙春晨：《全人类共同价值是构建人类命运共同体的伦理基础》，《马克思主义与现实》2022 年第 1 期。

孙吉胜：《当前全球治理与中国全球治理话语权提升》，《外交评论（外交学院学报）》2020 年第 3 期。

孙吉胜：《全球发展治理与中国全球发展治理话语权提升》，《世界经济与政治》2022 年第 12 期。

孙吉胜：《新冠肺炎疫情与全球治理变革》，《世界经济与政治》2020 年第 5 期。

孙聚友：《儒家大同思想与人类命运共同体建设》，《东岳论丛》2016 年第 11 期。

孙利军、高金萍：《人类命运共同体全球传播范式与实践取径》，《湖南大学学报》（社会科学版）2023 年第 4 期。

田鹏颖：《历史唯物主义与"人类命运共同体"》，《马克思主义研究》2018 年第 1 期。

田鹏颖：《论全人类共同价值的可能与现实》，《河南师范大学学报》（哲学社会科学版）2022 年第 4 期。

田鹏颖、张晋铭：《人类命运共同体思想对马克思世界历史理论的继承与发展》，《理论与改革》2017 年第 4 期。

〔英〕托尼·麦克格鲁：《走向真正的全球治理》，陈家刚译，《马克思主义与现实》2002 年第 1 期。

汪朝光：《"国家治理与全球治理"的维度与思考》，《上海师范大学学报》（哲学社会科学版）2023 年第 5 期。

汪亭友、孔维：《深刻认识全人类共同价值及其时代意蕴》，《思想理论教育导刊》2023 年第 8 期。

王公龙：《马克思世界历史理论语境中的全人类共同价值》，《学术月刊》2022 年第 7 期。

王公龙：《全人类共同价值与人类文明新秩序的构建》，《科学社会主义》2023 年第 2 期。

王公龙：《习近平关于全人类共同价值重要论述的思想之源和创新体现》，《理论视野》2023 年第 6 期。

王桂军、罗吉、雷鑫：《"一带一路"倡议的全球治理效应：沿线国家社会稳定视角》，《南方经济》2023 年第 6 期。

王海建、郝宇青：《习近平关于全人类共同价值重要论述的理论意蕴》，《思想教育研究》2022 年第 4 期。

王鸿刚：《中国参与全球治理：新时代的机遇与方向》，《外交评论（外交学院学报）》2017 年第 6 期。

王乐夫、刘亚平：《国际公共管理的新趋势：全球治理》，《学术研究》2003 年第 3 期。

王莉丽、戈敏、刘子赢：《智库全球治理能力：理论建构与实践分析》，《中国人民大学学报》2022 年第 2 期。

王燕：《对全人类共同价值的普遍性与特殊性的哲学思考》，《江苏社会科学》2022 年第 3 期。

王易：《全球治理的中国方案：构建人类命运共同体》，《思想理论教育》2018 年第 1 期。

王寅：《人类命运共同体：内涵与构建原则》，《国际问题研究》2017 年第 5 期。

王永贵：《全人类共同价值的话语特性和叙事体系》，《马克思主义研究》2023 年第 8 期。

王雨辰、彭奕为：《人类文明新形态内蕴的全人类共同价值及其当代意义》，《思想理论教育导刊》2023 年第 4 期。

韦红、郝雪：《"三大全球倡议"：全球治理新思维及推进路径》，《社会主义研究》2023 年第 6 期。

吴浩、欧阳骞：《高质量共建"一带一路"的理念与路径探析——基于全球治理视角》，《江西社会科学》2022 年第 7 期。

吴凯：《以"三大倡议"审视人类命运共同体的文明新境界》，《探索》2023 年第 4 期。

吴晓明：《"中国方案"开启全球治理的新文明类型》，《中国社会科学》2017 年第 10 期。

吴志成、李冰：《全球治理话语权提升的中国视角》，《世界经济与政治》2018 年第 9 期。

吴志成：《全球治理对国家治理的影响》，《中国社会科学》2016 年第 6 期。

吴志成、王慧婷：《全球治理能力建设的中国实践》，《世界经济与政治》2019 年第 7 期。

吴志成、王天韵：《全球化背景下全球治理面临的新挑战》，《南京大学学报》（哲学·人文科学·社会科学版）2011 年第 2 期。

吴志成、吴宇：《人类命运共同体思想论析》，《世界经济与政治》2018 年第 3 期。

郗戈：《〈共产党宣言〉世界历史理论与人类命运共同体建构》，《湖南科技大学学报》（社会科学版）2018 年第 4 期。

夏文斌、郭东升：《全球治理的中国智慧》，《国际商务（对外经济贸易大学学报）》2022 年第 4 期。

肖群忠、杨帆：《文明自信与中国智慧——构建人类命运共同体思想的实质、意义与途径》，《中国特色社会主义研究》2018 年第 2 期。

谢来辉：《"一带一路"与全球治理的关系——一个类型学分析》，《世界经济与政治》2019 年第 1 期。

谢文娟：《"人类命运共同体"的历史基础和现实境遇》，《河南师范大学学报》（哲学社会科学版）2016 年第 5 期。

辛鸣：《全人类共同价值的时代观照》，《世界社会主义研究》2022 年第 9 期。

〔日〕星野昭吉：《全球治理的结构与向度》，刘小林译，《南开学报》（哲学社会科学版）2011 年第 3 期。

邢丽菊、鄢传若斓：《全人类共同价值：理论内涵、特征与弘扬路径》，《国际问题研究》2022 年第 1 期。

熊杰、石云霞：《论人类命运共同体理念的思想来源、发展逻辑和理论贡献》，《国际观察》2019 年第 2 期。

熊李力：《从人类文明新形态看实现全球善治的可能维度》，《人民论坛》2023 年第 10 期。

徐秀军：《"全球南方"成为推动全球治理变革的重要力量》，《人民论坛》2023 年第 23 期。

徐艳玲、陈明琨：《人类命运共同体的多重建构》，《毛泽东邓小平理论研究》2016 年第 7 期。

徐艳玲、李聪：《"人类命运共同体"价值意蕴的三重维度》，《科学社会主义》2016 年第 3 期。

徐艳玲：《全人类共同价值国际传播：意义阐释、困境透视与优化路径》，《浙江工商大学学报》2023 年第 1 期。

闫立光、朱成山、张巍：《习近平关于人类命运共同体重要论述的时代逻辑与世界意义》，《南京社会科学》2021 年第 11 期。

颜晓峰：《在世界动荡变革期推动构建人类命运共同体》，《红旗文稿》2021 年第 1 期。

杨发喜：《从"协和万邦"到推动构建人类命运共同体》，《红旗文稿》2023 年第 14 期。

杨鲁慧：《三大全球倡议：中国式现代化视域下的全球治理观》，《亚太安全与海洋研究》2023 年第 5 期。

杨伟宾：《全人类共同价值推动构建人类命运共同体的逻辑理路》，《思想教育研究》2023 年第 2 期。

杨雪：《以全人类共同价值引领人类文明新发展》，《理论探索》2023 年第 3 期。

姚璐、景璟：《全球治理转型中的国家韧性构建》，《吉林大学社会科学学报》2022 年第 6 期。

殷文贵：《全人类共同价值的理论蕴涵、话语特质与时代意义》，《思想理论教育》2023 年第 8 期。

殷文贵、向玉珍：《全人类共同价值：构建人类命运共同体的价值观基础》，《新疆大学学报》（哲学社会科学版）2023 年第 1 期。

尹响、易鑫、胡旭：《人类命运共同体理念下应对新冠疫情全球经济冲击的中国方案》，《经济学家》2020 年第 5 期。

于洪君：《全球治理：中国的方案与贡献》，《国际论坛》2023 年第 1 期。

于洪君：《推动构建人类命运共同体是顺应时代大势的光明大道》，《当代世界》2023 年第 11 期。

俞可平：《全球治理的趋势及我国的战略选择》，《国外理论动态》2012 年第 10 期。

俞可平：《全球治理引论》，《马克思主义与现实》2002 年第 1 期。

虞崇胜、余扬：《人类命运共同体：全球化背景下类文明发展的中国预判》，《理论视野》2016 年第 7 期。

袁靖华：《中国的"新世界主义"："人类命运共同体"议题的国际传播》，《浙江社会科学》2017 年第 5 期。

袁正清：《公平正义引领全球治理变革》，《教学与研究》2022 年第 12 期。

臧峰宇、史海默：《人类命运共同体理念的思想资源与时代内涵》，《江苏社会科学》2020 年第 3 期。

张光哲：《世界新的动荡变革期下人类命运共同体构建的基础、挑战与路径》，《科学社会主义》2023 年第 4 期。

张华波、邓淑华：《马克思发展共同体思想对构建人类命运共同体的启示》，《马克思主义研究》2017 年第 11 期。

张继龙：《国内学界关于人类命运共同体思想研究述评》，《社会主义研究》2016 年第 6 期。

张建云：《深刻理解"全人类共同价值"的内涵、特性及重大意义》，《贵州社会科学》2023 年第 7 期。

张康之、郑春勇：《构建人类命运共同体：社会正义追求的替代方案》，《学术界》2023 年第 9 期。

张雷声：《唯物史观视野中的人类命运共同体》，《马克思主义研究》2018 年第 12 期。

张立文：《中国传统和合文化与人类命运共同体》，《中国人民大学学报》2019 年第 3 期。

张胜军：《全球深度治理的目标与前景》，《世界经济与政治》2013 年第 4 期。

张士海、张宏旭：《新时代弘扬全人类共同价值基本问题探讨》，《思想战线》2022 年第 5 期。

张永红、殷文贵：《"人类命运共同体"理念的生成、价值与实现》，《思想理论教育》2017 年第 8 期。

张宇燕：《全球治理的中国视角》，《世界经济与政治》2016 年第 9 期。

张育瑄：《人类命运共同体视域下全球治理机制变革探析》，《世界民族》2022 年第 6 期。

张志强：《弘扬中华文明蕴含的全人类共同价值》，《哲学动态》2022 年第 8 期。

赵可金：《迈向人类命运共同体：共建"一带一路"的理论基础与实践逻辑》，《当代世界》2023 年第 10 期。

赵可金：《全球治理知识体系的危机与重建》，《社会科学战线》2021 年第 12 期。

赵馨姝：李传兵：《〈共产党宣言〉的全球化思想与人类命运共同体》，《理论月刊》2018 年 11 期。

赵洋：《破解"全球治理赤字"何以可能？——兼论中国对全球治理理念的创新》，《社会科学》2021 年第 5 期。

郑长忠：《创造人类文明新形态与构建人类命运共同体》，《当代世界》2023 年第 8 期。

钟联：《坚持多边主义 共促全球治理》，《当代世界》2022 年第 10 期。

周桂银：《"全球南方"崛起与全球治理体系变革：以国际规则和制度为例》，《国际观察》2024 年第 2 期。

周小毛：《人类命运共同体的全球治理价值意涵》，《求索》2023 年第 5 期。

周宇：《全球经济治理与中国的参与战略》，《世界经济研究》2011 年第 11 期。

朱继东、刘爱彤：《习近平关于全人类共同价值重要论述的国际传播》，《中南民族大学学报》（人文社会科学版）2021 年第 10 期。

朱旭、张馨宁：《全人类共同价值与全球治理价值的时代契合性》，《南京大学学报》（哲学·人文科学·社会科学）2023 年第 4 期。

邹广文、王纵横：《人类命运共同体与文化自信的心理建构》，《中国特色社会主义研究》2017 年第 4 期。

邹霞、李家富：《人类命运共同体：马克思人的全面发展思想的时代拓新》，《海南大学学报》（人文社会科学版）2023 年第 5 期。

四　报纸文章

本报评论部：《共创未来，构建人类命运共同体》，《人民日报》2022 年 4 月 20 日。

本报评论部：《天下一家，推动构建"人类命运共同体"》，《人民日报》2020 年 8 月 21 日。

本报评论部：《为构建人类命运共同体不断作出贡献》，《人民日报》2019 年 11 月 27 日。

本报评论部：《为完善全球经济治理拓展了新实践》，《人民日报》2023 年 10 月 12 日。

本报评论员：《始终弘扬全人类共同价值》，《人民日报》2023 年 3 月 24 日。

本报评论员：《书写构建人类命运共同体的新篇章》，《人民日报》2022 年 1 月 5 日。

本报评论员：《为完善全球治理体系变革提供新思路新方案》，《人民日报》2018 年 8 月 31 日。

本报评论员:《维护和践行多边主义,推动构建人类命运共同体》,《人民日报》2021 年 1 月 28 日。

车斌、屈佩、包晗:《推动人类社会现代化进程 繁荣世界文明百花园》,《人民日报》2023 年 7 月 8 日。

陈一鸣:《"全球发展倡议回应了发展中国家诉求"》,《人民日报》2022 年 10 月 20 日。

党文婷、严圣禾:《在全球气候治理中体现大国担当》,《光明日报》2022 年 5 月 30 日。

高虎城:《促进全球发展合作的中国方案》,《人民日报》2015 年 9 月 18 日。

龚鸣、管克江、肖新新等:《加强团结合作 完善全球治理》,《人民日报》2023 年 9 月 25 日。

和音:《共筑"全球南方"命运共同体》,《人民日报》2023 年 9 月 20 日。

和音:《坚持共商共建共享的全球治理观》,《人民日报》2024 年 1 月 9 日。

和音:《为推动构建人类命运共同体而不懈努力》,《人民日报》2021 年 10 月 23 日。

和音:《以实际行动推动构建人类命运共同体》,《人民日报》2022 年 6 月 23 日。

和音:《中国是推进全球气候治理的行动派》,《人民日报》2023 年 12 月 1 日。

胡泽曦、王远:《继续积极推动构建人类命运共同体》,《人民日报》2022 年 10 月 16 日。

华昕:《交流互鉴 携手共进》,《人民日报》2024 年 11 月 1 日。

《坚持推动构建人类命运共同体》,《光明日报》2017 年 11 月 9 日。

姜波:《"为全球安全治理提供了重要方案"》,《人民日报》2022 年 7 月 11 日。

焦翔、王云松、俞懿春等:《为人类发展进步汇聚文明力量》,《人民日报》2023 年 4 月 3 日。

李晓宏、王晓波、李欣怡：《完善全球安全治理　共促世界和平发展》，《人民日报》2023年2月22日。

李曾骙：《人类命运共同体：全球化发展的未来方向》，《光明日报》2022年4月8日。

李志伟：《"全球发展倡议契合各方需要"》，《人民日报》2022年4月19日。

刘仲华、万宇、李欣怡等：《践行多边主义　完善全球治理》，《人民日报》2021年12月7日。

陆克文、肖连兵：《解决共同问题是人类命运共同体的责任和价值》，《光明日报》2021年8月16日。

屈佩、车斌、包晗：《落实全球文明倡议　携手促进人类文明进步》，《人民日报》2023年7月4日。

时元皓：《"有力推动全球治理体系变革"》，《人民日报》2023年8月29日。

王迪、朱玥颖：《共同应对全球治理挑战》，《人民日报》2022年4月27日。

王莉：《携手弘扬全人类共同价值》，《人民日报》2021年12月18日。

王斯敏、张胜、李晓等：《共享人类智慧　共促全球发展》，《光明日报》2019年4月29日。

王斯敏、赵凡、李澍：《"一带一路"与中华文明：从"兼济天下"到"人类命运共同体"》，《光明日报》2017年4月27日。

王毅：《共同促进和保护人权　携手构建人类命运共同体》，《人民日报》2017年2月27日。

王毅：《落实全球安全倡议，守护世界和平安宁》，《人民日报》2022年4月24日。

王毅：《携手打造人类命运共同体》，《人民日报》2016年5月31日。

翁奇羽、郭祥：《构建人类命运共同体　共建更加美好世界》，《人民日报》2017年12月15日。

徐中、黄冰：《以实际行动弘扬全人类共同价值》，《人民日报》2021年9月

28 日。

颜欢、刘玲玲、吴刚等：《书写构建人类命运共同体新篇章》，《人民日报》2022 年 1 月 17 日。

杨逸夫：《坚守多边贸易体制 完善全球经贸治理》，《光明日报》2023 年 11 月 7 日。

杨逸夫：《践行真正多边主义 完善全球治理体系》，《光明日报》2023 年 7 月 7 日。

俞懿春、韩晓明、韩硕等：《践行真正的多边主义，推动构建人类命运共同体》，《人民日报》2021 年 11 月 1 日。

俞懿春、赵益普：《弘扬全人类共同价值》，《人民日报》2023 年 4 月 15 日。

中华人民共和国国务院新闻办公室：《共建"一带一路"：构建人类命运共同体的重大实践》，《人民日报》2023 年 10 月 11 日。

中华人民共和国国务院新闻办公室：《携手构建人类命运共同体：中国的倡议与行动》，《人民日报》2023 年 9 月 27 日。

仲音：《弘扬全人类共同价值》，《人民日报》2022 年 8 月 10 日。

仲音：《弘扬中华文明蕴含的全人类共同价值》，《人民日报》2022 年 9 月 22 日。

五　外文文献

Barbier, Edward B. , *A Global Green New Deal: Rethinking the Economic Recovery*, Cambridge University Press, 2010.

Dahl, R. , *Democracy and Its Critics*, Yale University Press, 1989.

Drezner, Daniel W. , *All Politics Is Global: Explaining International Regulatory Regimes*, Princeton University Press, 2007.

Halliday, F. , "Global Governance: Prospects and Problems," *Citizenship Studies*, Vol. 4, No. 1, 2000.

Jang, J. , J. McSparren, Y. Rashchupkina, "Global Governance: Present and Future," *Palgrave Communications*, Vol. 2, No. 1, 2016.

Keohane, Robert O. , *After Hegemony: Cooperation and Discord in the World Political Economy*, Princeton University Press, 2005.

Pouliot, V. , J. P. Thérien, "Global Governance in Practice," *Global Policy*, Vol. 9, No. 12, 2018.

Roger, Charles B. , *The Origins of Informality: Why the Legal Foundations of Global Governance Are Shifting, and Why It Matters*, Oxford University Press, 2020.

Scholte, J. A. , "Towards Greater Legitimacy in Global Governance," *Review of International Political Economy*, Vol. 18, No. 1, 2011.

Weiss, T. G. , R. Wilkinson, "Rethinking Global Governance? Complexity, Authority, Power, Change," *International Studies Quarterly*, Vol. 58, No. 1, 2013.

后　记

　　《构建人类命运共同体：全球治理体系变革的中国方案》是基于我攻读博士学位以来，尤其是在走上工作岗位后，对于人类命运共同体与全球治理体系变革系列问题的相关思考写作而成，也是我所主持的国家社会科学基金青年项目的成果。自人类命运共同体理念提出以来，习近平总书记围绕人类命运共同体与全球治理体系变革做出了系列重要论述，党的二十届三中全会审议通过的《中共中央关于进一步全面深化改革 推进中国式现代化的决定》再次强调："对外工作必须坚定奉行独立自主的和平外交政策，推动构建人类命运共同体，践行全人类共同价值，落实全球发展倡议、全球安全倡议、全球文明倡议，倡导平等有序的世界多极化、普惠包容的经济全球化，深化外事工作机制改革，参与引领全球治理体系改革和建设。"在这一背景下，撰写一本关于人类命运共同体与全球治理体系变革的著作并公开出版，恰逢其时。在本书付印之际，谨向为本书提供帮助指导的领导、老师、出版单位等致以诚挚的感谢！

　　感谢我的合作导师颜晓峰教授，老师为人谦和儒雅、淡泊名利、治学严谨、学术造诣深厚，无论是在做学问上还是在做人上，老师的言传身教对我而言都是受益终身的宝贵财富。本书的写作、修改和完成也离不开老师的悉心指导。我想，本书的出版也是回馈老师最好的礼物。

　　感谢我的工作单位天津大学马克思主义学院的支持和帮助。感谢学院领导制定的出版资助政策，本书的出版得到学院的全额资助，这对于刚刚走上工作岗位的我来说是莫大的支持和鼓励。同时，也要感谢学院行政人员为本书出版所付出的辛劳。

感谢我的挚友上海财经大学的文杰老师为本书的框架设定提出的诸多宝贵建议。我指导的硕士研究生刘白羽同学也对本书进行了精心的校对，在此一并表示衷心感谢！

本书的出版得到社会科学文献出版社马克思主义分社社长曹义恒的大力支持和帮助，责任编辑王小艳、尚莉丽也对本书进行了精心的审阅编校，为本书的修改和完善提出了诸多专业且十分宝贵的修改意见，使本书的研究水平和质量得到极大提升，在此一并表示衷心感谢！

限于个人水平，书中难免存在不足之处，恳请各位读者批评指正。

张 鹜

2024 年 12 月

图书在版编目（CIP）数据

构建人类命运共同体：全球治理体系变革的中国方
案／张鹭著．--北京：社会科学文献出版社，2025.
8. --ISBN 978-7-5228-5580-6

Ⅰ．D81

中国国家版本馆 CIP 数据核字第 20259RT269 号

构建人类命运共同体：全球治理体系变革的中国方案

著　　者／张　鹭

出 版 人／冀祥德
责任编辑／王小艳
文稿编辑／尚莉丽
责任印制／岳　阳

出　　版／社会科学文献出版社·马克思主义分社（010）59367126
　　　　　地址：北京市北三环中路甲 29 号院华龙大厦　邮编：100029
　　　　　网址：www.ssap.com.cn
发　　行／社会科学文献出版社（010）59367028
印　　装／三河市龙林印务有限公司

规　　格／开　本：787mm×1092mm　1/16
　　　　　印　张：15.75　字　数：239 千字
版　　次／2025 年 8 月第 1 版　2025 年 8 月第 1 次印刷
书　　号／ISBN 978-7-5228-5580-6
定　　价／98.00 元

读者服务电话：4008918866